# 経営を動かす

その組織と管理の理論

庭本佳和／藤井一弘 編著

文眞堂

まえがき

　法学や経済学など他の社会科学に比べて，経営学は新しい学問である。その歴史をたどってもたかだか100年ぐらいしかない。もちろん，経営現象を生み出し動かす組織現象・管理現象が，そんなに新しいというわけではない。それどころか，組織や管理は人類の歴史とともにある。
　群れ暮らすことが協働の基盤であったが，動物に比べて敏捷さに劣る人間は，食料獲得のための狩りをするのでさえ，他の人々と協力しなければ成功はおぼつかなかった。何事をするにも協働せざるをえなかったのである。そのため，法などが生まれる前から，人間は組織をつくり，管理してきた。あるいは，その組織する方法や管理の仕方が，人類が最初につくった原初的法であったかもしれない。やがてそれらが原始共同体，さらには村落共同体の暗黙のルールとなり，現代に繋がる法となっていったのであろう。
　古代において，組織や管理の存在を形で示しているのが，エジプトのピラミッドやわが国の仁徳陵といった巨大な遺跡や建造物である。それらを目の当たりにすると，さまざまな建設機械を駆使できる今でさえ大変な作業を，人手だけでやり遂げるには，どれほどの協働とそれを支える手だて，つまり組織と管理が必要だったかは，誰にでもわかる。
　もっとも，そのような組織と管理の知識やスキルを必要としたのは，古代から近代に至るまで主として国家であり，領主たちであった。協働を必要とする事業は，しばしば政治として決定され，定められた法の執行＝行政として遂行されたこともあって，それらを対象にした学問は政治学や行政学として，あるいは領主家政を司る官房学として成立した。血は繋がっていないが，政治学，行政学，官房学が，いわば，経営学の祖先である。
　国家とそれに類する経営体以外に，組織や管理を問題にしなければならない経営体が現れたのは，産業革命後である。それが一定規模に達した企業で

あった。経営学はようやく対象を得た。もちろん、学問の成立は対象となる現象の出現よりさらに遅れる。前史も含めて経営学の歴史が百数十年しかないのは、そのためである。

それから百数十年を経た今日、質量とも企業の発展は凄まじく、組織や管理は誰でも経験する当たり前の現象となった。それらは企業を超えて広がり、経営学の対象も拡大した。組織や管理は今や誰もが経験する現象である。一億総経営評論家とまでは言わないが、素人談義も含めて、実に多くの人が組織や管理について一家言をもつ時代となった。一定の学問的修練を必要とする法学や経済学に比べると、一見、経営学の敷居（参入障壁）が低いこともあって、世に経営書、あるいは経営学書は溢れかえっている。

しかし、「経営とは何か」に答えることは意外に難しい。経営組織論専攻の研究者の何人が「組織とは何か」という問いに対して即座に自己の考えを述べて答えられるであろうか。それは管理についても同じである。なぜだろう。

実は、多くの人のもつ経営体験、組織体験は、その現象全体のごく一部でしかない。世に溢れかえっている組織や管理の知識も、多くはそのまた一部の断片的知識である。断片的知識をいくら集めても、それらを結び合わす統合的視点ないし自己の枠組みをもたない限り、経営の全体像は浮かび上がってこない。さらに厄介なことに、経営現象は多様な上に、絶えず変動するから、捉えどころがなく、統合的視点や共通な枠組みを築きにくい。これが、法学や経済学のような標準的テキストがない理由である。

現象の全体像をつかむ視点や理論枠を自らつくることから始めねばならないとすると、経営学の敷居はぐっと高くなる。これだけ経営学書が溢れかえっているのに、満足ゆくものがないのも、そのためである。経営学の一般書をめざしてはいるが、本書は理論枠の提示から始まっている。経営現象全体を視野に収める枠組み、とりわけ組織や管理の見方の構築が、本書の目標である。その意味では、ただ「やさしい」をねらったものでも、奇をてらったものでもない。「読みやすさ」を心がけて執筆したつもりだが、それ以上に一定以上の「深さ」、つまり「内容の濃さ」に気を配った。水準を落さな

いように気をつけたともいえる。

　それでも一定の読解力があれば，高校生でも読めるだろう。組織経験や管理経験のある社会人なら容易に読めるだけでなく，仕事の見方ややり方を考える上で役立つと信じているが，本書は基本的に大学での講義用テキストとして書かれたものである。そのため，内容も，組織と管理を基礎理論として，先端的な経営領域である「戦略」，「知識と情報」から，今日的な経営トピックスである「組織と信頼」，「社会的責任」，「経営倫理」に至るまで多岐にわたっている。執筆はそれぞれの分野の専門家が担当している。なお，本書には通常の索引を付さなかったが，そのかわりとなるようなキーワード・インデックスをつけておいた。詳細な目次とともに，利用されることを願っている。

　本書はおよそ4年前に構想され，3年前に出版されるはずだったが，このように出版が遅れたのは，ひとえに編集者の怠慢ゆえである。それでも何とか出版にこぎつけられたのは，共編者・藤井一弘の叱咤激励を伴う大車輪の活躍のおかげであった。また辛抱強く待っていただいた文眞堂専務，前野隆さんの励ましも大きかった。

　最後になってしまったが，とりわけ専門的な書籍が売れないという厳しい出版状況の中で，出版を快く引き受けてくださった前野弘社主に深く感謝申し上げたい。文眞堂のその他の方々にも，本当にお世話になった。おかげで思いのほか良い経営学書にしあがっている。このことにもお礼を申し上げねばならない。

　2008年5月

編者を代表して<br>庭本　佳和

# KEYWORD INDEX

　この索引は通常のものとは違って，それぞれの語が記載されているページ数ではなく，本書を通じて学んでもらいたい語（一般に言う，キーワード）について詳しく論じられている「章」を数字で示している（「序」は序章を表す）。該当する章の全体を読むことで，「語」の意味を単に知るだけではなく，それを文脈の中に位置づけて「概念」として理解してほしい，という願いからである。

## あ行

アドミニストレーション
　　（administration） ……………序
アンゾフ, H.I. ……………………… 4
意思決定 …………………………… 2
イノベーション …………………… 8
イノベーティブな組織…………… 8
意味のずれ ………………………10
M&A 戦略 ………………………… 5
オーソリティー(権限・権威)…… 2・3
オートポイエーシス ………………10
オープン化 ………………………… 5
思い込み学習 ……………………… 8

## か行

解釈→組織の解釈を見よ。
解釈の間違い ……………………… 8
価値一貫性 …………………………11
価値の対立とその解決 ……………12
環境変化 …………………………… 4
関係資本 …………………………… 9
慣性 ………………………………… 6
管理 ……………………………… 序・3
記憶→組織の記憶を見よ。
記憶の検索 ………………………… 8
規格戦略 …………………………… 5

企業の境界 …………………………10
企業文化 …………………………… 2
技術のオープンエンド性 ………… 9
競争構造 …………………………… 5
競争戦略 …………………………… 4
競争マップ ………………………… 6
競争優位 …………………………… 9
共通目的 …………………………… 1
協働 ………………………………… 1
協働意思 …………………………… 1
協働システム ……………………… 1
経営 ………………………………… 序
経営環境 …………………………… 7
経営管理 …………………………… 序
経営戦略 …………………………… 4
経営組織 …………………………… 1
経営倫理の制度化 …………………12
啓発された利己心 …………………11
権限（権威）→オーソリティーを見よ。
権限受容説 ………………………… 2
権利 …………………………………12
権力（パワー）- バランス ………11
コア・コンピタンス ……………… 7
行為主体 …………………………… 序
公式権限説 ………………………… 2
公式組織 …………………………… 1
構成的情報観 ……………………… 7

# KEYWORD INDEX

後発優位·················· 5
功利主義··················12
コミュニケーション········· 1
コンピテンシー・トラップ···· 8
コンプライアンス············11

## さ行

産業の融合················· 6
事業機会··················· 6
資源ベース戦略（RBV）····· 4
資質的リーダーシップ論····· 3
システム··················· 1
システム・アプローチ······· 1
（企業の）社会的応答········11
（企業の）社会的責任(CSR)···10・11
社会的責任投資·············12
写像的情報観··············· 7
状況的認知················· 9
状況的リーダーシップ論····· 3
情報······················· 7
情報技術··················· 7・9
自律的戦略構造············· 6
シンボリック型リーダーシップ··· 3
信頼······················10
ステークホルダー··········11・12
ステークホルダー・セオリー···11
ストックホルダー・セオリー···11
ズレ······················· 7
正義······················12
成長ベクトル··············· 4
正統的周辺参加············· 9
説得の方法················· 2
専制型リーダーシップ······· 3
先発優位··················· 5
専門化の原理··············· 2
戦略経営··················· 4
戦略計画··················· 4
戦略提携··················· 5
組織···················序・1

組織学習··················· 8
組織学習の失敗············· 8
組織価値··················· 7
組織構造(コミュニケーション・システム)
の設計··················· 2
組織コンテクスト··········· 9
組織戦略··················· 6
組織における知識··········· 7
組織能力··················· 8
組織の解釈················· 8
組織の記憶················· 8
組織の境界················10
組織の自律性··············10
組織のルーティン··········· 8
組織不祥事················10
組織文化················ 2・6

## た行

タイムベース戦略··········· 5
単位組織··················· 2
担保としての信頼··········10
知識創造··················· 7
動態的知識················· 9
道徳基準··················12
道徳的リーダーシップ······12

## な行

内部観察··················10
認識······················· 7
認識構造··················· 6
ネットワーク外部性········· 5

## は行

バーナード················· 1
パラダイム················· 7
複合公式組織··············· 2
分業······················· 2
変革型リーダーシップ······· 3
ポジショニング戦略（PV）··· 4

## ま行

マネジメント（management）……序・1
目的‐手段の連鎖…………………………2
モティベーション…………………………2
模倣困難性…………………………………9

## や行

誘因型リーダーシップ……………………3
誘因‐貢献…………………………………2
誘発的戦略行動……………………………6

## ら行

乱流的環境…………………………………4
利害関係者→ステークホルダーを見よ。
リーダーシップ……………………………3
リーダーシップの有効性の限界（管理の幅）
　……………………………………………2
倫理性と営利性……………………………12
ルーティン→組織のルーティンを見よ。

# 目　　次

まえがき……………………………………………………………………… i
KEYWORD INDEX ………………………………………………………… v

序章　組織と管理の知識：現代人の教養 ………………………………… 1

## 第Ⅰ部　組織と管理

### 1章　現代企業と経営組織 ……………………………………………… 27
1　組織という言葉 …………………………………………………… 27
2　協働システムとしての企業と組織 ……………………………… 28
　2-1　協働の仕組みと協働システム ……………………………… 28
　2-2　協働システムと公式組織 …………………………………… 31
3　公式組織のマネジメント（うまく取り扱うこと）…………… 33

### 2章　協働システムの管理（マネジメント）………………………… 35
1　「共通目的」の具体化―意思決定 ……………………………… 35
2　「協働意思」の確保―モティベーション ……………………… 37
3　コミュニケーションの促進―コミュニケーション・システムの設計―… 39
　3-1　組織構造 ……………………………………………………… 41
　　3-1-1　組織構造設計の必要性(1)
　　　　　　―「リーダーシップの有効性の限界」から― ………… 41
　　3-1-2　組織構造設計の必要性(2)―「専門化の原理」から― …… 44

   3-1-3 組織構造のいくつかのタイプ ……………………………… 46
  3-2 組織構造（コミュニケーション・システム）を流れる
    コミュニケーションの性質 …………………………………… 49
 4 組織（企業）文化 ……………………………………………………… 53

# 3章　管理とリーダーシップ ……………………………………………… 57

 1 現代企業の管理とリーダーシップ ………………………………………… 57
  1-1 変革の時代とリーダーシップ …………………………………… 57
   1-1-1 管理を超えるリーダーシップ ………………………………… 57
   1-1-2 信長的リーダーシップに足りないもの……………………… 58
  1-2 目的達成とリーダーシップ ……………………………………… 58
   1-2-1 「忠臣蔵」の人気の秘密 ……………………………………… 58
   1-2-2 目的達成と内蔵助的リーダーシップ ……………………… 59
  1-3 現代企業におけるリーダーシップ類型 ………………………… 60
 2 組織の存続・発展とリーダーシップ ……………………………………… 62
  2-1 管理職能とリーダーシップ ……………………………………… 62
   2-1-1 オーソリティとリーダーシップ ……………………………… 62
   2-1-2 管理職能とリーダーシップ ………………………………… 63
  2-2 組織の存続とリーダーシップ …………………………………… 64
   2-2-1 組織存続の必要十分条件 …………………………………… 64
   2-2-2 誘因の方法と意味確定のリーダーシップ ………………… 65
   2-2-3 不安定な誘因システム ……………………………………… 66
   2-2-4 動機の変更と意味付与のリーダーシップ ………………… 66
  2-3 組織の発展と意味創造のリーダーシップ ……………………… 68
   2-3-1 価値（意味）システムとしての組織 ………………………… 68
   2-3-2 解釈システムとしての組織 ………………………………… 69
   2-3-3 創造システムとしての組織と意味創造のリーダーシップ … 69
 3 リーダーシップ研究とその対象管理層 ………………………………… 71
  3-1 リーダーシップの本質 …………………………………… 71

3-1-1　資質的リーダーシップ論 …………………………………… 71
3-1-2　状況的リーダーシップ論 …………………………………… 73
3-1-3　変革的リーダーシップ論 …………………………………… 74
3-2　リーダーシップ研究とその対象管理階層 ……………………… 75

# 第Ⅱ部　組織と戦略

## 4章　環境変化と経営戦略 …………………………………………… 79

1　環境変化と経営戦略 ……………………………………………………… 79
　1-1　人間生活の現実が知識を産む ……………………………………… 79
　1-2　経営体と環境は相互作用的創造物 ………………………………… 80
2　技術革新と戦略計画論の台頭（1960年代後半〜1970年代）……… 82
　2-1　技術革新と環境変化：戦時体制から平時体制へ ………………… 82
　2-2　環境変化と戦略計画論の誕生 ……………………………………… 83
　2-3　戦略計画論の特徴 …………………………………………………… 84
　　2-3-1　戦略的意思決定理論 …………………………………… 84
　　2-3-2　多角化戦略の決定原理 ………………………………… 85
　2-4　戦略計画論の問題点 ………………………………………………… 86
3　乱流的環境と戦略経営論の展開（1970年代末〜1980年代）……… 87
　3-1　豊かな社会（乱流的環境）と戦略経営論 ………………………… 87
　3-2　戦略経営論の展開 …………………………………………………… 88
　　3-2-1　戦略概念の拡大化（問題領域の拡張）……………… 89
　　3-2-2　戦略概念の統合化 ……………………………………… 89
　　3-2-3　戦略概念の階層化 ……………………………………… 90
　　3-2-4　戦略概念の精緻化 ……………………………………… 91
　　3-2-5　戦略概念の道徳化（価値化）………………………… 92
　3-3　戦略経営論の浸透と関心の消散 …………………………………… 93
4　グローバル化・情報化の進展と競争戦略論への関心
　（1990年代〜現在）……………………………………………………… 94

4-1　現代社会の変動と競争戦略論への関心……………………………… 94
　　4-2　戦略経営論と競争戦略論の関係……………………………………… 95
　　　4-2-1　ポジショニング・アプローチ………………………………… 95
　　　4-2-2　資源ベース・アプローチ……………………………………… 96

## 5章　競争戦略の展開　…………………………………………………… 99

　1　競争戦略の視点と次元──全社レベルと事業レベルの競争戦略──…… 99
　　1-1　経営戦略の階層性と競争戦略………………………………………100
　　1-2　競争の基本戦略………………………………………………………101
　　　1-2-1　現代の競争構造………………………………………………101
　　　1-2-2　競争の基本戦略………………………………………………102
　　1-3　全社戦略と競争優位…………………………………………………104
　2　情報化（ネットワーク）時代の競争戦略──外部資源の有効活用──…105
　　2-1　規格戦略………………………………………………………………106
　　2-2　プラットフォーム・ビジネスとオープン化戦略…………………107
　　2-3　タイムベース競争戦略………………………………………………108
　　2-4　戦略的提携……………………………………………………………109
　　2-5　M&A戦略 ……………………………………………………………111
　　補論　先発優位性・後発優位性とネットワーク外部性………………112
　3　持続的競争優位の実現……………………………………………………114
　　3-1　持続的競争優位を生み出す組織能力………………………………114
　　3-2　独自能力としての実行能力…………………………………………115
　　3-3　競争力の源泉としての人材と組織学習……………………………116

## 6章　事業革新と組織戦略　………………………………………………119

　1　情報技術革新と事業機会…………………………………………………119
　　1-1　産業の融合と事業機会………………………………………………119
　　1-2　産業の融合と競争マップ……………………………………………120
　2　事業革新と戦略文化………………………………………………………122

  2-1 組織の重層構造と組織文化……………………………………122
  2-2 事業革新と戦略文化 ……………………………………………123
  2-3 組織革新のメカニズム …………………………………………124
   2-3-1 革新的な大規模組織の戦略行動……………………………124
   2-3-2 誘発的戦略行動 ………………………………………………125
   2-3-3 革新者としてのミドル………………………………………126
   2-3-4 自律的戦略行動ループ………………………………………127
 3 事業革新と創造的リーダーシップ…………………………………128
  3-1 事業革新と組織戦略 ……………………………………………128
  3-2 組織革新と創造的リーダーシップ ……………………………131
   3-2-1 創造的リーダーシップの認識 ………………………………131
   3-2-2 新しい価値（意味）の創造…………………………………131
   3-2-3 新しい価値の浸透……………………………………………132
   3-2-4 新しい価値の制度化…………………………………………132

## 第Ⅲ部　組織と知識・情報

### 7章　組織における知識と情報の役割—情報技術の威力と限界—…137

 1 組織における知識の重要性 …………………………………………137
 2 認知的能力としての知識 ……………………………………………140
  2-1 経営環境と認識活動 ……………………………………………140
  2-2 環境認識とパラダイム …………………………………………141
 3 情報・知識概念について ……………………………………………143
  3-1 認識主体と情報，知識 …………………………………………143
  3-2 組織における知識—組織は知識創造活動の主体となりえるか—…144
 4 情報技術支援の可能性と限界 ………………………………………146
  4-1 企業における情報技術の活用の歴史 …………………………146
  4-2 知識創造活動に貢献しうる情報技術 …………………………147
  4-3 情報技術活用の限界の所在 ……………………………………149

5　おわりに……………………………………………………………150

8章　組織学習とイノベーション……………………………………154
　1　イノベーションと組織能力………………………………………154
　　1-1　イノベーションとは………………………………………154
　　1-2　組織によって引き起こされるイノベーション……………155
　　1-3　イノベーションを引き起こす組織能力……………………158
　　　1-3-1　組織のルーティン…………………………………158
　　　1-3-2　ルーティンの形成と変更…………………………159
　2　組織学習……………………………………………………………161
　　2-1　組織学習の失敗……………………………………………162
　　　2-1-1　コンピテンシー・トラップ（能力の罠）………162
　　　2-1-2　思い込み学習………………………………………163
　　2-2　学習の失敗はなぜ起こるのか……………………………166
　　　2-2-1　誤って解釈する傾向………………………………166
　　　2-2-2　解釈が分かれるケース……………………………167
　　　2-2-3　「解釈」の誤り以外に注意すべき要素…………168

9章　組織と知識マネジメント………………………………………172
　1　富の源泉としての知識……………………………………………173
　　1-1　知識と競争優位……………………………………………173
　　1-2　知識と模倣困難性…………………………………………176
　2　知識の円環構造……………………………………………………177
　　2-1　伝統的知識観………………………………………………177
　　2-2　知識の円環構造……………………………………………179
　　2-3　知識のもうひとつの円環構造……………………………181
　3　知識マネジメントの実際…………………………………………184
　4　知識マネジメントと情報技術……………………………………187

## 第Ⅳ部　組織と社会

### 10章　組織と信頼 …………………………………………………………193

1　組織社会における信頼の意味と役割 ……………………………193
2　経営体と組織 ………………………………………………………196
　2-1　経営概念の3つの意味 ………………………………………196
　2-2　企業目的と組織目的との乖離 ………………………………197
　2-3　組織の意味 ……………………………………………………199
3　組織の境界と信頼 …………………………………………………202
　3-1　市場と組織の境界―新制度派経済学の視角― ……………202
　3-2　オートポイエーシス・システムとしての組織 ……………205
　3-3　オートポイエーシス・システムとしての組織の境界と信頼 …207

### 11章　社会的責任と組織の成熟度 ……………………………………210

1　社会的責任への関心 ………………………………………………210
2　利害関係者への対応と社会的責任 ………………………………211
　2-1　株主＝所有者への対応 ………………………………………211
　2-2　広義の利害関係者への対応 …………………………………213
3　「権力（パワー）―責任のバランス」……………………………214
4　社会的感応と組織成熟度 …………………………………………216
　4-1　社会的感応 ……………………………………………………216
　4-2　組織成熟度 ……………………………………………………217
5　まとめ ………………………………………………………………219

### 12章　経営倫理の展開 …………………………………………………222

1　今，なぜ経営倫理が問われるのか ………………………………222
　1-1　経営とそのステイクホルダー ………………………………222
　1-2　経営を取り巻く流動的な環境 ………………………………223

2　経営倫理と道徳基準 …………………………………………226
　　2-1　3種の基準 …………………………………………………226
　　2-2　経営倫理と道徳基準 ………………………………………229
　3　経営倫理の創造とリーダーシップ …………………………230
　　3-1　経営倫理問題の本質 ………………………………………230
　　3-2　経営倫理と道徳的リーダーシップの諸側面 ……………231
　4　結びに代えて …………………………………………………234

# 序章
# 組織と管理の知識：現代人の教養

## 1　生きる場としての組織

### 1-1　組織が浸透する現代社会

　現代社会において，まったく組織とかかわりをもたない人はいない。勤めている人は組織へのかかわりをはっきり自覚しているだろうが，当人が自覚しているかどうかはともかく，ほとんどの人は何らかの組織に所属している。世を捨て，どこかの禅寺にもこもって修行に入ったとしても，その禅寺の宗教組織の一員となっただけである。山深く分け入って，他人と接することなく，仙人のような生活を送っても，強制的にその地域の地方自治体や国家に所属させられている。

　このような極端な例でなくても，一般的には自由業だと思われている弁護士や公認会計士でも，かなりは大きな法律事務所や監査法人に勤めているし，独立しても，人を雇って事務所を構え（つまり組織をマネジメントし），また弁護士協会や公認会計士協会に所属しているのが普通である。とりわけ公認会計士は組織（監査法人や協会）を通して，あるいは個人で，その実，組織（事務所メンバーの活動）を駆使して，組織（企業組織）に対して会計監査をしているのである。弁護士とて，さまざまな経営体の顧問弁護士を務めている。

　それでは，もっと独立性の強そうな画家や音楽家といった芸術家の場合はどうだろうか。確かに，芸術家は，創作過程では独立性が強い。独立性が強いどころか，孤立して孤独でさえある。しかし，それだけに日常はサロンに集い，その孤立性を癒している。そもそも人間は群れて生活する社会的・集

合的存在であり，いつも1人だというのは耐え難い。孤独癖の強い芸術家でもほとんどが何らかのサークルや協会に所属しているのは，そのためである。まして職業人としての芸術家は，他者（鑑賞者）の存在を前提にしており，その発表過程は組織を介するのが一般的である。芸術家といえども組織を離れて生きられない。

## 1-2 大規模組織の時代

最近，小さなベンチャー企業が話題になる一方で，欧米大陸をまたぐダイムラーとクライスラーの合併（1998）（もっとも2007年にクライスラーは売却された）やルノーと日産の資本提携（1999），ヒューレット＝パッカードとコンパック（2001）といった企業の合併や提携のニュースが続いている。もともと巨大であった企業組織が，ますます大きくなってきた。

これは企業組織だけに限らない。市町村の合併も相次いでいる。古くは門司市，小倉市，若松市，八幡市，戸畑市が合併した北九州市（1963）や布施市，河内市，枚岡市が合併した東大阪市（1967）が有名だが，最近でも平成の大合併によって，篠山町・西紀町・丹南町・今田町が合併して篠山市（1999），田無市と保谷市との合併で西東京市（2001），浦和市・大宮市・与野市が合併して，さいたま市（2001）が生まれた。広域行政の弊害が叫ばれながら，他方で都道府県を越えた道州制が主張されたりもする。同様に，小さな政府を標榜しながら，外郭団体を従えて政府組織はますます大規模化している。日本の経済・社会の構造改革にはこの点を認識し，組織論的思考が必要だろう。

また，高齢化社会を迎えて，医療組織が重要になってきたが，最近，倒産する個人病院が多い。病院長は単なる医者では，それがたとえ名医であっても，務まらなくなった。環境変化も大きいが，医療組織が大規模化してきたからである。

小さなベンチャー企業や社内ベンチャー，カンパニー制（社内分社化），分社化（持株会社），企業分離（スピンオフ）も，最近，話題をさらっている。これは，上述の組織の規模の拡大と矛盾する動きのように見えるが，両

者は表裏一体の関係にある。それらは，大規模組織の弊害，つまり組織肥大化がもたらす硬直性を克服するために，直接的な経営や管理の事業単位や組織単位を小さくしているだけで，企業グループレベルでみれば，組織はますます大きくなっている。営利組織であれ，非営利組織であれ，現代は大規模組織の時代だといえるだろう。

いずれにしても，私たち人間は，他者との協働＝組織によって，しかもそれを大規模に実現することによって，豊かな社会を築き上げてきた。私たちの社会には，組織を生かす，つまり組織を上手に運営する知識やスキル（＝マネジメント）がどうしても欠かせない。

### 1-3 生きる場としての組織

組織を離れては生きられない人間の1人1人に，つまり個人に視点を据えて，組織の時代である現代を眺めてみれば，個人はさまざまな組織にかかわっていることがわかる。まず，企業（広くは経営体）の従業員（時に経営者や管理者）として，仕事と地位と所得を確保し，同時に消費者として，企業組織やその他の組織の提供する製品・サービスを購入し，消費して生活を営んでいる。さらに個人は国民であり，都道府県民であり，市民や区民であり，町民であり，あるいは家族の一員として家庭という組織に所属している。また，さまざまなクラブやサークルの一員である。小学校，中学校，高等学校，大学などの構成員であったり，同窓会員であったりもする。個人は組織に多重に所属しているのである。

このような事態を組織から見ると，組織エネルギーとしての個人の活動を，他組織と争わねばならないことになる。それは，企業組織間にとどまらない。企業と家庭の間でも生じることもある。この争奪で企業組織が家庭を圧倒するとき，会社人間が生まれるともいえる。もちろん，父親とか母親というのは家庭における組織的役割であるが，家庭人を個人人格と見なせば，この争奪は，組織と個人の対立・葛藤ということになるだろう。

たとえ自覚していなくても，私たち個人の生活は，考え方や習慣までも，これら組織の影響を深く受けている。人々は，好むと好まざるを超えて，組

織に所属し，その影響を受けざるを得ない。組織を離れては生きてゆけない私たちにとって，組織は生きる場なのだ。そうであれば，私たちには，他者と協働するスキルとともに，組織を生きられる場にする知識も必要である。そして経営組織論とは，組織を生み出すスキルや知識（協働するスキルや知識），組織を生かすスキルや知識，組織を生きられる場にするスキルや知識からなる「私たちが生きる知恵の体系」にほかならない。経営組織を学習することは，私たちが生きる術を学ぶことなのである。もっとも，組織を生かすスキルと知識は，経営管理を構成する中核部分でもある。その意味では経営組織論と経営管理論は表裏一体をなしている。

## 1-4　現代社会とマネジメントの時代

　現代が「組織の時代」であるなら，同時に現代はまた「マネジメント（管理）の時代」ということができる。経営体としての企業の維持発展は，組織を通してなされる。管理とは，組織目的（＝経営体の維持・発展）をよりよく達成し，組織を構成する（厳密には，活動を提供する）人々を動機づけて，組織の長期的存続をはかり，ひいては経営体の長期的発展をはかる専門的職能だからだ。

　小さな組織でも，それを運営して目的を達成し，長期的存続をはかることは，それほど容易ではない。組織が大規模化するほど，環境変化が激しくなるほど，組織の管理は難しくなる。管理がうまく機能しなければ，組織をうまく運営できず，組織崩壊を招き，その構成員は苦しまなければならない。リストラに奔走する企業や倒産企業の従業員を思えば，そのことは直ちに理解できるだろう。管理の失敗が人々を路頭に迷わせているのである。

　現代社会が組織社会であるから，この点は国のレベルでも変わらない。たとえば，社会主義体制から市場経済体制へ移行したロシアが，長く経済危機に苦しんだ1つの理由は，この点にあるだろう。管理能力の不足がこの事態を招いた。それは何も経営体としての企業がうまく運営されていないだけではない。経営体としての国家もうまく運営されていなかった。まさしく，国の命運と人々の幸せのかなりが，管理の質に依存している。その意味でも，

現代社会は，マネジメントの時代なのである。

　もっとも，「管理社会」とか「管理教育」，あるいは「管理野球」とか，「管理」という言葉は，「自由」や「創造性」とは逆の意味の価値語であり，少なからず悪いイメージがつきまとっている。どうしても，統制や支配や抑圧などを連想させる。この項のタイトルを「現代社会とマネジメント（管理）の時代」としたのも，そのためだ。しかし，マネジメントは，何も支配者だけのものではない。組織社会に生きる人々はすべて，マネジメントの機能を理解し，それを駆使する必要がある。マネジメントとは，組織を生かし，そして人々が生きるために，欠かせない機能であることを，本書を通して示してみたい。

## 2　マネジメントとは何か
### ―経営管理論とはどのような学問か―

### 2-1　「管理」と「経営管理」

#### 2-1-1　経営学的用法

　マネジメントとは，「管理」ないし「経営管理」のことだ。『経営を動かす』と名づけた本書のサブタイトルは「その組織と管理の理論」であって，「その組織と経営管理の理論」ではない。不思議といえば，不思議である。しかし，決して意図的にそうしたのではない。経営学や経営管理論，あるいは経営組織論の専攻者には，「管理」であれ，「経営管理」であれ，いずれにしても「管理」なのであって，無意識のうちに同じ意味で用いてしまうらしい。「購買管理」や「生産管理」は，購買プロセスないし購買活動の管理が購買管理であり，生産プロセスないし生産活動の管理が生産管理であるように，厳密にいえば，「経営管理」は経営プロセスないし活動の管理にほかならない。つまり経営の管理が，「経営管理」なのである。

　もっとも，「経営」という言葉も多義であり，この点は後で説明するが，おそらく「経営管理」とは，「企業を含めた経営体を動かす組織の管理」と

いう意味だと思われる。したがって、経営学者や経営管理論者・経営組織論者にとって、管理とは、組織の管理、または組織を内包した経営の管理に決まっており、生産管理や購買管理、マーケティング管理といった個別管理の場合と異なって、無意識のうちに「経営管理」というべきところを「管理」で済ましているのかもしれない。それは、経営学の場合、特に経営管理論が組織の管理、あるいは人の管理を通して、生産管理などの個別管理がはかられると考えていることと無縁ではないだろう。経営学において、管理とは経営管理なのである。

### 2-1-2 日常的用法

ところで、「経営管理」とは「経営」と「管理」を重ねた合成語である。経営学では、「経営」と「管理」とを厳密に区別して用いることもあるが、同義に扱う場合も少なくない。それが、経営文献を読んで、初学者に混乱を与える理由ともなっている。

国語的な意味でいえば、経営とは「事業を営むこと」ないし「物事を営むこと」であり、管理とは「管轄し処理すること」「とりしきること」「財産の保存・利用をはかること」「物的設備の維持・管轄をなすこと」である。似ているが、それでも両者の間に若干の相違がある。経営が上位概念、包括概念で、管理が下位概念、限定概念のようにも見える。たとえば、物品管理とはいうが、物品経営とは言わない。アパート管理人とアパート経営者は明らかに違う。管理を行うとしても、大企業の社長を日常語では管理者と言わず、経営する人、つまり「事業を営む人」である経営者と呼ばれるのは、そのためだ。したがって、日常的用法を延長してゆくと、経営管理とは「事業経営の管理」ということになる。事業経営が組織的に展開されている今日、それは組織の管理を通じて展開されている。実は、経営学（特に経営管理論や経営組織論）で、管理と経営管理が同義であるのは、管理をほぼこの意味に限定して用いているからである。

### 2-1-3 英語の今日的用法

英語で管理は、"management" または "administration" であり、執行という意味で、"executive" も使われる。"business management" や "business administration"は経営管理と訳されるのが一般的である。"management"と"administration"は，経営学文献では現在，その意味内容にほとんど区別がなく，ほぼ同義である。ただ，行政的な意味での管理は"administration"であり，"public administration"は使われるが，"public management"という用例はあまりない。"management"と"administration"は，日本語の管理だけでなく，経営にも相当するため，わが国の経営文献は，適宜訳し分けている。"top management"のように"top"がつかず，"management"だけでも，経営者層を指すことも多いが，もともと，"administration"と"management"には，「経営」と「管理」に相当する意味の違いがあった（「経営」を「統治」の側面で見ればgovernance）。そこを探れば，「経営管理」概念の成立と，それが今日，経営学で，時に管理と経営管理が同義に用いられる理由も明らかになるだろう。

## 2-2 経営管理概念の生成

　経営管理の概念は，管理概念の発展の中から成立した。そのため，マネジメントは，2つの意味，つまり従来の意味を引きずりつつ，新しい意味を内包するという混乱も生まれた。その新しい意味が，「経営管理」であった。以下でこの点を説明しよう。

### 2-2-1　管理概念の生成：能率増進運動の時代

　エジプトのピラミッドの構築にも，わが国の仁徳陵や東大寺大仏および大仏殿の建設にも，すぐれた管理活動があったことは間違いないが，体系的で実践的な経営管理と学問としての経営管理論の成立には，管理概念の生成が不可欠である。

　管理認識と管理論は，19世紀のアメリカ企業の製造現場に端を発した能率増進運動の中から生成した。この運動は，必ずしも大企業の工場だけが取り組んだというのではない。むしろ，コスト要求に抗し難い中小企業が熱心であったという。労働者不足で賃下げをしにくい当時のアメリカの状況下では，生産性の向上によるコスト吸収しかなかったからだ。

　機械技師（エンジニア）が新しい作業方法を労働者に直接指示する運動

は，当時の一般的雇用形態であった「内部請負制（親方を通じての間接雇用）」を突き崩した。同時に，生産性向上を実現する管理を認識させ，それを担う技師の存在を浮上させるものでもあった。

事実，能率向上の方法に関する論文や著作が，次々発表されてゆく。F. A. ハルシーの割増賃金制度の提案や，H. タウンの「エコノミストとしての技師」と題した報告などとともに，F. テイラーの科学的管理法も，能率増進運動の一環として提唱された。とりわけ，管理基準の科学的設定は，管理を独自の機能として自立させ，経営管理論成立の基礎を与えた（1900年代初頭）。これがテイラーを「アメリカ経営学の父」と呼称する理由ともなっている。これは，管理と労働を分離させ，経営から管理を自立させるものでもあった。そこに科学的管理法が，当初，労働者だけでなく，経営者からも激しい反発を受けた理由もあるだろう。この管理認識と管理の自立は，必ずしも経営権と対立するものではなかったが，経営者側に経営権の侵犯と受けとめられたからだった。

### 2-2-2 管理概念の拡大・発展：経営と管理の時代

テイラーによって提唱された科学的管理法は，多少摩擦はあったものの，F. B. ギルブレスらの努力もあって，管理領域と管理概念を確実に認識させ，普及していった。1910年代には，管理論の教科書が書かれ，大学に新設された経営学部で用いられた。さらに20年代に入ると，管理概念は生産現場を超えて普及し，マーケティング管理などにも適用されるに至っている。少なくとも，管理論は，1910年代の工場管理中心からの脱却がみられ，企業全体を視野に入れるようになった。

それでも当時は，所有経営者の観点から行う"administration"と，専門経営者（未だ専門管理者）が遂行する"management"とは明らかに差異があった。"administration"とは，いわゆる経営であって，企業の基本方針や組織の確立を意味し，環境認識や戦略創造といった企業者機能は，所有（経営）者によって遂行されていた。量的には拡大したとはいえ，経営環境がまだまだ安定的で，それが可能だったといえる。他方，"management"は"administration"が定めた枠の中で，業務を効率的に遂行する管理・調

整機能を担うもので，当時台頭しつつあった専門訓練を経た専門経営者が遂行していた。専門経営者は経営体としての企業活動全体を管理するには至っていなかったのである。

1920年代は，管理概念が拡大適用され，個別管理問題に対する認識は深まったが，それらを統合する全般管理は，所有経営者が握り，経営と管理がまだ分離していた。したがって，1920年代は，経営と管理の時代であり，所有と経営が一致する時代だった。

### 2-2-3 経営管理概念の生成とトップ・マネジメントの成立：経営管理の時代

1929年の金融大恐慌は，それまでの比較的安定的な経営環境を一変させた。第1に，経済恐慌救済策としてのニューディール政策にみられるように，経済活動への政府介入が増大したことである。第2に，労働組合が確立して労使関係が新たな関係に入ったことだ。第3に，20年代の「繁栄の時代」に大企業が多角化を進め，しかも寡占化した結果，30年代は競争も激しくなった。第3に，技術革新も顕著になったことがあげられる。

このように30年代の経営環境は，20年代に比べると，ダイナミックに展開するようになり，企業も生産現場での技術的合理性を追うだけでは，環境に適応できなくなった。ここに，企業全体の経営的観点から管理体制を整える必要が生まれてくるのである。革新が問われたのは，"management"レベルの管理・執行という以上に，"administration"レベルの戦略転換と組織管理であった。これを無視して，T型モデル車に固執し，近代的経営管理を拒絶して所有経営者による専制的経営に徹したフォードが，マーケティング革新（需要予測・フルライン化・スタイリングなど）と分権的組織管理を創造したGMに首位の座を奪われていくさまを，A. D. チャンドラーは克明に描いている（A. D. チャンドラー／内田忠夫・風間貞三郎訳『競争の戦略』ダイヤモンド社，1970年）。

1920年代末から30年代初頭にかけての，自動車業界におけるフォードとGMの劇的な交代は，管理体制の革新と整備の要請を象徴するものだった。ここに"management"を担っていた専門経営者が次第に台頭し，"administration"を呑み込んで企業の全体管理を担うようになってゆく。それが，

「経営管理」概念の生成基盤であり，"management" が "administration" を飲み込む形で生まれたのである。そのため，"management" は本来的な「管理」という古い意味と「経営（administration）」を包含する「経営管理」的な意味での「管理」という新しい意味を，経営学の文献で混在させることになった。これが，今日，"management" も "administration" もともに「管理」と訳され，時に「経営」と訳し分けられる理由だろう。

1930年代に生成した「経営管理」概念は，それを担う経営プロフェショナルを要請し，俸給専門経営者からなるトップ・マネジメントを成立させたことはいうまでもない。それは，バーリ＝ミーンズが明らかにした「所有と経営の分離」であり，「経営者支配」と騒がれはしたが，経営の自立はまだ相対的なものであった。

経営管理の生成期は，管理が単純な人の管理から組織の管理へ移行する時代ともいえる。それは，GMやデュポンなどの事業部制や分権組織化などの動きからも読み取れる（バーナードの組織論的管理論もこの時代に生まれた）。このような組織編成が普及してゆく40年代から50年代が，経営管理概念の普及期でもあった。

### 2-2-4　経営管理概念の発展：経営戦略の時代へ

フランス人のファヨールが，生産レベルを超えて，経営全体の観点からの管理の必要性を訴えたのは1916年（『産業ならびに一般の管理』）であったが，30年代に至って「経営管理」概念が生成したアメリカ経営学もこの水準に達した。さらに40年代から50年代には，経営管理概念は管理過程の職能分析と結びついて普及していった。いわゆる管理過程学派の経営学である。W. N. ニューマンの『経営管理行動（Administrative Action）』(1951) やH. クーンツ＝C. オードンネルの『経営管理の諸原則（Principles of Management）』(1955) は，その代表的著作である。特に後者は，50年代から60年代のアメリカ経営学の標準テキストとして広く読まれ，大きな影響をもった。80年代まで，改訂版が出版し続けられている。

ただ50年代といえば，第二次世界大戦下で開発された技術の種が，平時経済体制に移されて花開いた時期である。激しい技術革新を引き起こし，あ

らゆる分野で続々と新製品を生み出していた。技術革新や製品革新は，既存の製品を市場から駆逐し，激しい市場変動を引き起こす。60年代に入るとその動きは，ますます激しくなったが，それは企業にとって恐ろしい脅威であると同時に，魅力的な新たな機会でもあった。

このような激しい環境変化に直面して，管理過程学派の提示するマネジメントサイクル（計画：plan→執行：do＝組織：organizing→統制：see→計画）の一環の積み上げ方式的な「経営方針」や「経営計画」，その延長上の「長期経営計画」といった経営手法では間に合わなくなり，先進的企業は新たな経営手法を模索しつつあった。これに応えたのが，H. I. アンゾフの『企業戦略論』（1965）であり，K. R. アンドルーズの『企業戦略の概念』（1971）にほかならない。その後の経営戦略論の発展に大きく貢献したこれらの著作は，いずれも経営管理論の主流である管理過程学派とは異なった経営管理論の流れ，バーナード理論やサイモン理論の系譜から生まれている。とりわけ，アンゾフ『企業戦略論』は，その色彩が濃い。アンドルーズは，バーナード『経営者の役割』を激しく批判したM. T. コープランド（ハーバード・ビジネス・スクールで「ビジネス・ポリシー」を担当）の流れを汲むにもかかわらず，『企業戦略の概念』ではバーナードの影響が強い。

いずれにしても，経営管理概念は，経営戦略概念を包摂しながら，豊かに発展していった。経営戦略論が特に戦略経営論（strategic management）として展開してゆくとき，組織と管理を一体的に把握するバーナード理論との関係が顕著である（本書第4章参照）。今や経営戦略論は経営管理論と並ぶ領域と認められるようになっているが，経営管理の中核的な一領域であることには変わりはない。

【補足説明】経営戦略論の生成とバーナード理論
　主流派の管理過程学派からどうして経営戦略論が生まれなかったか。管理過程論が大きな力をもったのは，体系化した研究者の力量もさることながら，一般的に理解しやすく，また実践的だということがあっただろう。同時に，「人をして仕事をなさしめる」というクーンツの管理認識に典型的にみられるように，経営管理概念生成以前の管理的意味を引きずっていた。そのため，管理を

> 組織内でしか捉えられず，変化する環境の中で，経営体を維持・発展させるという発想を生み出せなかった。管理過程論の経営管理の観念の中から，経営戦略論が生まれる余地はなかったのである。
> 　これに対して，バーナードは，「変化する環境の中で協働システム（経営体）を適応させることが，専門的なマネジメント・プロセス」であり，それを行うのが「管理者（Executive）ないし管理組織（Executive Organization）である」と主張する。したがって，マネジメントとは変化する環境の中で，経営体を適応させて，維持・存続させることであり，この管理機能を担うものが経営組織にほかならない。このような管理認識，組織認識には，はじめから戦略的思考が含まれており，経営戦略論を生み出す基盤となった。

## 2-3　経営概念と経営管理概念の異同

　「経営管理」が理解できたとして，「経営」と経営管理を意味する「マネジメント」はどのような関係にあるのだろうか。「経営」の意味は，大きく3つに集約できるだろう。

①　機能や行為としての経営

　経営は第1に，「事業を営む」，「経営する」という行為や機能を意味し，行為の仕方や方法も含意している。経営機能はさらに支配機能（役員の選任権・人事権），戦略（革新・創造）機能，管理・調整機能，執行（実行）機能からなる。

②　行為主体としての経営

　経営の第2の意味は，行為する主体であり，主として実行機能を担う従業員を含めて，経営機能を担う者の総称である。形式的支配機能は株主にあるから，特に実質的支配機能（経営層の選任権＝人事権），戦略機能，管理・調整機能を担う経営者・管理者を指すことが多い。ただ，戦略・管理・実行機能を含めた経営機能全体が，今日，組織的に担われており，経営者層（トップ・マネジメント層），管理者層（ミドル・マネジメント層）を形成していることを見逃してはならない。組織の管理が重要になるだけでなく，これが経営それ自体，企業それ自体という発想を生む源泉の1つになっている。

③　経営体としての経営

第3に，経営という言葉によって，経営体が意味されており，一般的には企業と理解されている。もっとも，経営体としての企業は，資本結合単位としての企業（狭義）を含みはするが，経営組織を内包した企業体（広義企業）である。広くは，大学や都市（地方自治体）国家も経営体といえる。バーナードの協働システムは，この経営体概念を最もよく示している。本書で企業という場合，この経営体としての企業をさしている。

さて，「マネジメント」が「経営」の第1の意味であることは，おおよそ推測がつく。しばしば第2の意味でも使われるが，第3の意味はない。そこが経営概念との違いだ。

管理概念が成立した当時は，経営機能のうちの管理・調整機能を意味するだけであったが，管理概念が発展して経営管理概念が生成すると，環境認識と戦略創造を担う戦略的機能をも含意するようになった。当然，そこには組織を形成し，維持する組織管理が含まれている。それどころか，経営管理を中核とした経営機能全体が組織的に担われている。この点に触れつつ，次節で「組織とは何か」を明らかにしたい。

## 3　経営機能の担い手としての組織
　　―経営組織論とはどのような学問か―

### 3-1　継続的な協働が組織―組織とは何か―

私たちが，組織を生かし，組織とともにしか生きていけないとすれば，誰もが組織体験をもっているはずだ。実践知的には組織を十分に捉えている。それなのに「組織とは何か」と尋ねられたら，即答できる人は少ない。わかっているのに，うまく説明できない人もいるだろうが，組織ならざるもの，あるいは組織の周辺を組織と思い込んでいる人も多い。確かに，組織を説明することは，専門家にも意外に難しいのである。

それでは，学生が組織を実感するのは，どのようなときだろう。学生が所

属する大学も組織（厳密にいえば経営体で，その中核が組織）であるが，それよりも，クラブやサークルに参加したり，アルバイトをしているときかもしれない。なぜだろう。それは，大学の講義やゼミ以上に，学生がクラブやアルバイトに主体的に参加し，役割を引き受け，責任的に行為しているためだ。荒っぽくいえば，この責任的行為（＝役割的行為）の束，つまり複数の人間の協力からなる協働が，組織（活動）なのだ。厳密に定義すれば，組織とは「2人以上の人々の意識的に調整された活動ないし諸力のシステム」（バーナード）であるが，役割を果たす行為とは調整された行為ということになる。

一瞬の協働や短時間の協働も組織に違いないが，一般的には，それを組織とは呼ばない。普通，継続的な協働が組織と理解されている。この継続的な協働を生み出すのに大きく貢献するのが，役割ないし職務にほかならない。ここに，組織とは「役割の束」ないし「役割の体系（システム）」と主張される理由もあるだろう。「職務の体系（システム）」という場合も同じだ。これがテイラーやファヨール以来の組織理解であり，本書の組織理解と異なるが，今日でもこの立場をとる研究者は多い。これには大きく3つの理由がある。

第1は，上述したように，組織において役割の果たす重要性があげられる。第2に，役割や職務の体系は，いわば組織の骨格であり，組織の構造といえるから，図式化が容易で，視覚的に訴えて理解させやすい，理解しやすいこともあるだろう。「経営組織論は経営組織図論ではない」といくら強調しても，研究者（教師）にも学習者（学生）にも，「わかりやすい」という魅力には抗し難いからだ。このことと関係するが，組織を構造（役割や職務の体系）から論じることは，研究者にも論じやすい，説明しやすいことが，第3の理由である。

動いている過程を論じるより静止した形（形態）を論じることは，比較的容易なのだ。これまでの経営組織論が，ともすれば職能組織，事業部制組織，マトリックス組織といった組織形態論・組織類型論や，部門化・階層化，権限の配分といった組織編成論，組織設計論に終始したのは，そのため

である。「文鎮型組織がよい」とか「フラットな組織がよい」とか，あるいは「ネットワーク型組織がよい」，また「機械的組織と有機的組織」というのも，まさにこの類（たぐい）であった。

確かに，組織構造論は経営組織論の大きな部分を占めている。しかし，役割の体系と役割行為の体系が違うように，動きを止めた一瞬を映し出す，または動きを止めてはじめて把握できる組織構造は，組織の一部ではあっても，組織の中心部分ではない。組織の実体は，構造と能力を生み出し，時に創り変える力である。動態的に見れば，組織とは人々の協働であり，人々の調整された活動のシステム（活動の場，人「力」の場）にほかならない。人々の力を調整して役割行為を引き出すのが，マネジメント機能の１つである。役割行為だからこそ，組織は経営機能を担えるともいえる。少し言い過ぎになるが，「目に見える虚像（組織構造）」を「目に見えない実像（組織過程＝活動）」と取り違えてはならない。

### 3-2　経営組織と企業組織の間——経営組織論の対象——

これまでの説明で「組織とは何か」をひとまず理解できたとしよう。それでは「経営組織」とは何だろう。経営組織研究者は，しばしば組織を語って，経営組織を語ったように済ましているが，組織と経営組織は同じなのだろうか。経営組織論はただの組織論なのだろうか。ある意味では，それでよいのだが，経営組織論者の多くは，必ずしもそれを自覚しているわけではない。むしろ，２重に誤解しているからだともいえる。しかし，常識的に考えれば，経営組織論は「経営の組織」を論じているはずであり，ただの組織論でないように思われる。もし経営学部（それに類する学部）で講義される組織論だから経営組織論だというのであれば，お笑い種だ。

実は経営学者のほとんどは，経営学の研究対象を企業だと考えている。ドイツ経営学や批判経営学を学んだ研究者は，特にこの傾向が強い。その影響は組織一般論・管理一般論であるアメリカ経営学に親しんだ研究者にも及び，「経営学の研究対象は企業の組織や管理である」と言わせるほどだ。そこでは，組織とは企業組織であり，経営組織論とは企業組織論にほかならな

い。経営組織論者が企業組織を語って経営組織を語ったように済ませるのは，そのためである。

　確かに，経営組織が企業組織であれば，経営組織論は組織論一般とは区別できる。だが，「経営とは企業なのか」という別の問題が生じよう。経営学において企業と経営の概念的区別と関連は重要である。上述したように，「経営」という言葉は，①経営機能（行為），②行為主体，③経営体，を意味する。経営体は，一般的には企業と理解されているが，広く大学や都市や国家なども経営体といえる。つまり，企業は経営体であるが，経営体は企業とは限らない。

　経営学の研究対象はこの経営体であり，経営学は企業，病院や大学，都市や国家といった広く経営体の行動原理と機能を究明する学問だ。それが本書の立場であるが，都市や国家には行政学・政治学がすでに成立しており，それらを含めて経営学だと主張すれば，経営学および行政学のいずれの側からも抵抗が大きいだろう。そこで本書でも以下の諸章では，経営体を企業で代表させて論じている。しかし，都市や国家にも，法の執行という意味合いの強い行政機能や人々の意見を集約する政治機能を超えた戦略機能や創造機能が必要である。わが国の「失われた10年（1990年代）」とは，国家理念や国家戦略の欠如を端的に物語っており，それが苦境を招いたことは誰もが承知していよう。

　経営体を維持・発展させる経営機能が組織によって担われるため，組織はあらゆる経営体に共通して見られる。経営現象とは組織現象だといってもよい。そして経営組織論とは，さまざまな経営体に共通する組織（現象）を解明する学問なのだ。企業組織を経営組織と考える研究者でさえ，しばしば企業組織以外の組織を取り上げるのも，組織の共通性のゆえだろう。このような本書の立場で組織を語れば，経営体の組織，つまり経営組織を語ったことになる。しかし，多くの経営組織研究者，あるいは経営管理研究者は，これを自覚的に理解しているわけではない。これが，前述の「2重の誤解（むしろ立場の違い）」の意味である。

## 3-3　行為主体としての組織―組織論から経営組織論へ―

　経営組織論の研究対象がさまざまな経営体に共通する組織であれば，研究対象から経営組織論を組織論一般と区別することは難しい。組織は社会学や行政学などでも研究がなされ，それが経営組織論にも多大の影響を与えてきたからなおさらである。それどころか経営組織論は，哲学，法学，文化人類学，社会心理学，生物学，経済学などの成果も積極的に取り入れてきた。ここまでくれば，経営組織論とは，経営学者が好き勝手に論じる組織論にすぎないようにも見える。一見，経営組織論の枠のなさ，学問的無節操さが，良く言えば，変幻自在な自由さが，その裏返しの面白さと難しさをもたらしたともいえる。

　それでは経営組織論は，組織論一般に埋没するいい加減な学問なのだろうか。また経営組織論と社会学や行政学の組織研究は同じなのだろうか。もっとはっきり言えば，経営組織論は学問的自律性を疑わせるほど，うさん臭いのだろうか。

　決してそうではない。結論からいえば，経営組織論とは経営学的組織論，つまり経営学的視点，もっとはっきり言えば，経営管理的視点からなされる組織研究という意味である。少し難しく表現すると，研究対象からではなく，研究方法ないし研究視点から，学問的自律性が与えられている。したがって，経営組織論は自称「経営学者」の組織研究でもなければ，もちろん単に経営学部で講義される組織論だからというのでもない。

　たとえば，社会学の組織研究の焦点は，さまざまな組織にまつわる社会現象を究明することにあり，どちらかといえば，非公式組織ないしは社会集団に傾斜して論じることが多い。また社会的制御にいささか関心があったにしても，組織マネジメント（管理）の視点は乏しい。当然，組織の形成や変革といった組織動態より，組織に外的な視点から現前の組織現象の説明に重点がおかれている。

　他方，経営組織論は経営体を存続・発展させる経営機能の担い手（＝行為主体）としての組織を問題にする。すでに述べたように，経営機能（行為）

は，今日，組織的に担われており，行為主体としての経営とは組織にほかならない。組織能力が経営体の環境認識能力，戦略創造（事業構想）能力，戦略実行能力といった経営能力を握っている。したがって，組織能力が高まらなければ，経営能力は高まらない。組織能力をチェックする重要性がここにある。経営組織論は，行為主体としての組織に内在的視点（＝行為主体的視点）から，経営能力を決定する組織能力の絶えざる向上を問う学問である。経営組織論において，組織革新論や変革論といった組織の動態論が重視されるのは，そのためだ。つまり経営組織論は，経営管理論の視点を前提にし，経営管理論は経営組織論の現象把握を前提にしている。それが，組織論的管理論が主張される理由でもある。いずれもが組織を生かし，それを通して経営体を生かす知識論だといえるだろう。

## 4　生きる知恵の源泉としての経営組織論・経営管理論

第1節で述べたように，あらゆる場面に組織が浸透する現代社会においては，組織は個人の生きる場にほかならない。そうであれば，現代人は最低の教養として，組織の本質と機能，さらに性質を知らねばならない。そこで第3節で組織とは継続的な人間協働であり，プロセスとしての「調整された活動」に本質があることを明らかにした。今日，経営機能はこのように理解された組織によって担われている。この観点から組織能力を問う学問が経営組織論であり，その維持・発展をはかる知識の体系が経営管理論である。

### 4-1　組織を生み出し生かす知識とスキル

経営学に限らず，「大学での勉強は机上の空論で役立たない」としばしば言われる。この主張はある観点からは的を射ている。もともと大学での講義は，例外を除いて，実践で即役立つことを教えてこなかったからだ。また，それが目的でもなかった。しかし，別の観点に立てば，その主張は誤っている。

その1つは，現代の学生の多くが役立つほど勉強もしないし，講義を役立

つように受けとめるほど，鋭い感性をもたないからだ。たとえば，宅急便の事業化に成功したヤマト運輸元会長・小倉昌男氏は，「プロテスタントの倫理」を論じた大塚久雄の近代経済史を「企業家としてやってきた私の心の底辺に，この講義の影響があった」と回顧している。大塚ほどの講義ができる教師は限られていようが，著述から判断すれば，大塚の講義も抽象的であり，即役立つものではなかっただろう。それでも小倉には役立ったのである。

最近（2008年）では，住生活グループ前会長・潮田健次郎氏は，経営セミナーに通った収穫として「本を読めるようになった」ことを挙げて，「労務の講義を2時間受けると，あとは1人で労務の本を読んでも理解できる。基礎知識がないと本を読んでも理解できない。入り口を突破させるのが教育」と語っている。それに続いて，大学教師の講義の有用性を，経営の本質を突いて次のように説明している。社長自ら参加した潮田氏を除けば，セミナー参加者だった大企業の平取締役や部長クラスの多くが「大学の先生は実務を知らないから空理空論で役立たない」と話していたのに対し，潮田氏は「私は逆だった。学者は経営を普遍的に話すから私にとって応用が利きやすい」と受けとめ，「経営は理論だ」という確信を強めたという（『日本経済新聞』2008年3月15日，朝刊）。これは経営を本当に知る者にして初めてできる極めて重要な指摘である。

いま一つは，大学で教えることは主として「ものの考え方や見方」であり，これが本当に身について役立つときには，無意識・無自覚になっているからだ。潮田氏の後段の指摘は，この点に関連しているだろう。自己を賭けて責任を果たそうと常に考えているから，普遍的に物事を貫く本質を見ることができ，応用が利くのである。実践的な学問（＝実学）と言われる経営組織論や経営管理論も，この点は変わらない。

経営組織論は経営組織を生み出し生かす知識やスキルの集合体として生れた。テイラーの組織論（職能的職長制度）にしても，バーナードの組織論にしても，そうである。ファヨール以来の伝統的組織論が重視した組織設計論はこのためのものであった。また，コミュニケーション，共通目的，協働意思＝貢献意欲が組織成立の必要十分条件だと見れば，コミュニケーションが

組織を生み出し，生かす協働の技能の中核に位置することも容易に理解できる。コミュニケーションを通して，共通目的の認識と受容がはかられ，個人の努力を共通目的に寄与する協働意思が引き出されるからだ。ここに，管理職能がコミュニケーションシステムを維持し，人々の協働意思を確保し，目的を定式化することと主張されもする。マネジメントにはとりわけコミュニケーションが重要である。コミュニケーションが目的形成機能，協働意思形成機能，ひいては組織形成機能をもっているからだ。

　顧客を含めた他者との協働の失敗は，技術力や人格的能力以上に，コミュニケーション・スキルを中核とする協働のスキルの不足に原因があることが多い。バーナードによれば，協働のスキルとは他者とうまくやっていくスキルであるが，他者の敬意の獲得を必要とする点で，単なる快適な関係を構築するスキルではない。人とうまくやっていくスキルが身につかなければ，他の人びとのもつ最高の能力を鼓舞し，人びととの協力を引き出すことはできない。これと密接に関連するのが，説得の能力だ。説得の能力とは，わかりやすく言えば，「相手の文脈に沿いつつ，自己のアイデアを提示する能力」「相手の文脈に自己のアイデアを挿入して，その文脈の転換ないし離脱を行わせる技術」である。

　難しい外国人との交渉がことのほか見事だったといわれる鈴木朗夫（住友商事元常務）は，鮮明に自己主張する必要性と，「自己主張は，可能な限り相手の言葉と論理を用いて行う」ことを絶えず強調していた。「相手の言葉と論理を飲み込んで，それを使ってこちらの主張を伝えなければダメだ」というのが口癖だった。極めて有能だった商社マンの交渉哲学とバーナードの協働哲学は完全に重なっている。もちろん，このようなスキルや能力は，実践を通して行動的に学ぶほかないが，知識としてもっていれば，その習得は早いだろう。

　組織を生かす知識となれば，さらに権威理論や責任論，そしてリーダーシップ論を中核にした経営管理論，また環境適応論，事業選択論としての経営戦略論，さらに経営知識・情報論や社会的責任論も欠かせない。いずれも，本書第1部「組織と管理」，第2部「組織と戦略」，第3部「組織と知

識・情報」，第 4 部「組織と社会」で展開されている。

### 4-2　組織を生きられる場にする知識と人間類型

　組織を生み出し生かす知識体系である経営組織論や経営管理論は，組織に生きる私たちにとって，組織を生きられる場にする知恵を汲み出す源泉でもある。個人の心理的・物理的エネルギーからなる組織は，個人の質に大きく影響される。組織の発展には，それにふさわしい個人の発展が不可欠だ。個人は自己のキャリアに責任をもち，自己の知識とスキルを陳腐化させないように努力するのは当然だとしても，これを知るだけでも，個人が組織を生きられる場にすることは容易になるだろう。絶えず変動する組織を生きられる場にできる人間は，組織変革を押し進め，組織を活性化する人間である。このようなことを考慮に入れつつ，組織に生きる人間とその保持する知識を類型化してみよう。

　①　限定された意味でのスペシャリスト

　これまでの企業組織は，特にわが国の場合，既存の枠組みの中で貢献する人材を中心に構成されてきた。ここでは仕事を遂行するのに必要な既存の知識の理解力が何よりも問われる。これを基礎にさまざまな現場に職能分化された人びとは，断片的知識を蓄積し，現場的知識を身につけ，限られた意味でのスペシャリスト（社内スペシャリスト）である。彼らの中で基礎能力（潜在的能力と大学などで身につけた学力）をもち，学ぶべき方向を定めて学卒後 10 年近く努力した人間だけが，専門性の高いプロフェッショナル人材に育つのである。組織を生きられる場にする知識とスキルを身につけるか否かの分岐点だ。

　②　ゼネラリスト的人材

　長年の間に築いた社内ネットワークを駆使して調整し，社内スペシャリストを結集させてきたのがミドル層を中心にした管理職にほかならない。従来はトップ層もこの延長にあった。自ら組織変革をすることはないが，ロイヤリティ，凝集力は高く，キャッチアップ時には強みとして働いた。ただ，激変する環境のもとでは，この強みが逆転し，一部で組織硬直化の原因とも

なって，激しいリストラの対象となった。しかし，彼らのゼネラリスト的知識と能力はあなどれず，これをいかに生かすかがマネジメントの焦点でもある。

③　プロフェッショナル人材

変革枠組みの一部となって，これを推進するプロフェッショナル人材も，これからの組織を活性化させる中核的人材である。現場で獲得した断片的知識を自己の専門的観点から深めて体系化し，それを顧客の直面する問題解決に向けて活用し，提案し，さらなる顧客を獲得しうる人材である。その意味では普遍的な専門知識とスキルの持ち主といえる。

若き日からプロフェッショナル人材にして企業家的人材という例外はさておき，一般にプロフェッショナル人材が，ネットワーク・スキルを高めて，情報感度を磨き，機会を捉えて内外の資源を結びつける能力を身につけるとき，企業家的人材に育つ可能性があるだろう。30代の10年の過ごし方が，それを決めるに違いない。

④　企業家的人材

ゼネラリスト的ミドル層にも，組織内外のネットワークを通して蓄積した情報やデータを膨らまして，事業を構想し，それを実現する仕組みを速やか

|  | 創造力↑ | |
|---|---|---|
| 市場価値 | 組織変革枠組みの一部となるプロフェッショナル人材<br><br>知識活用力<br>専門的スキル | 事業を構想・実現する組織枠組みを創り出す企業家的人材<br><br>創造的想像力<br>ネットワーク・スキル |
| 社内価値 | 組織枠組みの中で貢献する人材<br>（限定されたスペシャリスト）<br><br>知識理解力<br>現場スキル | 組織枠組みにそって働くゼネラリスト的人材<br><br>知識理解力<br>社内ネットワーク・スキル |
|  | | 調整力→ |

図序-1　組織における知識と人間類型

に創り出せる人も少なくない。まさにネットワーク・スキルを駆使して，内外の資源や能力を結びつけて事業を創造する企業家的人材である。社内ベンチャーを率いる人材はその典型だろうが，カンパニー（社内分社）や子会社のプレジデント候補もこの中から生れるだろう。これからの組織に必要な中核的人材だといえる。

⑤ 組織に生きる知識とスキル

これまでの日本企業では，限定されたスペシャリスト的人材を経てゼネラリスト的人材に育っていくのが一般的だった。「御神輿（おみこし）経営」とも揶揄されたトップ・マネジメントも，この延長上で選抜された。しかし，バブル崩壊後の平成大不況，加えて情報化とグローバル化の進展に伴う大競争時代への突入は，日本企業に従来型の経営者選択を許さず，その中から例外的に育った企業家的人材，傍流を歩いてきた人材，あるいは国際経験豊かな人材に経営改革を委ねざるをえなかった。また，ゼネラリスト的人材も激しいリストラの対象となった。もちろん，限定されたスペシャリストも，ゼネラリストも，トップのマネジメント能力次第で，その知識やスキルが生き，生かされる。ただ，特定組織でしか生かされない知識やスキルであることも否定できない。

翻って，企業家的人材であれ，プロフェッショナル人材であれ，社内価値だけでなく，市場価値でも評価し得る人材である。これからの組織の中核的人材は，特定企業組織を離れて生きることができる自立した人材であろう。しかし，このことは何も終身雇用（長期雇用）制度を否定するのではない。組織と個人の硬直的な関係を否定するだけである。自立的人材は組織への貢献能力が高い故に，組織を選択できる。当然，組織は業績に見合う報酬や仕事のやり甲斐などといった魅力的な誘因を提供して，その協働意思をめぐって，他組織と争わねばならない。そのせめぎ合いこそが組織にも個人にも発展を促す。自立した個人は，むしろ組織を自己の発展の場にしやすい。別の組織で生きられる人間が，当該組織（終身雇用を前提にしている組織でも）を生きられる場にする知識とスキルをもつとすれば，皮肉というほかはないが，本書が伝えたい真実（見方）の1つである。

【参考文献】
(1) ダニエル A. レン／佐々木恒男監訳『マネジメント思想の進化』文眞堂, 2003 年。
(2) A. D. チャンドラー／有賀裕子訳『組織は戦略に従う』ダイヤモンド社, 2004 年。
(3) C. I. バーナード／山本安次郎・田杉競・飯野春樹訳『経営者の役割』ダイヤモンド社, 1968 年。
(4) 飯野春樹編『バーナード 経営者の役割』有斐閣新書, 1979 年。
(5) 庭本佳和『バーナード経営学の展開』文眞堂, 2006 年。
(6) 佐高信『逆明利君』講談社文庫, 1993 年。

# 第 I 部

# 組織と管理

# 1章

# 現代企業と経営組織

## 1 組織という言葉

　表題には「現代企業と経営組織」とあるが，その2つは一体どのような関係にあるのか。組織における意思決定の研究でノーベル経済学賞を受賞したハーバート・サイモン (Simon, Herbert) は，ジェームズ・マーチ (March, James) と共著の，その名も『組織 (Organizations)』という古典的な著作の冒頭で次のように述べている。

　　公式組織とは何かということについて，この言葉を定義するよりも，例をあげたほうがより簡単であろうし，おそらく有益であろう。USスチール株式会社は公式組織である。赤十字も，街角の食料品店も，ニューヨーク州高速道路局もそうである。

　USスチール株式会社が企業であることはすぐにわかるだろう。食料品店も規模はともかく営利企業であるに違いない。すると，企業と組織は同じものと理解してよいのか，ということになってくる。
　このようにとりあえず考えて進むやり方もあるが，実はここで公式組織の例として取り上げられているものは，組織そのものではなく協働の仕組みであり，その協働の仕組みをうまく成り立たせる役割を果たすものが組織（公式組織）である，という考え方がある。この考え方は，やはりサイモン以前に現代の組織論へと直接つながる考え方を確立したチェスター・I. バーナード (Barnard, Chester I.) によるものであるが，その考え方にしたがって

見ていくことによって，企業と組織の関係が一層はっきりと理解できるようになる。

その前に「経営組織」という言葉についても考えておこう。本書は，何を今さらと思われるかもしれないが，マネジメント（management）にかかわる書物である。そして，そのマネジメント（management）は，経営学と訳されることもある言葉であるが，その単語について試みに辞書を引いてみてほしい。そこには，きっと，なにものかをうまく取り扱うこと，という主旨の訳語を見ることができるはずである。そこで，ここでは，暫定的に，経営組織を「何ものかをうまく取り扱うための組織」と考えておくことにしよう。そうすると，企業と経営組織という場合は，企業という協働の仕組みをうまく取り扱うための組織ということになる。これは，直前に述べたバーナードの考え方と基本的には同じである。

## 2　協働システムとしての企業と組織

### 2-1　協働の仕組みと協働システム

まず，協働の仕組みとは何かから考えていくことにする。

バーナードは，人間は自由意思をもっていて，そこからなんらかの目的をもって生きている存在ではあるが，それと同時に，何かをしたいと思っても，いろいろな制約のゆえにそれを実現できないという事態に直面する存在でもあると考えた。このようなとき，ひとはどうするだろうか。あきらめてしまう，というのも1つである。しかし，あきらめられない，1人では無理でも誰かの協力が得られれば何とかなるかもしれない，ということもあるだろう。そして，その誰かの協力が得られる場合に「協力し合うこと」，バーナードの言う「協働」が成立する。

身の回りを見回してみるとよい。多種多様な協働がある。前にふれたUSスチール株式会社という企業も赤十字という非営利団体（NPO）も協働であり，大学も病院も市町村などの自治体も協働である。それぞれが個人1人

の力では達成できないが，ひとにとって日々の生活に必要な目的を多くの人々の協力によって成し遂げる仕組みである。企業は1人の力では決して手に入れることのできないモノやサービスを提供する仕組みであるし，大学は独学で手に入れることのできない知識を提供したり，創り出したりする場であり，自治体も1人では得られない住民サービスを提供する場である。したがって，ここでは次のように書きかえることができる。

　協働とは何かということについて，この言葉を定義するよりも，例をあげたほうがより簡単であろうし，おそらく有益であろう。USスチール株式会社は協働である。赤十字も，街角の食料品店も，ニューヨーク州高速道路局もそうである。

では，それらの協働，つまり「協力し合うこと」をうまく実現するにはどのように考えていけばよいか。A株式会社，B非営利団体，C大学，D病院，という具合に個別に考えていくときりがない。それらの共通部分を取り出して一括りにする，あるいは一般化するために，バーナードはシステム・アプローチという方法を用いたのである。

　システムとは，バーナードによると，システムを構成する各部分がそこに含まれる他のすべての部分とある重要な方法で関連をもつゆえに，全体として扱われるべきあるものである。つまり，全体システムはいくつかの部分からなり，それらの部分はサブ・システム（下位システム）と呼ばれる。ただし，サブ・システムであるためには，他のサブ・システムと重要な方法で関連があり，それらが関連し合って1つの全体システムになっている必要がある。たとえば，コンピュータは，キーボードやマウスといった入力システム，プリンタやディスプレイといった出力システム，コンピュータ本体をはじめとする演算・制御のシステムという部分システムからなる1つのシステムである。この部分システムのいずれが欠けてもコンピュータとしての体をなさないことは明らかだろう。ここで，あなたがコンピュータをもっていたとして，そのコンピュータ本体に好みの人形を吸盤を使ってぶら下げていた

としよう。人形はコンピュータにひっついてはいるが，決して部分システムではない。なぜなら，それがあろうとなかろうと，コンピュータとしての働きにはまったく影響しないからである。

バーナードは，協働をこのようなシステムと見て，それがいくつかの部分システムからなる1つのシステムであると考えて，それを協働システムと名づけた。では，協働システムはどのような部分システムからなるのだろうか。

まず，それらには，協働の目的を達成するために集まっているヒトがいる。企業では，従業員と呼ばれたり，管理者と呼ばれたり，出資者と呼ばれたり，さまざまな立場のヒトがいるし（他にどんなヒトがいるか考えてみてほしい），病院には，医師，看護師，薬剤師をはじめ，さまざまに呼ばれるヒトがいる。他の協働システムにもさまざまに呼ばれるヒトがいて，名称もそこで行っていることもそれぞれに異なるが，協力し合っているヒトがいるという点では共通である。これらのヒトを一括りにして，バーナードは人的システムと名づけている。

次に，それらの多様な協働システムは，その目的を達成するために，モノを用いているという共通点がある。大学では，教育や研究という目的を達成するために，校舎や教育機器をはじめとするさまざまなモノが使われる。病院では，病気やけがの治療をするために，医療機器や薬品といったモノを用いる。そのように具体的な現れ方は違っても，モノがあるというのはすべての協働システムに共通している。これらのモノを一括りにしてバーナードは物的システムと呼んだ。

目的の達成にかかわるヒトとモノ，これだけだろうか。アルバイトしているときのことを考えてみてほしい。仲良くなって，バイト先を離れても友達づきあいをしているバイト仲間もいれば，喧嘩はしないまでも気が合わなくて，同じローテーションになると嫌だなという同僚もいる。しかし，仲が良いとか気が合わないといったことは，アルバイトの仕事とは直接には関係がない。同じローテーションになった同僚が，仲が良かろうと気が合わなかろうと，アルバイターとしてやらなくてはいけない仕事（それが協力し合う目

的であるのだが) は一緒のはずである。しかし，そのような関係のあり方によって，本来の協働の目的のために協力し合う，その状態が影響を受けることもあるのではないだろうか。けがや病気の治療のために入院した病院では，治療してくれる医師や看護師との関係だけでなく，同じ病室に入院しているヒトと仲良くなって，その気分が順調な治癒につながることだってあるかもしれない。

このように，協働の目的にかかわっていく（ある目的のために協力し合う）場では，必ずと言っていいほど，ここでふれたようなさまざまな人間関係をはじめとする社会的な関係ができあがってくる。それは，協働の目的とは直接には関係がない「社会的な関係」ではあるが，協力し合う間に必ずできあがってくるゆえに，そしてそれが本来の目的のために協力し合う状態に影響を与えるゆえに，さまざまな協働システムを通じて共通のものとして考えに入れなければならないものとなる。これは，社会的システムと呼ばれることになる。

以上のように，すべての協働システムに共通する要素を，バーナードは協働システムを構成する部分システムとして取り出したのである。確認しておくと，それらは人的システム，物的システム，社会的システムと名づけられていた。これら3つのシステムは協働システムという全体システムを構成するサブ・システムである。では，協働システムを成り立たせているのはそれら3つのサブ・システムだけなのだろうか。実は，決定的なものがここには欠けている。それが，組織（バーナードによると正式には「公式組織」）である。

## 2-2 協働システムと公式組織

ある場所にモノ，ヒト，社会的関係があると想像してほしい。たとえば，始業直前の工場。作業員（人的システムの例）がいて，各自が担当する工作機械の前に配置についていて，部品（物的システムの例）も揃っている。仲の良い作業員同士が私語を交わしている（社会的システムの例）。遠くから見れば，組立て作業が行われているように見えるかもしれない。しかし，実

際には，作業はまだ始まっていないのである。これは，他の協働システムを見ても明らかである。授業開始直前の教室には学生も教員も揃っている。学生同士のおしゃべりで教室内は結構にぎやかである。やはり離れたところから見れば授業中のように見えるだろう。しかし，授業は行われていない。工場という協働システムでは「実際に作業が行われる」ということが決定的なことであり，ある講義（これも協働システムである）では「実際に授業が行われる」ということが同様に決定的なのである。

　これらの決定的側面が「公式組織」という言葉で表される。それは，「2人以上の人々の意識的に調整された活動および諸力のシステム」とされ，(1)共通目的，(2)コミュニケーション，(3)協働意思の3つの要素からなる。即ち，お互いが調整し合いながら（コミュニケーション），なんらかの目的（共通目的）に向けて，やる気をもって取り組んでいる（協働意思）状態である。この状態が成立しないかぎり，工場でも教室でも，外からは作業や授業が行われていると見えたとしても，そこで行われるべきことと関係のない行為（たとえば世間話）が続くだけである。

　公式組織自体は，協働システムのサブ・システムである人的システムや物的システムのように目に見えるものではない。しかし，それらのサブ・システムは，公式組織なくしては，もともとの協働の目的に向けて統合・調整されることはないのである。この点で，公式組織（というサブ・システム）は協働システムにおける中核的サブ・システムとされる。

　個々のメンバーの能力や物的手段には不足がないのに成果が上がらない企業やスポーツ・チーム，あるいはある時点で競争相手とメンバーの能力や物的手段において同等で，それらによって同じような成果を上げていて，その後，それらの点では両者に変化がないにもかかわらず，いつの間にか成果においてライバルに大きく引き離されてしまった企業やスポーツ・チームの例はすぐに思い浮かぶだろう。このようなケースは，協働システム内のサブ・システムである人的システム，物的システム，社会的システムを統合・調整すべき公式組織がうまく働かなかったことによるのである。反対に，公式組織がうまく機能すれば，他のサブ・システムがほとんどもとのままであって

も，協働システム全体として首尾良く機能するということも考えられる。大敗した昨日の試合と自チームも相手チームもメンバーは替わっていないのに，今日は大勝するといった現象もこの脈絡で考えることができるのである。

もともとの協働の目的が達成されるためには，協働システムにおいて公式組織が機能することによって他の3つのシステムが統合・調整される必要がある。この節のはじめに提起した問題において，つまり協働（協力し合うこと）をうまく実現するにあたって，もっとも重要な役割を果たすのが，この公式組織である。では，この公式組織を機能させるにはどうしたらよいか。これが経営組織論の中心問題となっていく。

## 3　公式組織のマネジメント（うまく取り扱うこと）

協働システムは，公式組織によって他の3つのサブ・システムが統合・調整されることで，協働の目的を達成しうる。協働の目的はさまざまであるが，その達成までにはかなりの時間を要することがほとんどである。また，もともとの協働の目的は，かなり一般的，あるいは大まかにしか規定されていないことも多い。

たとえば，あなたが実現すれば非常に便利なコンピュータ・ソフトウェアのアイデアをもっていて，このソフトウェアを製品化して販売することによって利益を得ようと考えたとしよう。しかし，資金と技術面において自分だけの力では無理なので，資金や技術面で助けてくれる友人の協力を求め，賛同を得たとする。前に述べた，公式組織の定義と三要素（共通目的，コミュニケーション，協働意思）に照らせば，この時点で公式組織は成立しており，公式組織以外の協働システムのサブ・システムももちろん存在している。しかし，製品化し販売する，その結果として利益を得るという最終的な目的の達成が約束されたわけでは決してない。むしろ，目的達成への途上で失敗し消えていく協働システムの方が圧倒的なのである。

このようにならないためには，協働の目的が達成されつくすまで公式組織

の三要素が継続して存在し，協働システム内の他のサブ・システムを統合・調整し続けることが必要である。その条件を充たすことが，協働をうまく取り扱うこと，つまり協働のマネジメントなのだが，そのためにはどのようなことが行われるべきなのか。三要素のそれぞれについて，章を改めて見ていくことにする。

【参考文献】
(1) C. I. バーナード／山本安次郎・田杉競・飯野春樹訳『新訳　経営者の役割』ダイヤモンド社，1968年。
(2) J. G. マーチ・H. A. サイモン／土屋守章訳『オーガニゼーションズ』ダイヤモンド社，1977年。
(3) 飯野春樹『バーナード研究』文眞堂，1978年。
(4) 飯野春樹編『古典入門　バーナード　経営者の役割』有斐閣，1979年。
(5) 飯野春樹『バーナード組織論研究』文眞堂，1992年。
(6) 塩次喜代明・髙橋伸夫・小林敏男『経営管理』有斐閣，1999年。
(7) 髙柳曉・飯野春樹編『経営学(2)管理論』有斐閣，1991年。

## 2章

# 協働システムの管理（マネジメント）

　協働の目的が達成されつくすためには，協働システム内のサブ・システムが公式組織によって統合・調整され続けることが必要である。公式組織が，そのように動くためには，前章で述べたように，その三要素が継続して存在しなければならない。その条件を充たすために，3つの要素それぞれに応じて，なされなければならないことがある。共通目的を常に，はっきりとさせるにはどうすればよいか。協働意思を絶えず確保するためには，どのようなことが必要か。そして，統合・調整に欠くことのできないコミュニケーションを円滑に行うために必要な準備は何か，ということである。このそれぞれを，これから詳しく考えていこう。

## 1　「共通目的」の具体化―意思決定

　前章末で述べたコンピュータ・ソフトウェアの商品化の例で明らかなように，当初の協働の目的は非常に一般的にしか定義されていないことがほとんどである。そこで，その目的を達成できるような手段が選択されなければならない。

　つまり，ソフトウェアのアイデアを製品化するまでに解決しなければならない問題は何か。その問題を解決するためにはどのような技術を用いるか。その技術は自前で開発するか，それとも外部から技術料を払って手に入れるか。外部の業者が複数あるなら，そのどこから手に入れるか。製品化の目途が立ったとして，その製品をどのようにして販売するか。自社でセールスパーソンを雇うか，それとも外部の流通ルートを利用するか。店舗販売か，

通信販売か，通信販売するとして，どのようなメディアを用いるか，コンピュータ関連の雑誌に広告を載せるか，電子商取引を使うのか，というように次々と選択を迫られることになる。

　これは，目的−手段の連鎖になっていることに注意しよう。つまり，ある目的（目的①）に照らして，その時点での状況（これが普通「環境」と呼ばれる）が分析される。目的の達成を可能にする手段が1つであることはまれであり，考慮されるべきそれぞれの手段は代替案と呼ばれる。そして，その代替案の中から現状に照らして，もっとも効果的な手段（手段①）が選ばれる，ということになる。その手段が次の段階では目的（目的②）になって，同様の過程を経て，その目的を達成できるような手段（手段②）が選ばれる，というわけである。この過程を「意思決定」のプロセスと呼ぶが，この意思決定が首尾良く行われることによって，そのつどつどの具体的な共通目的が明確化され，それがひいては最終的な目的の達成につながるのである。

　したがって，公式組織の三要素の1つである「共通目的」をマネジメントする（うまく取り扱う）ためには，意思決定という働きが必要である。もちろん，上に述べたような目的−手段の連鎖としての意思決定プロセスは，常に状況の変化とともに，何度も繰り返す必要がある。たとえば，チーム・スポーツでは，試合前に対戦相手の戦力を分析して一応の戦い方を打ち合わせる（これが試合に勝つという目的のための手段である）が，当初予想した戦い方と異なる作戦を相手がとってきた場合，それに合わせて自チームの作戦を変更する，ということが行われるだろう。このように状況（環境）の変化に合わせて，目的が適切に再定義されなくては，最終目的を達成することはできないのである。

　ここでは，公式組織の三要素の1つである「共通目的」を常に明確化する役割を果たす意思決定について説明した。具体的な企業活動の場における意思決定については，本書の別の章でより詳しく述べられているので，そちらを参照してほしい。

## 2 「協働意思」の確保—モティベーション

　さて，意思決定によって，そのつどつどの共通目的が明確化されたとしても，その目的が実際に組織の構成メンバーによって実行されなくては，最終的な目的の達成はおぼつかない。

　ここで重要なことは，メンバーが当初の協働の目的に賛同して集まったとしても（その場合，当初の目的に対してはメンバーは，いわゆる「やる気」をもってはいるのだが），その目的を達成するための具体的な目的に対しては，そのような「やる気」を当然のこととしては期待できない，ということである。前にあげたソフトウェア会社の例で言えば，製品を販売して利益を得ようという目的には賛同しても，製品を扱ってくれるように販売店に自分自身で頼んで回るのは嫌だ，というようなことが起こりうる。あるいは，あとから雇ったセールスパーソンは給料だけが目当てで，つらい仕事はできるだけ避けようとするかもしれない。このように公式組織の共通目的とメンバーの個人目的とは一致しないことが多い。協働を成功させるためには，この不一致を前提として，それでも共通目的に向けてのやる気（協働意思）を確保しなくてはならない。さもないと公式組織は崩壊し，それによって統合・調整されるはずの協働システムも消滅してしまうのは明らかである。

　では，協働意思を確保するためにどのようなことが行われているのだろうか。このようなマネジメントの働きはモティベーション（動機づけ）と言われている。モティベーションにあたっては，組織から「誘因」を提供して，個人から組織への「貢献」を獲得する，というのが基本である。

　誘因とは個人の欲求を充たすモノであるが，金銭をはじめとする物的なモノとは限らない。たとえば，ボランティア団体ではどうだろうか。そこでは，メンバーはなんらかの奉仕活動を行う（これが組織に対する貢献である）うえに，物的なモノも，むしろメンバーが拠出しなくてはならない（これも貢献である）。では，そこではどのようなモノが誘因となっているのだろうか。おそらくは，その奉仕活動によって喜んでもらえること，社会的に

大切な活動を自分が行っている，という誇りなどであろう。

　企業での具体的なモティベーションのあり方については，労務管理，人事管理あるいは人的資源管理といった分野で詳しく取り扱われているので，それらの分野の書物をあわせて参照してもらいたいが，企業で働くサラリーマンでも給与だけが誘因ではないことは明らかだろう。給与水準はむしろ低くても，社会的に大切だと認められている製品やサービスを提供している企業で働きたい，と考えることは充分にありうるのではないだろうか。

　バーナードは，誘因を，特定の個人にしか提供できない特殊的誘因と，メンバー全員が等しく受け取ることのできる一般的誘因とに分けて，それぞれ4つずつ列挙している。少々，堅い言葉もあるが，翻訳書にある彼の言葉通りに簡単に紹介しておこう（詳しくは，直接，その書物を参照してほしい）。

　特殊的誘因には，(a) 物質的誘因——金銭もこれに含まれる——，(b) 優越，威信，支配的地位といったものを獲得する機会，(c) 好ましい物的作業条件，(d) 理想の恩恵——個人が自分の理想とすることを実現できること——，があげられている。

　対して，一般的誘因は，(e) 社会結合上の魅力——職場の雰囲気や，会社全体では社風と言われるものが良い場合，これが充たされることになる——，(f) 習慣的なやり方や態度への適応——組織のメンバーになる以前になじんできたやり方と，その組織独自のやり方が似通っていることなどが，これにあたる——，(g) 広い参加の機会——組織の運営に参加するチャンスが多いことなど——，(h) 心的交流の状態——具体的には，仲間意識といった形で現れたりするもの——，である。

　このように誘因となりうるものは多様であり，また協働システムごとにメンバーに提供しやすい誘因も異なっている。したがって，組織から個人へのモティベーションにあたっては，個人の欲求を考慮しつつ，その組織から提供可能な誘因をさまざまにミックスして提供することによって，メンバーからの貢献を確保するということになる。

　さて，協働意思の確保にあたって，もう1つ非常に重要なことを指摘しておこう。それは，たいていの場合，組織はメンバーの欲求をすべて充たすに

足る誘因，あるいはその原資を保有してはいない，ということである。これまでも例としてあげてきたソフトウェア会社で言うと，重要な誘因の1つである金銭は，それが成功した時点ではじめて提供可能になるにすぎず，誘因が提供される前に貢献が求められる。また，不況時に従業員が充分に満足する給与を支払える企業は，むしろ例外的であろう。このような場合のモティベーションにあたっては，バーナードの言う「説得の方法」が用いられることが多い。これについても詳しくは，直接，彼の書物にあたってもらいたいが，それは，多くの場合，誘因についてメンバーがここまで欲しいという欲求水準の変更に導くことによって，提供可能な誘因で満足してもらうという形をとる。これがごまかしにならないためには，いくつかの条件が必要になるだろう。皆さんも考えてほしい。

## 3　コミュニケーションの促進
　　　―コミュニケーション・システムの設計―

　共通目的が意思決定という働きによって具体化されること，モティベーションによってメンバーの協働意思が確保されること，この2つをこれまで述べてきた。しかし，公式組織が首尾良く協働システム全体を統合・調整できるためには，もう1つ不可欠なことがある。組織に関わる誰かの意思決定によって目的が具体化されたとして，それを他のメンバーにどのように伝えるのか。個人の欲求を充たして組織に貢献してもらおうとしたとして，各個人の欲求がどのようなものであるのかをどのようにして知るのか。また，組織が提供できる誘因をどのようにしてメンバーに知らせるのか。こういった問題が，まだ残っているのではないだろうか。
　この問題をマネジメントする（うまく取り扱う）ために行われるのが，コミュニケーション・システムの設計である。これは，形式的には，意思決定によって共通目的が常に明確化され，モティベーションによって協働意思が常に確保され，コミュニケーション・システムによって常に良好なコミュニケーションが保たれることで三要素が継続的に確保されることを通じて公式

組織が存続し，その存続する公式組織によって協働システムが統合・調整される，ということである。

　しかし，三要素はそれぞれ単に並立しているわけではなく，1つのまとまりあるもの，即ち1つのシステムになってこそ，公式組織として協働システムを統合・調整することができる，ということに注意しなくてはならない。したがって，コミュニケーション・システムは，この項のはじめで簡単にふれた問題に関係するが，共通目的がメンバーにしっかりと受けとめられることによって組織目的の達成に役立ち，かつメンバーのやる気を引き出し，その組織に関係することから各メンバーが満足を見出せるような形に作る（設計する）必要がある。

　設計されたコミュニケーション・システムは，経営学では通常，組織構造と呼ばれる。ニュースなどで「A社が新しいビジネスに乗り出すために組織を再編することにした」と言われるときの「組織」は，これまで述べてきたバーナードの考え方における「公式組織」ではなく，この「組織構造」のことを指している。経営学のいろいろな考え方の中にも「経営組織」と言うとき，この「組織構造」を中心にしているものもある。本章では，このような考え方はしていないが，企業をはじめとする協働システムのマネジメント（管理）というテーマの中で「組織構造」が重要なトピックであることにかわりはない。したがって，これについては，あとで少々詳しく述べるが，その前にもう1つだけふれておこう。それは，「組織図」という言葉である。

　組織図は，設計されたコミュニケーション・システム（組織構造）を目に見える形にしたものである。この場合，組織構造と組織図の関係は，実際の地形と地図の関係にたとえることができる。旅行の計画を立てるとき，地図は現地の様子を前もって，ある程度，知るのに役立つが，いざ現地に着くと予想していたのとは違うというようなことが起こる。A社の組織図からA社のことを想像するときにも同じことが起こると考えておいた方がよいだろう。あるいは，どんな組織構造を設計しようかといくつかの代替案を考えて比較するときに，組織図を書くこともあるだろう。その場合は，組織図と組織構造の関係は，設計図（たとえば家の）と実際に建てられた家の関係にた

とえられる。この場合も図面で予想したものと実際の仕上がりが少々異なっていた,ということが起こるものである。企業でもそのような食い違いが起こるのは同じである。

さて,組織構造の話題に進むことにしよう。

## 3-1 組織構造

コミュニケーション・システムが公式組織の維持,ひいては協働システムの統合・調整のために必要であることは前に述べたとおりだが,協働するメンバーが少数である場合は,組織構造とわざわざ言われるほどのものは必要とされないのが普通である。たとえば,頻繁に顔を合わせる機会がある数名からなるグループが,定期的にボランティア活動をしていたとして(これも公式組織であることはその三要素に照らしてみれば明らかであろう),コミュニケーションは必要なときにメンバー間で適当にとることができる。しかし,この活動の賛同者が増えて数十名になったときはどうだろうか。その場合,メンバー間の連絡網をあらかじめ決めておかなくてはならないだろうし,グループの活動方針を決めるメンバー総会も定期的に開く必要が出てくる。さらに,メンバーをいくつかの小グループに分けておき,それぞれの小グループにリーダーを置き,それらのリーダーを対内的に統括し,対外的に全体を代表する者を決める必要が出てくるのも明らかだと思われる。こうなると,それを組織構造と呼んだとしてもなんら違和感はなくなってくる。

### 3-1-1 組織構造設計の必要性(1)
―「リーダーシップの有効性の限界」から―

上述の例のように,協働の大規模化にともなって組織構造を設計する必要が生じてくる。その理由としてあげられるのが「リーダーシップの有効性の限界」である。これは,「管理ないし統制の幅(スパン・オブ・コントロール)」とも言われるが,簡単に言えば,1人のリーダー(上司)が効果的に管理できる(面倒をみられると言ってもよいだろうが)フォロワー(部下)の数は一定程度に限られる,というものである。その数がどれ位であるかについては経営学の中でもいろいろに論じられてきたが,これは,それがはっ

きりと特定の数に決められるものではないからである。バーナードによれば「リーダーシップの有効性の限界（管理の幅）」は，以下の①から④の要因によって変わるとされている。

① 組織の目的や技術的状況の複雑性

組織の目的が込み入っていたり，その目的を達成するために用いねばならない技術が複雑なものであったりする場合は，リーダーはフォロワーに詳しくそれらについて説明し，またより理解されるためには質問に対して応答し，また議論したりと時間をかけねばならない。当然に，効果的に管理できるフォロワーの数は少なくなる。目的や技術が容易なものであれば多くなるわけである。

② コミュニケーション・プロセスの困難度

伝えるべき内容をしかるべく伝えることが難しいほど管理の幅は小さくなる。たとえば，複雑な形をした立体物の形状を離れたところにいる人に言葉だけで伝えなければならない状況を想像してみよう。このようなときには説明自体に時間がかかるし，相手が理解できたかどうか何度もやり取りしなくてはならないだろう。

③ コミュニケーションの必要度

組織の目的や取り扱う技術が単純であったり，伝えるべき内容が易しかったとしても，それらについてまったく不慣れなフォロワーであれば，頻繁に指示したり，助言したりする必要がある。この場合，当然に管理の幅は小さくなる。もちろん，反対のケースも考えられる。

④ 社会的状況の複雑性

フォロワーがどのような人々から構成されているかによっても管理の幅は変わってくる。考え方や使用言語がさまざまである部下たちを相手にするときとそうでないケースとでは，組織の目的やそれを達成するために用いる技術において変わりないとしても，管理の幅が異なってくるのはわかるだろう。

以上の4つの要因の組み合わせによって，リーダーシップの有効性の限界はとりあえずは決まるわけだが，それもある時点でのある条件での下にすぎない。というのは，組織の中でコミュニケーションのために用いる技術の変

化を考えに入れなくてはいけないからである。

　ある一定時間，それも短時間で，ある内容をかなりの数の人々に伝えなければならない状況を想定して，コミュニケーションの経路を造るとしよう。電話の場合，まずはリーダーが3人に電話して，その3人がまた3人ずつに電話して・・・という具合に何段階かの連絡網になるだろう。しかし，e-mail なら前もって同報アドレスを設定しておけば，一段階ですむ。また，上述の②の要因に対しても，三次元コンピュータ・グラフィクスを利用すれば，ほとんど現物を見せるのと同じ効果を期待でき，管理の幅は飛躍的に広がるだろう。このように，情報技術をはじめとするさまざまな技術の進展は，組織の中での管理の幅をかなりの程度，変えると考えられるのである。

　しかし，ともかくも，リーダーシップの有効性の限界によって，組織はそのメンバーが増加すると，一定数からなる多くのグループ（この各グループが「単位組織」と呼ばれる）に分割される。そして各単位組織にリーダーがおかれ，それが多数であればそのリーダーをまとめるリーダーが置かれ，リーダーのリーダーが多数であれば，またそのリーダーという具合になっていく（図2-1参照）。このような単位組織の積み重なった組織は複合公式組織と呼ばれるが，その最下層は作業組織，それより上層の組織は管理組織と

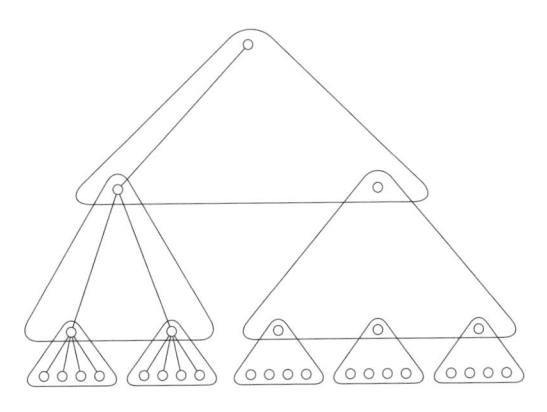

**図 2-1　単位組織と複合公式組織**
右半分のラインは省略

名づけられている。管理組織が数層ある場合，最上層は最高管理組織，残りの層は中間管理組織と呼ばれることが多い。

### 3-1-2 組織構造設計の必要性(2)—「専門化の原理」から—

組織の大規模化が組織構造を設計する必要性を生じさせる理由は，実はリーダーシップの有効性の限界だけではない。それと並んで重要な理由としてあげられるのが，「専門化の原理」である。図2-1に示された複合公式組織を現実の企業に当てはめて考えてほしい。するとそれを形作る各単位組織は，それぞれ別の仕事をしていることにすぐ気づくことだろう。企業を思い浮かべてもらえば良いのだが，それらは，研究開発，製造，販売，調達といったさまざまな部門に分かれて，それぞれの部門はそれらの役割を同時にこなしている。

全体社会においては，このような仕組みを分業と呼んでいる。分業が社会の物質的豊かさを大きく促進してきたことは疑いない。もしも，個人が衣食住のすべてを自分で賄わねばならないとしたら，各自が手にするそれらはごくわずかな量にとどまるであろうことを考えれば，それは明らかである。企業をはじめとする大規模な協働システムも社会における分業と同種の仕組みから成り立っており，このことが協働システムの成果を飛躍的に向上させ，その結果，協働システムが大規模化してきたと考えられるのである。協働システム内のこのような仕組みも分業と呼ばれることはあるが，経営学では専門化と呼ぶことが多い。では，各単位組織はどのような考え方に基づいて，専門化されているのだろうか。

意思決定の項目で述べたことを思い出してほしい。ごく大まかである当初の協働の目的は，意思決定というマネジメントの働きによって，目的-手段の連鎖により細部目的へと具体化される。この数多くの細部目的が調整されつつ達成され，それらが積み重なることによって大きな全体目的が達成されることになる。このそれぞれの細部目的が各単位組織に割り振られているのである。ここで，前の項目で述べた管理の幅は，その割り振りが首尾よく行われるためのものであることにも気づくことだろう。

さて，再度強調するが，大規模な協働システムの大きな成果は，さまざ

な場所で、さまざまな仕事が、「同時的にかつ連続的に、しかもそれらが調整されつつ（これが最重要ポイントである）」行われることによってもたらされる。専門化は、このことを可能にするようになされる必要がある。そのやり方は、もちろん、それぞれの協働システムの目的を達成できるようにさえすればよいのだが、一般的には次のような観点からなされることが多い（これもバーナードによる）。

① 場所による専門化

同種の仕事が同時的に別の場所で行われる必要がある場合、地理的専門化がなされる。たとえば、メガ・バンクと呼ばれる都市銀行は、全国どこででも同種の金融サービスを提供するために、顧客が無理なく訪れることのできる範囲ごとに支店や営業所を置いている。たくさんの他の業種でも、この専門化を見ることができるだろう。

② 時間による専門化

同種の仕事が休むことなく連続的に行われる必要がある場合、時間による専門化がなされる。工場を24時間稼働させなくては顧客のニーズに応えるだけの製品が作れないような企業では、3交替制がとられるだろう。通信・運輸サービスでもこの専門化は不可欠である。

③ 人間集団による専門化

協働システムのサブ・システムとしての社会的システムについての説明を思い出してほしい。企業をはじめとする協働システムで果たすべき仕事や役割とは本来関係ないはずではあるが、メンバー間の相性といったものが、その組織の成果に影響を及ぼすことがある。この影響が非常に大きいと思われる場合、たとえば、チーム・ワークを極度に重視する必要がある危険な共同作業を行う組織ではやむをえず、この種の専門化が行われることがある。

④ 作業ないし仕事の対象による専門化

流れ作業でおこなわれる製造過程に見られるのがこの種の専門化である。また、顧客全体をいくつかの部分（セグメント）に分け、それぞれについて特定のサービス・パーソンを割り当てたり、お得意様専用の窓口を設けたりするのも、この専門化の例である。

⑤　仕事の方法による専門化

　もう一度，図2-1を見てほしい。そこでの管理組織およびそこに配置されているヒトは，直接的にはモノやサービスを作ったり販売したりはしない（実際はこのようなことに従事することもあるけれども）が，別の場所で同時かつ連続的に，協働システムのなすべきことが首尾よく遂行されるように「調整する」という重要な仕事を行っている。この仕事は，製造や販売といった作業の中での専門化とは質的に異っている。このような性質を強調して言うときの専門化が「仕事の方法による専門化」である。また，一定期間で結果を出すことを非常に期待されてはいるのだが，どの方法をとれば成功するか見通しがつかない研究開発のような場合，研究開発者集団をいくつかのグループに分けてそれぞれ違った試みをさせるというのも，方法による専門化の例である。

### 3-1-3　組織構造のいくつかのタイプ

　実際の組織構造は，3-1-1と3-1-2で説明した要因を考慮に入れつつ設計される。リーダーシップの有効性の限界を決める条件やそれぞれの協働システムの目的がさまざまに異なる以上，それぞれに応じて設計される各々の企業をはじめとする協働システムごとの実際の組織構造には，無数と言ってよいほどの形が見られるのは当たり前である。しかし，それらの類似点をもとにいくつかのタイプに分けることもできる。ここでは，必要最小限ではあるが，組織構造のタイプをいくつか紹介しよう。これでは飽き足らないという読者は，章末の参考文献をはじめ，このテーマについてもっと詳しく説明されている書物にあたってほしい。

①　ライン型組織

　もっとも基本的な組織形態であり，図2-1のように，組織構造内のコミュニケーションのラインの上下が，1対1になっており，1人の上司と1人の部下が必ず結びつけられる（ワン・マン-ワン・ボス —one man-one boss—と言われる）というものである。

②　ファンクショナル型組織（図2-2）

　科学的管理論の確立者であり，アメリカにおける経営学の創始者とも言わ

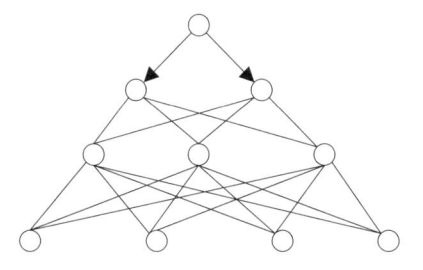

**図 2-2　ファンクショナル型組織**
第 2 段階以下の矢印は省略。

れるテイラー（Taylor, F.）によって提唱された組織形態である．当時，各作業者の担当する作業の高度化によって，1 人の上司だけで 1 人の部下の仕事を完全に面倒を見ることは難しくなってきていた．そこで，テイラーは作業者の担当する作業を合理的に行わせるのに必要な要素をいくつか取り上げて，各要素ごとに専門的に指導する上司を置くことにした．部下は複数の上司からの指導を受けて，より完璧な作業の遂行をめざすことになる．そうすることで上司の指導の負担が軽減されるとともに，上司の養成も容易になった（当時，急速な工業の発展にともなって工場の規模の拡大とそこで働く作業者数が急激に増加し，必然的にその指導者も急速に増やす必要があった）．

しかし，この型の組織には落とし穴があった．というのは，一連の作業を完全に要素分解することは実際は不可能に近いので，作業の各要素の重なるところでは，2 人の上司が同時に指示をするということも起こりうる．その際に，その指示の内容が異なる場合，作業者はどちらの指示に従えばよいのかわからなくなってしまう．伝統的な経営学で言う「命令一元化の原則（上述のワン・マン-ワン・ボスのこと）」に反するゆえの矛盾である．そのようなわけで，この型の組織はそれほど普及せず，ライン型組織にこの型の組織の利点を取り入れるべく，以下の③の組織形態が提唱されることになった．

③　ライン-スタッフ型組織（図 2-3）

上に述べたように，ファンクショナル型組織は，上司の負担を軽くするという利点があるが，命令一元化の原則に矛盾する可能性があるという欠点が

48　第Ⅰ部　組織と管理

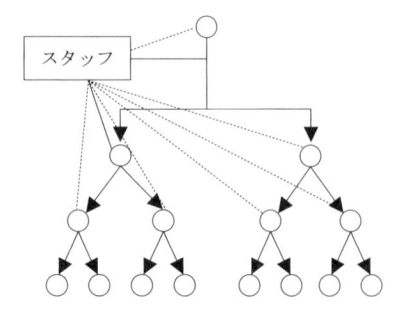

**図 2-3　ライン - スタッフ型組織**
点線は助言系統を表わす。

あった。そこで，ライン型組織のコミュニケーションのライン（指揮・命令系統）から離れたところに，管理者や作業者にさまざまな助言を与える役割を果たすスタッフ（複数のスタッフからなるスタッフ部門になることもある）を置くことにしたのが，ライン - スタッフ型組織である。

　スタッフの役割はあくまで専門的な知識や技能について助言をすることであって，指示（命令）をすることではないので，命令一元化の原則に反することなく，ライン上のメンバーの負担を軽減できる。企業では，調査部や人事部などが典型的なスタッフ部門である。一例をあげると，調査部は営業部というライン部門（本来の企業目的の達成に直接関わる部門のことを言う）に対して，日常的に収集・分析した市場についての情報を提供し，それを参考にして営業部は営業活動の方針を決定し，それに基づいて活動する。営業部は情報収集・分析にかかわる負担をせずに，営業活動に集中できることになる。

　また，スタッフ部門が非常に大規模になった場合，その部門内は，たいていライン型組織になることを付け加えておく。

④　その他の組織形態

　書物によっては，上記3つ以外にもさまざまな組織形態が紹介されている。しかし，それらは，組織形態と言うよりもむしろ，ライン - スタッフ型組織をもとに，各々の企業がその置かれた状況に合わせて作りあげた具体的形態の典型例であることが多いと思われる。

具体的な場面では，組織の下部（現場）からの情報を，意思決定が行われる組織の上部にできるかぎり早く伝え，上部からは意思決定の結果をできるかぎり早く実際の作業が行われる組織の下部に伝えねばならない（これができないと，企業環境の変化が激しい時代にあっては，ビジネスのタイミングを逸することになる）し，また上下方向への情報はできるかぎり正確に伝えられねばならない。このため，コミュニケーションのラインの階層を短くしなければならないという要請がある。しかし同時に，管理の幅（リーダーシップの有効性の限界）にも配慮せねばならない。大規模化した組織では，管理の幅に配慮することと組織の階層を少なくすることは明らかに矛盾する。この本来矛盾する2つの要請を何とかしてかなえるべく，さまざまな具体的な組織形態が工夫されてきた。

事業部制組織やマトリックス組織，プロジェクト・チームやタスク・フォース，あるいは委員会制度といったものである。近年は，そのような工夫では追いつかず，巨大化した企業を分割するという分社化や擬似的な分社化であるカンパニー制などが採用されることも多くなっている。分割された各企業の株式を所有し，長期的戦略の観点から統括するという持株会社制度が日本でも見られるようにもなってきた。しかし，ここまで来ると，それは組織形態と言うよりもむしろ企業形態の脈絡で説明されるべきものであろう。いずれにせよ，これからも現実の要請により，さまざまな組織形態が採用され，また試みられるに違いない。この項の最初に述べたように，読者各自の関心に応じて調べてみてほしい。

## 3-2 組織構造（コミュニケーション・システム）を流れる コミュニケーションの性質

これまで説明してきた組織構造はコミュニケーションのチャネル（経路）とも言われる。原則的には，組織におけるコミュニケーションは正式に設計されたそのチャネルを上下方向に流れるものであるが，当然，例外もある。

ある単位組織のメンバー間での非公式のコミュニケーション（世間話やうわさ話など）は，もっとも代表的なものであろうし，これが単位組織を超え

て，上下左右に広がることもある。このような非公式のコミュニケーションが，「人間関係論」と呼ばれている経営学の考え方において強調されている「非公式組織」や，前章で述べた協働システムのサブ・システムである社会的システムと大きな関わりをもつのは言うまでもない。さらに，非公式なコミュニケーションのあり方が，組織の共通目的の達成やメンバーの協働意思の確保にとって，場合によっては非常に重大な影響を及ぼすことがあり，経営組織論にとって無視できないテーマであることも付け加えておこう。

　また，組織によっては，正式のチャネルを通す時間的猶予がない緊急事態が生じたような場合には，通常時に正式とされているチャネルを飛び越すルートが，あらかじめ決められていることもある。これは，「管理過程論」といわれる経営学の考え方の創始者であるファヨール（Fayol, H.）によって提唱されたもので，その提唱者の名前をとってファヨールズ・ブリッジと呼ばれることもある。

　さて，ここで，組織の共通目的を達成するために，正式なチャネルを通るコミュニケーションの多くが指示（命令）という形をとっているということに注意する必要がある。チャネルを通じた指示（命令）がそれとしてきちんと流れることではじめて，一般的な目的を具体化した細部目的が各部門のメンバーに伝えられ，それに基づいて各メンバーが行動することによって全体の目的の達成につながるのである。

　では，組織におけるコミュニケーションにおいて指示（命令）がそれとして流れるのは，どんな理由によるのだろうか。「そんなのは当たり前」という声もあるかもしれない。「上司に言われたから，したがうのは当然」という具合である。

　経営学では，このような考え方を「公式権限説」あるいは「上位権限説」と呼んでいる。企業（株式会社）では，部下に命令する上司は，その権限をその上司の上司から与えられており，この連鎖は会社の中では社長（代表取締役）にまで行き着き，代表取締役がその権限を有するのは株主総会で選任されたからであり，株主総会における取締役の選任権は会社法をはじめとする法律によって規定されており，最終的には憲法で保障された私有財産制に

基づくという図式である。この意味で「権限法定説」とも言われる。

 しかし，正式のコミュニケーション（指示ないし命令）に限定したとしても，この考え方で組織内での現実のコミュニケーションをめぐる有様を描き尽くせるだろうか。指示にしたがったようなふりをして，実は何もしない，あるいは場合によっては正反対のことをする，といったことも結構あるのではないだろうか。もっとも強制力のあるはずの法律の規定でさえ，日常的に違反されている場面もあることを思い浮かべれば，それは明らかであろう。このような状況は「公式権限説」では説明できない。反面，多くの指示（命令）がその通りに遂行されているのも明らかである。でないと，共通目的を達成できる組織はなくなってしまう。このような事態を受けて提唱されたのが「権限受容説」である。

 経営学における「権限受容説」はバーナードによるもので，指示（命令）的なコミュニケーションが権威ないし権限（英語では両者ともオーソリティー）をもつのは，指示（命令）を受ける側（受令者，指示するのが上司であれば部下のこと）が，そのコミュニケーションを権威（権限）があるものとして受容した（受け入れた）からである，というものである。したがって，ある指示（命令）が権威（権限）をもつかどうか決定するのは，部下の側であり上司の側ではない，ということになる。

 コミュニケーション（指示・命令）が，権威あるものとして受容されるためには，以下の4つの条件を充たす必要があるとされている。

 ① 指示（命令）が理解可能であり，また実際に理解されること

 たとえば，日本語しかわからない人に英語で命令したとしても受容されない。また，受令者の理解力を超えた複雑な指示も受容されることはないだろう。「リーダーシップの有効性の限界」のところでも説明したが，単位組織の規模は，ある時点での部下の能力を前提にして，その部下が理解できるまで十分なコミュニケーションができる範囲に収められなくてはならない，というのもこれと関係している。

 ② 指示（命令）が組織目的に反しないこと

 その指示を受ける以前に，部下が組織の目的と考えていたことと矛盾した

指示は受け入れられない。上司（管理者）はより上位の管理者から自分自身が受けた指示を，さらに具体化して部下に伝えるという役割（これをコミュニケーション・センターとしての役割と言う）を果たしており，その役割に失敗したときにもこのような事態が生じる。つまり，部下の側で「そんなふうにしても，これまで言われてきた目的の達成につながらないのに」と思ってしまう場合である。また，いったん下した命令をすぐに覆してしまう（朝令暮改）ような場合もこれに当てはまる。このようなとき，上司はその信用をなくしてしまうだろう。

③　指示（命令）が部下の個人的な利害に反していないこと

前に述べたように，通常，個人の目的と組織の共通目的は一致していない。誘因を提供するかわりに組織に貢献してもらうというモティベーションの結果として，部下は個人的欲求を抑えて組織の目的にしたがっているのだが，その指示にしたがうことによって，自分の利益をあまりにも犠牲にしてしまわねばならないときには，知らんぷりを決め込んだり，極端なケースでは組織から離脱するだろう。

④　指示（命令）を実行できる能力が部下にあること

能力には，命令を実行できるだけの資源が前もって部下に与えられている，ということも含まれると考えられる。「そんなことを言われても，無理です」というような事態である。上司がこのような指示をした場合，それはかえって上司が事態を的確に把握する能力に欠けている，と部下に判断されてしまうことにもなるだろう。

以上の4つの条件を充たしているときに，命令はそれとして問題なく部下に受け入れられるわけである。しかし，あなたが，なんらかの組織の一員（たとえば，会社員）であったとして，いちいちそれらの条件に照らして命令にしたがうか否かを決めているのではない，とも思うだろう。

有能な管理者は，それら4つの条件に常に配慮することによって，部下が命令を受け入れやすいような状態を創り出すものである。そのような状態が長く続けば，部下の側には「この人の命令なら，したがっておけば大丈夫」という気持ちになる。それがより進むと「この人にずっとしたがっていきた

い」、あるいは極端な場合には「したがうこと自体がうれしい」ということにもなっていく。バーナードは、命令が意識的な判断なしに受け入れられる部分を「無関心圏」と呼んだ。有能な管理者は、部下の「無関心圏」を創り出し、それを広げていくことのできる人と規定することができるのである。

　このようにして、組織構造の中のコミュニケーションのラインを、4つの条件を充たすコミュニケーション（指示ないし命令）が流れていくことによって、メンバーのやる気が高まり、それが組織の共通目的の首尾よい達成につながるのである。このことは裏返して言うと、3節1で説明した組織構造が作り上げられたとして、それが適切に機能するためには、その中の管理者の位置（先程ふれたコミュニケーション・センター）に、4つの条件に配慮して命令できる人物が配置されなければならない、ということである。これができなかった場合には、命令がそれとして受け入れられず、つまりコミュニケーションがきちんと流れないようになり、せっかく作った組織構造が機能せず、最悪の場合には破壊されてしまう、ということにもなる。

## 4　組織（企業）文化

　これまでの流れを簡単に振り返っておこう。まず、企業をはじめとするさまざまな協働の仕組みが、協働システムとしてとらえられた。協働システムは、4つのサブ・システムからなるが、そのうち公式組織は他の3つのサブ・システムを統合・調整し、協働を首尾よくマネジメントしていく役割を果たす中核的サブ・システムである。したがって、公式組織を維持・存続していけなければ、もともとの協働の目的も達成されないことになってしまう。

　そこで、公式組織を維持・存続させるために必要な役割として、意思決定、モティベーション、組織構造の設計を指摘した。この章では、3番目の組織構造の設計について詳しく説明したが、それと他の2つの役割があいまって、公式組織が維持・存続し、それによって協働の目的が達成される、というわけである。このあとに何が来るだろうか。もともとの協働の目的が

達成されたのだから,それで全部と考えることもできなくはない。

　しかし,ちょっと考えてみてほしい。もともとの目的が達成されたのだから,そこで協働をやめてしまうなら,確かに全部だろう。でも,はじめの目的が達成されたとしても,これでやめてしまうのは何かもったいない,あるいはまた新しいことをこのメンバーでやってみたい,と思うことはあるのではないだろうか。そこで必要となるのは,新たな目的の設定である。また,当然,存続し続けるのが当たり前という組織でも,このようなことが必要となることもある。たとえば,大きなスポーツ大会で優勝するという目的を掲げて,それを達成したあとで「さあ,これからどうしよう」と思うようなときである。次の目的を見つけられなかったチームは,そこで漂流状態となって大して時間もたたないうちに,ずいぶん弱いチームになってしまう,ということも起こりうる。チームが漂流しないようにするためには,やはり新たな目的の設定が必要なのである。

　このようなときに組織の力を維持,あるいは今まで以上のものにするために必要な役割として,バーナードが指摘しているのが,道徳的リーダーシップである。企業をはじめとする組織は,ある目的を達成していくことによって,それなりに多数のメンバーを抱えることになり,その規模を拡大していく。松下電器（Panasonic という社名に変わるということだが）や本田技研といった日本を代表するような巨大企業でも,当初は数名のメンバーによって始められた,ということを考えてほしい。もしも,それらの企業で,ある程度の成功を収めたところで次の目標が見出されなかったとしたら,今の姿はなかっただろう。

　それらの企業が今の姿になるまでには,次々と増加していく企業（組織）関係者（これをステークホルダーと呼ぶことがある。本書の別の章で詳しく説明されているので参照してほしい）に受け入れられるような新たな目的を,それぞれの段階で設定ないし再設定し続け,それに向けて関係者の協力を獲得し続けることが必要であった。道徳的リーダーシップは,このような役割を果たすのである。

　さらに,このようにして長期間にわたって良好なパフォーマンスを示して

きた企業（組織）では，他の企業（組織）と比べたときに，明らかに他と異なる独特の雰囲気が見られることが多い。それは，企業（組織）全体のイメージとして受けとめられることもあるし，その企業（組織）に関わるメンバーに共通の行動のスタイルとして感じられることもある。このような企業（組織）の性質を表す言葉が，「企業（組織）文化」である。次章で詳しく取り上げられるテーマであるが，協働システムの管理（マネジメント）にかかわって簡単にふれておくと，それは以下のような役割を果たすと考えられている。

まず，そのような文化があることは，とりもなおさずメンバーの間に物事に対する共通の見方があることであるから，組織内のコミュニケーションも容易になり，何かを行おうとするときにも細かな指示を必要とせず，前に説明した意思決定とそれに基づく行動の迅速化が図られるというメリットがある。また，モティベーション上の効果も期待できる。なぜなら，他の企業（組織）に比べて独特の，それもプラスの（そうでなくては，長い期間にわたってさまざまに異なる欲求をもつ多くのメンバーを引きつけてこられなかったはずである）雰囲気をもつ企業（組織）に関わっているのだ，という一種の誇りが，これも前に説明した「誘因」として働くからである。

このように企業（組織）文化は，マネジメントにも大きな影響を与えている。企業に限らず，長期間存続し，社会的に高く評価されている組織には，たいていこの種の文化が備わっている。大学やスポーツ・チームでもそうである。いろいろな分野の組織でどうなっているか，考えてみてほしい。

そして，ここで次のことを指摘しておこう。即ち，そのようになっている組織は，その目的の達成を期待されているのはもちろんだが，社会の中で，その存続自体が大切なこととして考えられるようになっている，ということである。この章では，組織を協働をうまく取り扱うための仕組み（ないし手段）と考えることから始めたが，組織文化を有するようになったときには，それは協働の手段だから大切なのではなく，組織自体の存続に価値があると見なされるようになっているのである。企業の場合でもモノやサービスを提供しているから大切なのではなく，その企業自体の存続が大切と考えられる

ようなときには同じことが起こっているのである。

　このような事態を，著名な社会学者であるセルズニックは「組織が制度になる」と呼んだ。したがって，組織を制度にする，あるいは組織を制度化することは，経営組織をマネジメントしていくにあたって，またそれを考える学問である経営組織論，ひいては経営学にとってもっとも重要な課題の内の1つなのである。

【参考文献】
(1) C. I. バーナード／山本安次郎・田杉競・飯野春樹訳『新訳　経営者の役割』ダイヤモンド社，1968年。
(2) A. D. チャンドラー, Jr.／三菱経済研究所訳『経営戦略と組織』実業之日本社，1967年。
(3) J. G. マーチ・H. A. サイモン／土屋守章訳『オーガニゼーションズ』ダイヤモンド社，1977年。
(4) E. H. シャイン／清水紀彦・浜田幸雄訳『組織文化とリーダーシップ』ダイヤモンド社，1989年。
(5) P. セルズニック／北野利信訳『組織とリーダーシップ』ダイヤモンド社，1975年。
(6) H. A. サイモン／松田武彦・高柳暁・二村敏子訳『経営行動』ダイヤモンド社，1989年。
(7) 飯野春樹『バーナード研究』文眞堂，1978年。
(8) 飯野春樹編『古典入門　バーナード　経営者の役割』有斐閣，1979年。
(9) 飯野春樹『バーナード組織論研究』文眞堂，1992年。
(10) 加護野忠男『組織認識論』千倉書房，1988年。
(11) 塩次喜代明・高橋伸夫・小林敏男『経営管理』有斐閣，1999年。
(12) 高柳暁・飯野春樹編『経営学(2) 管理論』有斐閣，1991年。
(13) 高柳暁編『現代経営組織論』中央経済社，1997年。

# 3章

# 管理とリーダーシップ

## 1 現代企業の管理とリーダーシップ

### 1-1 変革の時代とリーダーシップ

#### 1-1-1 管理を超えるリーダーシップ

　リーダーやリーダーシップが重要なのは，今に始まったことではない。企業経営にとって，管理やリーダーシップはいつの時代でも重要なのである。近年，それが特に声高に叫ばれるのは，日本企業が変化の激しい時代に突入したからだろう。確かに，誰の眼にもわかるほど，経営環境は大きく変化し，しかも変化は加速している。情報技術を中心にした技術革新と広い意味を含んだ情報化（豊かさ）・ネットワーク化，グローバル化の進展による大競争，人々の意識のエコロジカル化（地球環境問題への関心の高まり）が，変化の軸である。

　この激しい環境変化に直面する企業は，組織を変革し，戦略転換と組織活性化をはかることが迫られている。環境変化が企業の組織変革，経営革新を要請するのだ。もちろん，管理とは，変化する環境に適応して企業を維持・発展させることである。これがバーナードの管理理解（厳密には，もう少し複雑な管理認識）であり，そこには，当然，変革を導くリーダーシップも含まれている。もっとも，多くの場合，管理は「権限を行使して既存の目的に人々の活動を結集させることだ」と捉えられている。そのように理解すると，どうしても管理に固定性や硬直性をダブらしてイメージしてしまうのだろう。そこに，この管理イメージを超えるリーダーやリーダーシップが関心を集めるのかもしれない。

### 1-1-2 信長的リーダーシップに足りないもの

バブルの崩壊以降,「企業経営」に関する商業雑誌がしばしば歴史上の人物を登場させ,なかでも「織田信長」を取り上げることが多かった。日本史上,信長は中世的世界に立ちながら,近世の扉をこじ開けた革命児といわれる。信長はまず,組織を変革(家臣団・軍団の常備軍化)して俊敏な展開力を実現した。彼は,弱兵といわれた尾張軍団を,この組織力によって精兵化した。しかも,他の武将の軍団とは異次元のスピードで走り,瞬く間にのし上がっていったのである。また世界へ眼を広げて地球が丸いことやヨーロッパの事情にも通じていた(グローバルな視点からの情報収集力と鋭敏な情報感度)し,技術革新の導入(鉄砲の導入)にも熱心であった。これを利用する新たな戦法(集団的使用)を編み出して,当時,最強といわれた武田騎馬隊を打ち破っている。それは,戦略の革新といえる。さらに楽市・楽座を押し進めて,経済の自由化をはかったことも見逃せない。いずれもが,今日の企業経営に必要なものばかりだ。

今日の変革の時代が,信長的偉人に憧れ,待望し,強力なリーダーとリーダーシップを求めてやまないのである。同時に,ほぼ天下統一を手中にしながら部下(明智光秀)に背かれて志半ばで倒れていった信長の悲劇性にも,人々は心ひかれるのかもしれない。だが,部下に背かれるのは,リーダーシップの欠如の最たるものだ。このことは,リーダーシップが信長的なものに終わらないことを暗示しているだろう。

## 1-2 目的達成とリーダーシップ

### 1-2-1 「忠臣蔵」の人気の秘密

日本人の大好きな物語に「忠臣蔵」がある。大石内蔵助を中心にした元赤穂藩浪士の仇討ち物語だから「赤穂浪士」ともいわれる。討ち入りの季節である年末になると,毎年のようにどこかのテレビ番組に取り上げられているし,数年に1度は長期の大河ドラマとして登場する。また,しばしば映画化もなされてきた。刃傷沙汰や主君の敵討ち,そして最期は切腹という現代の日本人とはかけ離れたモラルと行動の,どこに魅せられるのだろうか。通時

的に歴史と文化を共有する同じ日本人として，彼らの行動を心情的に理解できるところはある。確かに，大儀を奉じての苦労は，我がことのように胸を打つ。討ち入りを前に妻子や家族と離別し，成功の果てに切腹してゆく最期も劇的でもある。しかし，その人気の秘密は，これらに加えて，彼らのチームワークとそれを率いる大石内蔵助のリーダーシップが，現代の企業経営にも欠かせないものだからではないだろうか。

　播州赤穂藩主・浅野長矩（浅野内匠頭）の江戸城内における刃傷沙汰とそれが原因の浅野家断絶は，元禄の安定した時代に起こった。元城代家老の内蔵助は，まずは藩主の弟・浅野大学を立てて主家再興に奔走している。これが叶わず，目的を主君の仇討ちに切り換えて，それを達成しただけだ。そこに，「喧嘩両成敗」と定められた武家諸法度を無視した幕府権力者に対するいささかの異議申し立ては含まれていたかもしれないが，幕藩体制を変革しようなどとはまったく考えていなかった。少なくとも，信長的リーダーシップ（変革型リーダーシップ）を発揮していない。それではなぜ，内蔵助のリーダーシップが注目されるのだろうか。それは，扶持を失った困窮の中で若干の脱落者を出し，親戚筋にも離脱されたものの，大きく人に背かれることもなく，人を動かし人を結集して，仇討ちを果たした（目的を達成した）というその一点にある。赤穂浪士物語は，日本社会で多くを占めるようになったサラリーマン層の，とりわけリーダーシップの発揮に苦労しているミドル層の共感を呼ぶからに違いない。

### 1-2-2　目的達成と内蔵助的リーダーシップ

　人を動かし結集させるだけならば，組織構造ないし管理システム，公式化した規則や手続き，マニュアルで統制するという方法もある。権限という極めて強力な統制力を用いることも可能だ。むしろ，その方が容易である。しかし，変化が激しい時代は，組織構造や公式化がこれについてゆけず，組織硬直化を起こしやすい。したがって，変化に臨機応変に対応するには不向きである。事前に規定をしなければならない権限もまた同様である。状況が変われば，権限空白の事態が生じるからだ。

　主家を断絶で失った赤穂浪士は，従来の組織構造が崩壊し，権限関係も崩

れた状態に置かれていた。上下関係の厳しい封建時代にあっては，浪人しても赤穂藩時代の秩序感覚や内蔵助に対する思いは生きていただろう。それでも内蔵助には，制裁力をともなった公式な命令権はすでになかった。元藩士が生活に困窮しても金銭的報酬を与えることもできなかった。彼の手元にあったのは，元家老という中心ゆえに集まる情報力と，仇討ちを人々の本懐（＝かねてからの願い，本望）に仕立て上げ，意味づける規範（価値）創造力だけだった。一時は激情にかられて「一味同心」の血判をしても，落ちついてみると「無謀で無意味だ」と感じた浪士もいただろう。困窮生活の中で頑張りも続きにくい。家族を見れば思いは乱れたはずだ。内蔵助は，これらをシンボリックなリーダーシップだけで克服し，目的（仇討ち）達成に導いたのである。ここに，リーダーシップの本質もよく現れている。人をより積極的に行動に導くものは，権限以上にリーダーシップなのだ。

### 1-3 現代企業におけるリーダーシップ類型

いささか遠回りをしながら，リーダーシップには異なった側面のあることをみてきた。1つは，変化の時代に合わせて目的設定をし，つまり価値を創造して戦略ビジョンを描き，変革を推進するリーダーシップである。いま1つは，目的を意味づけ，達成に向けて人々を結集させるリーダーシップである。いずれも人を動かすリーダーシップには違いないが，前者は，とりわけ信長的リーダーシップは，人を動かす以上に組織を動かし，組織を構成する（活動の提供者である）人々への配慮をいささか欠いてしまった。変革力のあるカリスマ的リーダーシップ，また専制的リーダーシップが陥りやすい落とし穴だ。他方，後者は人を動かすことによって，組織を動かそうとする。人の動きはやや緩慢になるが，自主的な意思や主体的な行動を導きやすいからだ。

ところで，リーダーが人に働きかける場合，大きく2つの方法がある。1つは，直接的に働きかける方法である。誘因の方法で人に働きかけ動かすリーダーシップが，これだ。この点はすでにモティベーションで論じられているが，誘因で満たされるのは個人的動機であり，それによって引き出され

た個人的活動が直ちに組織的活動に連結するか否かは，それほど自明ではない。誘因と貢献の組織的，個人的意味の確定が必要だ。また誘因の組み合わせの問題も残る。ここにリーダーシップが介在するのである。とりあえず，それを誘因型リーダーシップと呼んでおこう。これについては後述する。専制型リーダーシップも直接的に人を動かすリーダーシップだ。これは，組織構造に付随した職位の権威，つまり権限を行使して強制力を発揮するため，非常に高い確率で他者（部下）に自己の意図した行動を取らせることができる。多くの場合，それは管理と理解されている。

いま1つは間接的に人に働きかける方法である。内蔵助的リーダーシップを例にとれば，戦国時代から1世紀を経て武家の習俗が弛みつつあるなかで，仇討ちを武士の本懐と懐古的に意味づけることで，結集力と行為を引き出している。組織目的にそって価値規範を創造し，行為を意味づけることを通して行為を引き出すのである。公式な権限基盤がなくても，このリーダーシップを発揮することができる。バーナードはそれをリーダーシップの権威と説明したが，ここではシンボリック型リーダーシップと呼ぶことにしたい。もちろん，これと職位の権威が組み合わされれば，リーダーシップはより強力になり，いわゆる変革型リーダーシップに近づく。内蔵助的リーダーシップも疑似的な職位の権威を基盤にしており，ややその色彩を帯びていた。

しかし，それを変革型リーダーシップとは呼びにくい。なぜなら，意味付与も意味の創造には違いないが，創造の程度が異なるからだ。さらに変革型リーダーシップがシンボリック型リーダーシップと決定的に異なるところは，創造された意味を戦略ビジョンにして，組織変革を試み，制度化してその意味を継続的に実現する組織構造を再構成するところにある。ただ，意味を付与し，そこに人を巻き込み，自発的に行為させ，組織を動かすシンボリック型リーダーシップに比べると，意味創造と組織変革で人を動かす変革型リーダーシップは，どちらかといえば人を置いてきぼりにしがちである。この点は注意を要するだろう。

以上を要約したのが図3-1である。人の働きかけの直接性・間接性を縦軸

に，権威化の強弱を横軸にとって，リーダーシップを類型化している。現代企業は，変革型リーダーシップだけでなく，シンボリック型リーダーシップも誘因型リーダーシップも欠かせない。第2節では，これらリーダーシップをもう少し管理職能と絡ませて論じてみよう。

|  | 弱 ←———— 権　威　化 ————→ 強 |  |
|---|---|---|
| 間接的 ↑ 働きかけ ↓ 直接的 | シンボリック型リーダーシップ<br>・意味の付与と活用 | 変革型リーダーシップ<br>・意味の創造（転換）と<br>　制度化（組織への定着） |
|  | 誘因型リーダーシップ<br>・意味の確定 | 専制型リーダーシップ<br>・力の行使 |

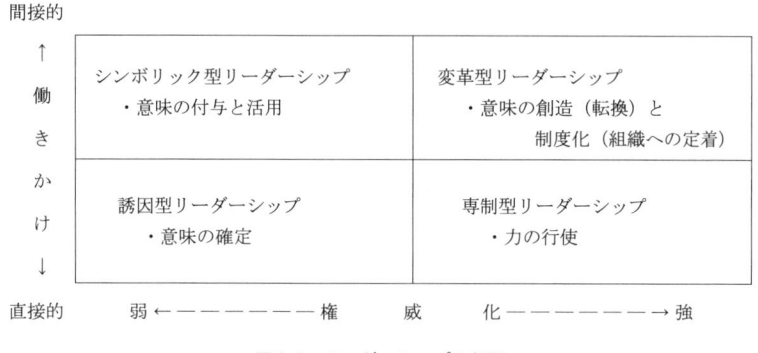

図 3-1　リーダーシップの類型

## 2　組織の存続・発展とリーダーシップ

### 2-1　管理職能とリーダーシップ

#### 2-1-1　オーソリティとリーダーシップ

　モティベーションによって，組織目的達成の方向で働く意欲を引き出され，提供された人間活動を組織目的に向けて具体的に調整する機能が，オーソリティとリーダーシップである。特にオーソリティ（権限・権威）については，2章でも定義し説明した。いずれも，組織存続に不可欠な機能であるが，リーダーシップについては本章でも明確な定義をしないまま使ってきた。もちろん，これまでの論述から，おおよその輪郭は浮かび上がろう。

　さて，オーソリティ（権限）は，職務を公に遂行する力であり，命令権，支配権を内包している。その意味で，組織に公式に是認され，それが及ぶ範囲が職務に特定化された力といえる。これに対して，リーダーシップはリー

ダーのなかに秘められた行動特性であり，それが組織および組織メンバーに影響を及ぼすプロセスである。簡単に定義すれば，リーダーシップとは「意味（価値）づける力」ないし「意味づけによって人と組織を動かす力」である。意味づけも程度によって，① 意味確定，② 意味付与，③ 意味創造，がある。① はモティベーションを機能させるリーダーシップ，② は共通目的の存在性や共通理解などの信念を創り出し，人々の主体的な協働を鼓舞するリーダーシップ，③ は組織を発展に導くリーダーシップと深く関係する。いずれも，意味を通して，リーダーシップを発揮させるが，とりわけ①②が管理職能と深くかかわるリーダーシップを機能させるのである。特に，「権限受容説」ともいわれるバーナードのオーソリティ（権威）概念は，リーダーシップとの結びつきが強い。

### 2-1-2 管理職能とリーダーシップ

組織は，コミュニケーション，共通目的，協働意思がバランスよく結びつくときに生れる「人々の調整された活動」であるとすれば，組織存続をはかる管理職能は，必然的に，組織三要素を維持・確保し，それらを結びつけて動態化させるものとなる。

まず，コミュニケーションを確保するためには，コミュニケーション・システムを確立しなければならない。組織構造とはコミュニケーション・システムであり，管理職位を規定し，適切な管理者を配置することで構築される。コミュニケーション・センターとしての管理者は，フィルター（要約と選択）をかけて情報を圧縮し，上級管理者の情報過多（＝情報圧力）を軽減せねばならない。上級管理者の注意と時間は貴重な経営資源だからである。同時に，上級管理者からの一般的・抽象的指示を具体的内容に訳して，下位者に指示を与えたり，調整したりする。いずれも意味確定が介在しよう。ここにリーダーシップが発揮されるのである。いくら情報化されても，コミュニケーション・システムとしての管理組織は，いささかフラットになり，コミュニケーション速度が増すだけで，その基本的役割は変わらない。

潜在的な協働意思を確保して，組織に必要な活動を引き出すことが，第2の管理職能である。これとリーダーシップとの関係については，後述する。

第3の管理職能は，共通目的だと信じられている包括的で抽象的な組織目的を，組織階層＝管理階層に応じて，具体的な目標（目的に対する手段）に定式化し，最終的には行動目標に直すことである。組織目的の決定は価値の決定であり，ここに意味を創造する，あるいは少なくとも意味付与するリーダーシップが介在することは疑いないが，一見，論理的な目的の定式化＝目標化に際しても，それぞれの管理者レベルで意味付与する余地は残されており，リーダーシップが発揮されることになる。

このように概観すると，いずれの管理職能も，意味を確定し，付与するリーダーシップと結びついてはじめて機能することが理解できるであろう。

## 2-2 組織の存続とリーダーシップ

組織は成立した時点から，絶えず解体，崩壊の危機にさらされている。この危機を回避し，組織の存続を果たすのが管理職能や，とりわけリーダーシップの役割である。

### 2-2-1 組織存続の必要十分条件

組織が成立し，短期的に存続するだけならば，組織成立の必要十分条件である三要素が適切に結合されればよい。そこには，とりたてて管理やリーダーシップと騒ぎ立てなくてもかまわないだろう。しかし，組織が長期的に存続しようとすれば，組織目的は達成されねばならない。目的が達成できない組織は崩壊するのである。また，目的を達成し終えた組織も解体する。役割を終えたプロジェクト・チームの解散などはこの例である。環境不適合な目的をもつ組織も衰退する。したがって，存続する組織は，環境変化に応じて目的を変更するか，新しい目的を採用し続けている。企業が事業革新をして新たな事業へ転換してゆくのは，このためである。この点は，次の2-3項で論及する問題だ。

目的の達成と環境適切性は組織存続の必要条件ではあるが十分条件ではない。たとえば，「製品やサービスの提供」という目的を果たしながら，財務的つまずきから倒産する企業も多いし，人手不足でゆきづまる企業もある。公害企業と見なされて発展が抑えられる例も少なくない。顧客の信用を失っ

て，苦しんでいる企業もある。いずれの場合も，組織は個人（＝組織貢献者）からの協働意思ないし貢献の確保に失敗したか，不十分である。組織が存続するためには，参加者から活動エネルギーとしての貢献（物的・心理的エネルギー）を十分に確保しなければならない。そのためには，組織は個人が満足する誘因を提供するか，個人の動機を変更させる必要がある。前者が誘因の方法であり，後者が説得の方法である。いずれも組織参加者・貢献者に働きかけるリーダーシップが不可欠である。もちろん，組織貢献者を広くとれば，顧客も含まれるが，一般的にはマーケティングの対象である。以下ではリーダーシップ対象を，いわゆる組織内部メンバーを中心に論を進めることにしたい。

### 2-2-2 誘因の方法と意味確定のリーダーシップ

人々の協働意思や貢献意欲を確保することは，管理の基本的職能の1つであるが，これまで，個人の動機を満たす誘因を組織が提供することによって実現できると理解されてきた。組織の誘因と個人の貢献との交換である。モティベーション理論では，誘因の提供→個人的動機の充足→活動の確保（職務遂行）が，一直線に論理的，因果的に捉えられてきたため，そこにリーダーシップの介在する余地はなかった。しかし，誘因と職務の関係を個人によっては認識できているとは限らない。そうであれば，動機の充足と活動の提供＝職務（仕事）の遂行も必ずしも直接につながらないのである。

もし個人が誘因の意味や仕事の意味，誘因と仕事の関係が十分に認識できなければ，そして仕事や誘因の動機に対する意味確定ができなければ，誘因は誘因たりえない。ここに管理者がリーダーシップを発揮する余地もある。むしろ，誘因と動機と仕事の関係の意味づけをして，誘因力を高め，誘因獲得の期待感が仕事への意欲に結びつくようにすることが管理者のリーダーシップである。たとえば，仕事の意味をいまひとつ理解できていない若い部下に，その仕事の社会的意味を明らかにして仕事に対する誇りをもたせたり，昇進の意味が理解しかねている中堅の部下に，ミドル以上が有資格者の会員制クラブにそれとなく誘って，そのポストの社会的地位を納得させながら，そのポストの全社的意味や，やり甲斐のある仕事であること，またその

仕事をやり抜ける能力の持ち主だと期待されていることなどを伝えて鼓舞することも，管理者のリーダーシップの一端であろう。

このような役割をリーダーシップが果たさなければ，認識しやすい即物的な誘因を除けば，誘因として機能せず，きわめて貧弱な誘因しか組織は提供できなくなってしまう。物資的・経済的誘因以外に「理想の恩恵」や「心的交流」，「参加への機会」などが誘因として機能するから，組織の貧弱な誘因システムは，それでも豊かになる。人はそれぞれ異なったものを誘因と感じる。また同じ人も時が異なれば，違った誘因に動かされる。組織はこれら誘因をさまざまに組み合わせ，時に危機を克服して存続してきたのである。

### 2-2-3 不安定な誘因システム

組織の誘因システムはきわめて不安定である。1つは個人を取り巻く環境の変化があげられる。かつて強い誘因であったものが，それほど人を引きつけなくなることもある。貧しい時代には，わずかの物質的・金銭的報酬が大きな誘因であったろうが，豊かな時代では，それほど誘因として働かない。いま1つは，個人の欲求水準は満たされると上昇しやすいからだ。人は一度獲得したものは当然の前提になり，誘因となりにくい。結婚当初，昇給を喜んだ妻が，昇給を伝えたら「次の昇給はいつですか」と尋ねるなどは，この類である。かつて満足できた誘因に物足りなさを感じるのが人間というものだ。組織の成長圧力も，実は，この誘因の獲得が大きな原因となっている。特に社会的威信（社格）や社会的優越性，昇進機会の提供などの誘因を個人に配分しやすくなるためである。

### 2-2-4 動機の変更と意味付与のリーダーシップ

それでも，組織は十分な誘因を個人に配分できるとは限らない。むしろ十分な誘因をもたないのが普通なので，組織は個人を説得してその動機を変更させなければ，存続が難しい。この説得の方法には，組織に価値を注入する意味付与のリーダーシップが欠かせない。

① 強制力の行使

説得の方法には，強制力を伴うこともある。たとえば，バブル崩壊とグローバル競争に見舞われている日本企業は，時には解雇を含む激しいリスト

ラを余儀なくされた。かつての労働組合なら受け入れなかったような賃金カットを受け入れているなどは，その例だろう。相次ぐ倒産事例や解雇・リストラなどの強制力を行使するある種の「見せしめ」が，人々の欲求水準を変えたのである。一般的に，リーダーシップ論の対象ではないが，敢えて踏み込めば，専制的なリーダーシップだといえる。

② 機会の合理化と意味付与のリーダーシップ

組織目的への奉仕を極端に理想化することも，説得の方法の1つである。軍事国家にしばしば見られる聖戦思想などは，この最たるものだ。善悪の問題ではなく，この合理化の意味づけを行うのもリーダーシップである。また，病弱な人にとって，他の条件が悪くても，通勤が楽な在宅勤務は魅力になるはずだ。誘因の特殊的合理化である。他の条件が悪いとき，特殊な要因を意味づけて，1つの誘因に仕立て上げるのも，リーダーシップの消極的な意味づけ機能に違いない。

③ 動機の変更と意味付与のリーダーシップ

リーダーシップの意味づけ機能は，動機水準の変更以上に動機の質の変更の場合に重要である。内蔵助的リーダーシップをまた例にとってみよう。

「一致して事に当たる」と血判した61名は，物語では討ち入り派が圧倒的だ。内蔵助もその気持ちを秘めつつ，当初は主家復興を推進している。討ち入りを頭の片隅に残していても，内蔵助を含めて血判した大半の元藩士は，主家再興を願っていたと思われる。

その望みが絶たれ，一致結束の目的が討ち入りに移行するとき，一致することの個々人の動機も変更を余儀なくされた。最強硬派は別にして，討ち入りに賛成した人々にしてもスムーズに動機の変更ができたわけではなかっただろう。まして主家復興を一筋に願った人々にとって，この動機の変更は困難だったに違いない。それだからこそ，討ち入りを武士の本懐と意味づけて組織にその価値を注入することが必要だった。当時も非公認の徒党を組んでの仇討ちは決して常識ではない。今日あたかも，それが当時の武士の常識であったかのように思わせるほど，内蔵助のリーダーシップは鮮やかだったともいえる。

## 2-3　組織の発展と意味創造のリーダーシップ

### 2-3-1　価値（意味）システムとしての組織

① 組織とシンボル

　組織が長期にわたって存続すると，人々の人格的接触や相互作用からなる非公式組織が生まれ，それを基盤に独特の雰囲気を醸し出すようになることは，よく知られている。それが組織の個性ともなり，一般的には伝統，社風，学風などと語られてきた。「伝統を守れ」「学風を汚すな」と叫ばれるとき，組織は目的達成のための単なる道具以上の存在になり，それ自体の価値をもつようになっている。校章や社章（バッチ）などのシンボルが意味をもつのも，このためである。

　もちろん，リーダーが創り出す理念や何気ない振る舞いも，上述の相互接触や相互作用に違いなく，組織価値の一部を形成するだろう。バーナードの道徳的（価値的）リーダーシップも，このように価値を帯びた，つまり制度化した組織を前提に展開されている。近年の組織文化論もこの点に注目したものだといえる。

② 組織価値と誘因の関係

　組織の存続は，目的の達成・再設定と顧客を含めた個人から十分な貢献（活動）を確保することで可能になる。そこに誘因－貢献バランスが働いていることは，すでに述べた。その場合，組織価値が自らの人格的価値と重なり，一体になり，自己の存在基盤にまで浸透すれば，個人も人格的全体感が得られ，当初の誘因と貢献の打算的・交換的意識を超えて，組織への関係自体に価値を見いだすようになる。「心的交流」や「社会結合上の魅力」などの誘因が生まれるのである。そのような組織の凝集力はきわめて高い。その意味で，誘因－貢献バランスも決して論理的，合理的なものではなく，組織価値を抜きには語れない。だからこそ意味確定のリーダーシップが働くのである。まして個人の主観的評価基準を変更させて組織参加を誘う「説得の方法」は，共有化される組織価値の注入によってはじめて成功するといえるだろう。これが意味付与のリーダーシップだった。

## 2-3-2 解釈システムとしての組織
### ① 組織凝集性と解釈システム

組織が存続すると必ず成長するとは限らないが，成長圧力もまた大きい。前述したように，さまざまの組織貢献者に誘因の分配機会を増やし，組織の存続を容易にするからだ。しかし，その成長・大規模化が組織不安定を招く。組織の拡大は多種多様な組織貢献者を含むことになり，組織関係をきわめて複雑なものにする。まず，組織目的の一義的理解が困難になる。この目的に共通の意味を与えることが，組織の価値や理念にほかならない。そして，この価値の注入・形成に大きな役割を果たすのがリーダーシップであることを，内蔵助的リーダーシップの説明で明らかにした。人々が共有する価値に基づいて組織目的を解釈するとき，共通な理解が得られる。少なくとも，個人は共通の理解に立っているという信念や確信を生みやすい。

### ② 解釈システムの両義性

もっとも，非公式組織から生じ，それが担う文化や価値が，大きな組織変革や発展に対して慣性力や抵抗体になることは，注意を要する。文化や価値が変化に対して慣性力や抵抗体として働くのは，それが世界を認識し，解釈し，意味づける人々の無意識な認識構造であり，解釈枠組みだからだ。もともと文化や価値は，世代を超えて継承される独特の思考様式や行動様式であり，それを基礎に社会や組織は継続性，一貫性と独自性を保ってきた。変わりにくいのが文化の身上である。これが認識構造として働くとき，無意識に情報をふるいわける，つまり認識構造に合致しない情報を払いのける抵抗体となることは免れ難い。価値システムとしての組織は，このような事態を含めて，解釈システムなのである。

## 2-3-3 創造システムとしての組織と意味創造のリーダーシップ

組織を特有の価値観点から状況を認識し，解釈し，意味づける解釈システムだとすれば，同じ環境状況のもとで，同じような経営資源もったA社とB社が異なった戦略を展開することも理解できる。それぞれの環境観＝環境認識と自己解釈が異なるからだ。

### ① 組織硬直性と組織価値＝解釈システム

このような情報の解釈枠組みとして働く組織価値は，顧客を含めた人々との相互接触＝情報的相互作用から生まれた情報の凝集体であり，コミュニケーション密度の高い経営者，管理者，そして従業員を中心に形成されるにしても，ある一定時点の環境適合性をもっている。同時に時代的，環境的制約は免れ難い。時代が進み，環境が変化すると，ズレが生じるのもまた自然の成り行きだろう。環境変化の兆候や情報をキャッチし損なうのは，このためである。

　とりわけ，組織の環境観に大きな影響をもっているトップ・マネジメント層は，多くの場合，実績をあげた（成功体験をもつ）ゆえに，その地位に就いた。彼らは，組織価値との一体感が強いだけでなく，一般に（もちろん例外もある）自らの過去の成功体験をその解釈システムの奥深く組み込んでおり，そのズレが大きくなりやすい。それが戦略革新や事業革新を妨げ，事業機会を逃すことになる。バブル崩壊以降，相次ぐ企業の倒産事例は，そのことをよく物語っている。その意味では，組織の硬直性をもたらすものは，組織価値＝解釈システムの硬直性，環境不適合性なのである。

　② 組織変革と意味創造のリーダーシップ

　したがって，組織の発展は組織価値の革新に始まろう。この組織のダイナミズムは，組織価値と社会価値や個人の生活価値（市場価値）がぶつかり交差するなかから，視点の転換（新たな価値の創造）として生まれてくる。もし組織活動が，空間的に国内を超えて世界に広がると，その価値交差の場に国際的な価値も入ってくるだろう。組織ダイナミズムは，価値の対立を高次で統合するという形で展開されてゆくが，これを担っているのが創造的リーダーシップにほかならない。

　社会であれ，組織であれ，規範や価値は人々の相互作用から自然に生成することもある。鋭敏な経営者や管理者はそれをすくい上げ公式の組織規範や組織価値に仕立て上げることがうまい。しかし，価値が対立するとき，自ら判断ないし基準を示し，それを生み出すことが必要である。組織メンバーは組織的文脈からその意味を理解できれば，受け入れ，やがて組織規範の一部として溶け込ませてゆく。これは経営者による組織規範や組織価値の決定で

あり，時に創造である。所与の目的達成をめざして，人々を結集させ，その協働意思を確保することもリーダーシップの役割に違いないが，むしろ対立を克服する従来の組織価値を超える全体性（あらたな意味）を創造するところに，リーダーシップの本質もある。組織の発展は，創造的リーダーシップに大きく依存することはいうまでもない。そのようなリーダーシップに導かれるとき，はじめて組織は創造システムになるのであり，さまざまな困難を乗り越えて発展してゆくのである。

## 3　リーダーシップ研究とその対象管理層

本章のこれまでの説明で，リーダーシップは多様な働きをすることが理解できただろう。第1節では，質の異なったリーダーシップを浮かび上がらせ，人と組織への働きかける方法の違いから，リーダーシップを類型化した。第2節では，リーダーシップは管理職能と深くかかわること，また，一見，直接的な誘因型リーダーシップを含めて，リーダーシップはシンボル（意味や価値）操作を通して機能すること，さらに組織に対する機能の仕方によってリーダーシップに種類があることなどを明らかにした。本節では，従来のリーダーシップ論も踏まえつつ，管理者の役割と絡めて，リーダーシップとその研究を簡単に整理し直そう。

### 3-1　リーダーシップの本質

#### 3-1-1　資質的リーダーシップ論

リーダーシップを語る場合，しばしば陥るのがリーダーとリーダーシップの混同である。人々を先導して組織化努力をしているときのリーダーの行動特性がリーダーシップであって，リーダーの行動特性一般がリーダーシップでもないし，ましてリーダーの人間特性がリーダーシップではない。それにもかかわらず，リーダーシップの話は，すぐれたリーダーの行動特性になり，さらにリーダーの人間的能力におちいってゆく。一般に，すぐれたリーダーは卓越した能力の持ち主であることが多いから，リーダーシップで卓越

した資質を語ってしまうのである。確かに，「リードする (lead)」という英語には「先導する，率いる，その気にさせる」という意味以外に，「まさる，抜きんでる，卓越する」という意味もある。何かに卓越することがリーダーでもリーダーシップでもないが，それは基礎的条件ではあるようだ。経験的に，リーダーに向かない人がいることは否定できない。「彼は将の器でない」といわれると妙に納得してしまうことも多い。資質的リーダーシップ論を否定したバーナードではあるが，リーダーの能動的資質については説明している。① 活力と忍耐力，② 決断力，③ 説得力，④ 責任感，⑤ 知的能力がそれである。興味深いので，簡単に紹介しておこう。

① 活力と忍耐力

活力と忍耐力をすぐれた健康と混同してはならない。健康な人にも活力（エネルギー，機敏さ，バネ，用心深さ，ダイナミックな資質）や忍耐力をもたない人がいるからである。これらがリーダーの基本的な資質であるのは，第1に，リーダーシップに必要な非凡な個人的能力の基礎になっている卓越した経験や知識の獲得を促進し可能にするからだ。第2に，説得力に大きく貢献する個人的魅力や迫力の一要素であることである。第3に，これに依存して絶え間なくリーダーシップを発揮せねばならないからである。

② 決断力

決定する能力は，リーダーの特筆すべき特性で，決定を下す積極性や力量が欠かせない。正しいことを適切な時に遂行させ，過ちを防止するために決定が重要である。決定が遅れると，組織的努力が破壊的被害を受けるからだ。タイミングの悪い「良い決定」はない。

③ 説得力

説得力がリーダーシップと密接不可分なことは容易に理解できる。説得力は，説得される側の「ものの見方」や「利害」についての感覚が必要である。これを「相手の文脈に沿いつつ自己のアイデアや主張を提示する能力」と言い換えてもかまわないだろう。

④ 責任感

『経営者の役割』によれば「個人の活動を規制する特定の私的道徳準則を

守る力」である。したがって，責任的な行動は安定していて，信頼を得やすい。それはリーダーシップの前提である。

⑤ 知的能力

バーナードは知的能力の重要性を認めながら，副次的だという。このような資質にすぐれているリーダーは，状況に応じて柔軟なリーダーシップをとれる可能性はあるだろう。そこに資質論が一定の説得力をもつ理由がある。

### 3-1-2 状況的リーダーシップ論

リーダーシップ研究は，当初，資質論ないし特性論がリードしたが，1940年代に入ると，リーダーシップ行動が状況に依存するという状況的リーダーシップの研究が始まり，これまで中心的なリーダーシップ研究だった。早くも1940年に「リーダーシップは3つの事柄，①個人（リーダー），②フォロワー，③諸状況（conditions）に依存する」と主張したバーナードは，この状況的リーダーシップ論の先駆者の1人だろう。安定的状況時のリーダーの行動は，平穏で，慎重で，回顧的に未来を予想するところに特性がある。また，自己抑制的で，洗練性が要求されるという。他方，不安定状況時のリーダーの特性として，勇気，決断力，創意，イニシアチブ，図太さなどを挙げている。両極端の状況に対応できるリーダーは滅多にいないが，柔軟性と資質のバランスが重要だという。

状況的リーダーシップ論は，F. E. フィードラーなどによって洗練されてゆくが，ブレーク＝ムートンのマネジリアル・グリッドに部下の成熟度という状況的要因を導入したP. ハーシー＝K. H. ブランチャードの図がわかりやすい（図3-2）。有効なリーダーシップ・スタイルが実線で描かれている。これに従えば，1人でもよくできる部下には余りかまわず仕事を任せた委任的リーダーシップが適しており，未成熟な部下には仕事のやり方から教え込むリーダーシップを取らざるをえず，やや未成熟な部下には説得的に仕事に誘い込むのがよく，ほどよく成熟している部下には当事者意識ないし参加意識をもたせるリーダーシップがうまくゆくことになる。

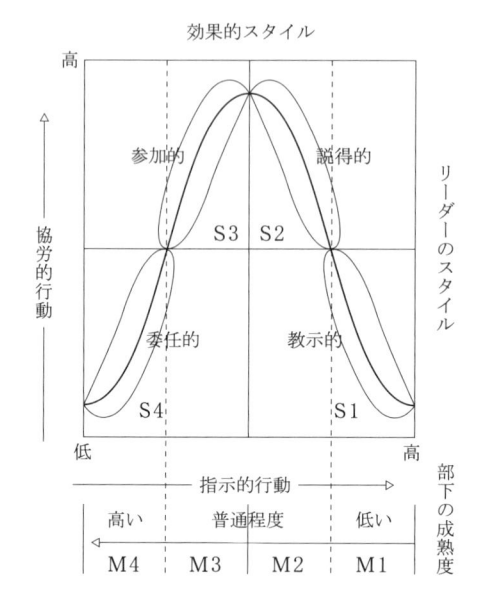

図3-2 情況的リーダーシップ・スタイル
（出所：P.ハーシー＝K.H.ブランチャード『行動科学の展開』1978年）

### 3-1-3 変革的リーダーシップ論

対応が著しく困難な激しく変化する時代に突入したこともあって，近年，これに使命感やビジョンをもって立ち向かい乗り越えてゆくリーダーに注目が集まっている。本章の冒頭で登場させた織田信長もその1人である。これを変革的リーダーシップと理解するか，カリスマ的リーダーシップと捉えるかは論者によって異なるだろう。一般に，困難に立ち向かい，これを乗り越えてゆくリーダーの属人的特異性に注目すると，カリスマ的リーダーシップということになるだろう。もともとカリスマとは，神が与えた先天的で属人的な資質であり，天賦の才ということなる。これに対し，困難に立ち向かって克服してゆくリーダーシップを機能的に捉えたら，変革型リーダーシップということになるだろう。しかし，カリスマをウェーバーのように資質とみずに，リーダーの行動特性と捉えれば，両者の違いは程度の問題になってくる。

企業経営者でもカリスマといわれる人は，創業経営者を中心にして多い。多くの場合，カリスマ的リーダーは，変革的リーダーシップを発揮してきたが，カリスマ的リーダーがすべて変革的リーダーであったかは吟味を要する。同様に変革的リーダーシップを発揮した人がすべてカリスマ的リーダーになるとは限らない。カリスマ的リーダーシップは，対人的にも特異な影響力である。信長はカリスマ的リーダーであり，カリスマ的リーダーシップを発揮して，変革を押し進めた。その限り変革型リーダーと重なっている。この変革を押し進めた信長の特異性に注目し，強調するときカリスマ的リーダーシップになり，それを一般化して機能的に捉えれば，変革的リーダーシップになると捉えておこう。

なお，本章は変革的リーダーシップと創造的リーダーシップをほぼ同じものとして扱っている。その微妙な違いについては，第6章文末で説明しているので，そちらに譲りたい。

## 3-2　リーダーシップ研究とその対象管理階層

リーダーシップ研究は，その方法によって，大きく2つに分かれる。1つは，バーナードのリーダーシップ論である。それは，本章第2節の説明の基礎になっており，価値創造的リーダーシップを含めて，あらゆる階層の管理者にも必要なリーダーシップだという前提で論を展開している。もちろん，意味確定的なリーダーシップはミドル層がより多く，意味付与的リーダーシップや意味創造的リーダーシップは上位管理者やトップがより多く担うことになるだろう。少なくとも，組織全体を視野に入れたリーダーシップ論である。

これに対して，状況論的リーダーシップ論が対象とするリーダーシップは，心理学的なグループ・ダイナミックスや小集団活動の研究を基礎にしており，現場実務型のリーダーであるミドル・マネジメントのリーダーシップ・スタイルの研究が主だった。実は，これがリーダーシップ研究の主流である。ただ，ミドルのリーダーシップがこれで収まらず，創造的，変革的リーダーシップの一角を担うようになってきた。この点は第6章で触れたい。

この2つに加えて，最近，変革型リーダーシップ研究やカリスマ的リーダーシップ研究が脚光を浴びてきた。変革の時代を迎えて，実践的要請もあるが，主流の状況的リーダーシップ研究へのアンチテーゼでもある。これは，トップに焦点を合わせたリーダーシップ研究だといえる。トップのリーダーシップに絞ってはいないが，トップを含めた組織全体を視野に収めたバーナードのリーダーシップ論は，これを含んで成り立っている。

【参考文献】
(1) P. セルズニック／北野利信訳『組織とリーダーシップ』ダイヤモンド社，1975年。
(2) J. P. コッター／黒田由貴子監訳『リーダーシップ』ダイヤモンド社，1999年。
(3) H. ミンツバーグ／奥村哲史・須貝栄訳『マネジャーの仕事』白桃書房，1993年。
(4) 三隅二不二『リーダーシップ行動の科学』有斐閣，1978年。
(5) N. M. ティシー・N. カードウェル／一條和生訳『リーダーシップ・サイクル』東洋経済新報社，2004年。
(6) C. I. バーナード／山本安次郎・田杉競・飯野春樹訳『経営者の役割』ダイヤモンド社，1968年。

# 第Ⅱ部

# 組織と戦略

# 4 章
# 環境変化と経営戦略

## 1 環境変化と経営戦略

### 1-1 人間生活の現実が知識を産む

　知識や知識の体系としての学問は，数多くの試行錯誤と失敗を重ねながら，すべて人間が生活を営む必要性から生れた。中学生や高校生の間でしばしば「学んで何の役に立つ」とささやかれている数学も，単なる論理的思考訓練のために必要というにとどまらず，特に幾何学はエジプト文明を支えた測量技術を基礎づけるものとして発達した。現代でも，特定集団の統計データのバラツキを表現するために日常的に用いられている正規分布（ガウス分布）は，為替や株の変動リスク管理や製造業の品質管理などにも欠かせない。符号理論は携帯電話の通信などに応用されているし，待ち行列理論はATMをはじめとする順番待ちに利用されている。古代エジプトのピラミッド以来の黄金比（縦と横の比率が 1 対 1.618）が，今日の製品デザインにも影響を及ぼしているのは，周知の事実であろう。

　多くの人々には，抽象的で，日常生活からほど遠い机上の空論，あるいは思索の学でしかないように見える哲学でさえ，「人間はいかに生きるべきか」という根源的な問題を模索するものとして誕生したのであり，現代でも人間生活には欠かせない。若者の間でも，「彼には哲学がないわ」というのは「彼はポリシーがなく，野暮だわ」というのとほとんど同義である。法学や経済学などの社会科学も，人間の生活実践と表裏一体の知識として，哲学から分化し生成してきた学問であった。最も若い社会科学である経営学とてその例にもれない。それら学問的知識の多くも，今では日常の教養となっている。

人間は何か問題に直面したとき，過去の実践で得た経験やそれを体系化した知識を基に判断し行為する。判断や行為とは，いわば知識の適用であり，その結果として知識は創造される。それは日常生活でも経営実践でも変わらない。もちろん，過去の実践で得た経験や知識と新しい環境状況のもとで発生した問題の間にはギャップがあるのが普通であり，行為するとはそのギャップを飛び越え埋める試みにほかならない。行為が失敗であれ成功であれ，その試みは経験となって積み重なり，新たな知識を創造するのである。20世紀初頭に確立した経営学（経営管理論）もまた，このようにして生れた。

いずれにしても，人間生活の現実が知識やスキルを産み出し，それがまた人間生活の現実に適用されて発展し，体系化されたものが，学問であり，法学や経済学，あるいは経営学といった個別科学である。ここでは，経営学の中でも，とりわけダイナミックに展開する経営戦略論がどのようにして生れてきたかを概観しよう。

## 1-2　経営体と環境は相互作用的創造物

結論を先に言えば，経営戦略論は環境変化に対する企業の適応理論として生れた。では経営環境の変化はなぜ生じるのか。この点をまず明らかにしよう。

「企業は環境の創造物」といったのは H. I. アンゾフだ。確かに，企業を含めた経営体は，環境変化に適応し，存続してきた。その意味では，現代企業の経営は過去の環境の創造物であるが，現代の経営環境も過去の経営行動と環境との相互作用が生みだした歴史的産物にほかならない。相互作用的創

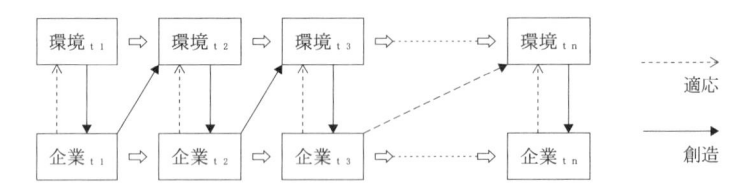

**図 4-1　企業と環境の相互作用的創造**

造に，企業と環境の本質がある（図4-1）。

　たとえば産業革命期は，当時の技術的，経済的，社会的環境が近代企業を生成させたが，壮大な夢と利益願望に彩られた企業家的経営行動が沸き立つような経営環境のダイナミズムをつくりあげたに違いない。それに続く大量生産，大量マーケティングの確立時代は，人々に物質的欲求，さらに豊かさへの希求を植えつけ，それがまた経営環境に影響を及ぼす。1920年代から30年代のフォードとGMの競争戦略に見られるように，企業経営も「生産重視思考」から「マーケティング重視思考」へと変化したが，環境は量的変化のみで比較的安定していた。しかし，企業の大量生産，大量マーケティング志向が，次の時代状況，環境状況を形成したことは否定できない。

　第二次世界大戦（1939〜1945）を契機にした技術革新・製品革新とともに，本格化した大量生産・大量消費の実現は，経営環境に極めて大きな影響を与えた。1つは，技術革新，製品革新による激しい市場変動であり，企業経営にとって技術的・経済的環境が一層重要になった。ここに，最初の経営戦略論とでもいうべき，戦略計画論の誕生を見る。2つに豊かさの実現がある。豊かさは人々の価値観に影響を及ぼして，経営環境の質的変化をもたらす。たとえば，需要パターンを変化させ，市場変動ばかりか，製品の「安全性」や社会的諸欲求を掘り起こすのである。企業にとって，それは乱流的環境の出現であり，経営戦略論の第2ステージ，戦略経営論の生成基盤となった。さらに，1990年代以降に顕著になった情報化・グローバル化・エコロジカル化が企業競争のルールを変えて環境変化を激化させ，競争戦略を経営戦略論の中核に押し上げたといえる。

　このようにマクロ的に見た総体の企業活動が経営環境に影響を及ぼすだけでなく，ミクロ的には自社の戦略や行動の変化が他社にとっては経営環境の変化になるだけでなく，他社の戦略や行動変化も直ちに自社の経営環境の変化となって跳ね返ってくるのはいうまでもない。いずれにしても，企業と環境は相互作用的に創造されるのである。

## 2 技術革新と戦略計画論の台頭（1960年代後半〜1970年代）

### 2-1 技術革新と環境変化：戦時体制から平時体制へ

　企業が経営戦略を自覚的に展開するようになったのは，1960年代からであろう。しかし，企業経営者は1950年代からその模索を始めていた。第二次世界大戦の戦時体制時に膨大な国家予算の下に研究開発された技術の種が，戦後の平時経済体制に移行した1940年代後半から50年代に激しい技術革新を引き起し，あらゆる分野で続々と新製品が生まれ，大きな市場変動をもたらしていたからである。

　たとえば，戦時中に実用化されたレーダー技術も戦後に花開いたエレクトロニクス製品の土台となったであろう。ソニーのトランジスタ・ラジオは，その典型的な1つに違いない。従来の真空管ラジオを瞬く間に駆逐してしまった。また戦時中（1940）から弾道計算のために研究され，戦後（1946）に完成したコンピュータ（ENIAC）も商業用製品が作成されるのは1950年代に入ってからである。コンピュータが企業に本格的に利用されるようになるのは1960年代半ばのIBM360からで，今日のIT時代の先駆けともなった。また戦時中の飛行機の開発と発達（スピードと航続距離の飛躍的進展）が，戦後の航空産業の発展をもたらしたことも間違いない。

　わが国の場合，昭和31年（1956）『経済白書』で「もはや戦後でない」と高らかに謳った1950年代半ば以降，とりわけ高度経済成長政策の波に乗って，洗濯機，冷蔵庫，テレビなどの家電製品が家庭に普及していく。これら製品も欧米先進国からの技術導入とそれを基礎にした技術革新の成果であった。特にテレビは，占領軍のもとで垣間見たアメリカの消費生活をアメリカのホームドラマを介して「憧れのライフスタイル」に仕立て上げ，わが国の消費生活に大きな影響を及ぼしたといえよう。

　このように戦時経済体制から平時経済体制への移行による技術革新・製品革新を直接体験したアメリカ企業はもちろんのこと，技術導入という形でそ

れを間接的に体験した日本企業も，50年代後半から60年代を通して，技術環境，経済環境の激変に直面していた。技術革新や経済環境における変化は，既存の技術や製品を陳腐化させ，市場から駆逐する脅威であると同時に，新興企業や既存体制外の企業に成長・発展のチャンスをもたらす。この成長のチャンスをめぐって，企業競争が激化することはいうまでもない。それがまた，すでに述べたように，経営環境を変化させるのである。

## 2-2 環境変化と戦略計画論の誕生

この激しい環境変化に直面した企業は，当初，従来からの経営手法である「経営方針」で対応しようとした。ただ，経営方針は，もともと生産，研究開発，営業といった企業のさまざまな機能領域の統合と調整に眼目があり，必ずしも将来の予測に注意が払われていたわけではない。後には計画的な方針決定も打ち出されたが，管理過程学派の提示するマネジメント・サイクル（計画：plan→執行：do→統制：see）という枠組に積み上げる「経営方針」や「経営計画」やその延長上の「長期経営計画」といった経営手法では対処できなかった。経営方針論や長期経営計画論は必ずしも間違っていたのではなく，企業経営が直面する新しい事態に不十分だったのである。ここに先進的企業は，激しく変化する環境や，それを1つの事業機会と捉えて新事業への進出，つまり多角化などで複雑化する企業経営に対応した経営手法を模索せざるを得なかった。これに応えたのが，H. I. アンゾフの『企業戦略論』(1965) であり，K. R. アンドルーズの『企業戦略の概念』(1971) であった。もっとも，経営戦略概念はA. D. チャンドラーの経営史研究『戦略と構造』(1962) にすでに捉えられていたが，理論的に確立したのはアンゾフだといえるだろう。

このように1950年代～60年代初頭の激しい技術革新，製品革新が引き起こした環境変化が，60年代に最初の経営戦略論である戦略計画論を誕生させたといえる。

## 2-3 戦略計画論の特徴

### 2-3-1 戦略的意思決定理論

ところで，アンゾフ『企業戦略論』の特徴は，「構造は戦略に従う」というチャンドラー命題，つまり「戦略が定まれば構造（実行枠組としての組織）が決まる」という考えに立って，戦略形成（＝戦略の立て方，つまり計画）に考察を集中したことにある。当初の経営戦略論が戦略計画論として始まったのは，そのためだ。具体的には，意思決定過程を ① 機会（ニーズ）の認識，② 代替案の作成，③ 代替案の評価，④ 代替案の選択と捉えたサイモンの意思決定論を戦略形成（または戦略策定）に応用した「戦略的意思決定論」として展開された。

戦略的意思決定論とこれまで投資決定論との大きな違いは，① 意思決定機会（ニーズ）の認識，いわば環境認識過程と ② 代替案（戦略）作成過程が導入された点であろう。投資決定論は，環境は既知であり，代替案（投資案もすべて作成済みという非現実的な前提のもとに，③④ を考察対象に限定したものであった。これに対して戦略的意思決定論は環境を既知（あるいは全知）でも無知でもなく，部分的無知の状態だと捉えた点が特徴的である。そこに環境認識の手がかりもあり，代替案作成もできるのである。

ここで「戦略的」とは「環境適応的」と同義であり，専門的に限定された「企業とその環境との関係に関するもの」という意味でアンゾフは用いている。したがって，戦略的意思決定とは，企業の外部問題，具体的には「製品－市場の組合せ」の選択にほかならず，「戦略」と呼ばれる行動計画を構成する代替案を評価し，それに基づき代替案＝戦略を決定することなのである。その意味で，アンゾフの場合，「戦略」とは大局的・包括的な目的達成のための活動計画ではなくて，「製品－市場戦略」にほぼ限定されている。それは，上述した技術革新・製品革新，ひいては激しい市場変動に新たな事業機会を切り開こうとする企業が強く求めたからで，それに応えた理論は当然に多角化を意識した戦略論となった。

## 2-3-2 多角化戦略の決定原理

戦略とは企業の事業活動領域を定め，新しい機会を探る決定ルールであり，決定原理を内包している。多角化が経営戦略の中心であれば，経営戦略の決定原理とは当然に多角化戦略の決定原理となる。アンゾフの場合，この多角化決定原理とは事業活動の範囲を定める「共通の関連性（common thread）」にほかならず，現在の製品－市場と将来の製品－市場との関連性に求められる。これは一般的な事業概念を示唆するとともに，運輸業やエネルギー産業といった事業定義よりも，具体的に事業を想起させる。これによって，企業は株主や債権者，顧客などに，広く捉えれば社会に自らの進む方向を示すことができるし，経営者は企業内で事業活動を，そして従業員を指揮しやすくもなろう。この共通の関連性を支え，オペレーショナルにするものが，戦略の構成要素（① 特定の製品－市場分野，② 成長ベクトル，③ 競争上の利点，④ シナジー）である。これらを以下で簡単に説明しよう。

① 特定の製品－市場分野

企業が事業活動分野として定める「製品－市場」は具体化され特定されねばならない。それが，生産，技術，販売などで共通の関連性がある「特定の製品－市場分野」であり，運輸業やエネルギー産業といった一般的な産業分類より細分化されている。

② 成長ベクトル

成長ベクトルとは，現在の製品－市場分野との関連で企業がどのような方向に進んでいるかを示すもので（図 4-2），その方向には市場浸透，市場開発，製品開発，多角化がある。日常的には製品開発も多角化と見なされている。

|  | 既存製品 | 新製品 |
|---|---|---|
| 既存市場 | 市 場 浸 透 | 製 品 開 発 |
| 新市場 | 市 場 開 発 | 多 角 化 |

図 4-2　成長ベクトル

(アンゾフ，1965)

③ 競争上の利点（競争優位）

これは，企業に競争優位を与える製品－市場の特性を明確にしようとするもので，ある特定製品－市場で圧倒的な支配を実現するM&Aや特許の活用などがある。

④　シナジー

シナジーとは，旧「製品－市場」と新「製品－市場」との相乗効果である。一般にシナジーは両者（新旧「製品－市場」）の間に，技術や流通経路などに共通要素があり，共同利用できるときに発生する。後（情報ネットワーク時代）に，「範囲の経済」と定式化された。

アンゾフ自身は，相互補完的な上記①～④を戦略の構成要素と呼んだが，戦略の決定原理という点からすれば，当該企業が現時点で保有している技能や資源の特徴，つまり「強みと弱み」の自己診断書である「能力プロフィール」や「造るか買うか」，言い換えれば，「内部開発かM&Aか」という成長方式の決定も重要である。アンゾフはこの点も詳述しており，現代の経営戦略論の水準からみても遜色はない。

## 2-4　戦略計画論の問題点

それにもかかわらず，1960年代後半から70年代にかけて普及した戦略計画概念は，経営実践の場で必ずしも十分な成果をあげられなかった。その原因は，①不正確な将来予測，②実行能力の制約に求められよう。予測は今日でも難しい問題であるが，それゆえ一層，乱流的な環境状況下の困難な状況に速やかに対応する組織の実行能力，戦略的能力が重要になる。その意味では，①と②は表裏一体であった。

もともと，バーナード理論においては，意思決定概念と組織概念とはワンセットであり，分かちがたく結びついている。これを継承したサイモンの場合も，組織概念が変質しつつも，この点は変わらなかった。しかし，サイモンの意思決定概念を戦略論に導入したアンゾフは，「構造は戦略に従う」というチャンドラー命題に立脚して，意思決定概念から組織概念を切り離して適用し，戦略から構造的局面，つまり組織的局面を捨象した。それが，戦略形成局面に特化して理論化した戦略計画論である。戦略計画論は，その成立

時点から，実行能力の考察を欠くという問題を抱えていたのである。

1960年代末から70年代（わが国の場合，特に70年代から80年代）の環境状況も，技術革新や製品革新が中心だった60年代の環境変化と異なった段階（価値観が多様化する乱流的段階）に入ったことも，戦略計画論の有効性を限られたものにした。実行能力の難点に加えて，新たな環境が新たな経営戦略論＝戦略経営論を要請したといえるだろう。

## 3 乱流的環境と戦略経営論の展開（1970年代末～1980年代）

### 3-1 豊かな社会（乱流的環境）と戦略経営論

戦略計画論は，戦時経済体制下で研究開発された技術の種を花開かせた1950年代から60年代初頭の技術革新，製品革新，その結果の大きな市場変動に対応する理論として生まれた。企業にとっては激しい経営環境であり，成長を求めて「どの製品－市場分野を決定するか」は困難であったが，経営環境を大きく変動させる技術・製品情報は企業がもっていた。技術環境に気をつけていれば，他社の動向も読みやすかった。また，全体としての供給力もまだ比較的小さく，新製品の投入で新たな需要も呼び起こしやすかったこともあるだろう。戦略計画論が一定の有効性を発揮できる状況もあったといえる。

だが，戦略計画概念が企業に広く普及した1960年代末から70年代（わが国では70年代から80年代）には，技術革新を基礎に生みだされた新製品群をはじめ，さまざまな製品が量産化され，とりわけ先進国では物質的に豊かな社会が実現した。この豊かさが人々の価値観を大きく変化させ，従来と質的に異なる大きな環境変化をもたらしたのである。

人々は，時間的にも空間的にも自由なサービスを求めるようになったし，単なる性能を超えたものを製品に求めるようになった。企業が事前に用意した製品・サービスでは満足しなくなったのである。量よりも質が，そして単なる質よりも好み（＝個性）が重視され，「健康」や「心の豊かさ」を求め

るようになる。まさに，絶えざる変化（持続的変化）と非連続（断絶）の時代である。変化や差異（の表現）が情報だとすれば，情報は変化を引き起こす生活者とともにあり，企業の手からこぼれ落ちたのである。企業からすれば，消費は揺らぎやすく，捉えにくくなった。これを生活者による経済や社会を動かす主導権の掌握だと見てもよいが，普及した戦略計画論は当然この事態に無力であった

　豊かさが創り出した，持続的で非連続で，事前に捉えがたい変化の渦巻く環境状況を，アンゾフは「乱流的環境」と名づけ，戦略計画論に代わる新たな経営戦略論を模索したのである。それが，人々のニーズに速やかに応じ，他社の動きに直ちに追随できる組織能力を組み込んだ戦略経営論にほかならない。

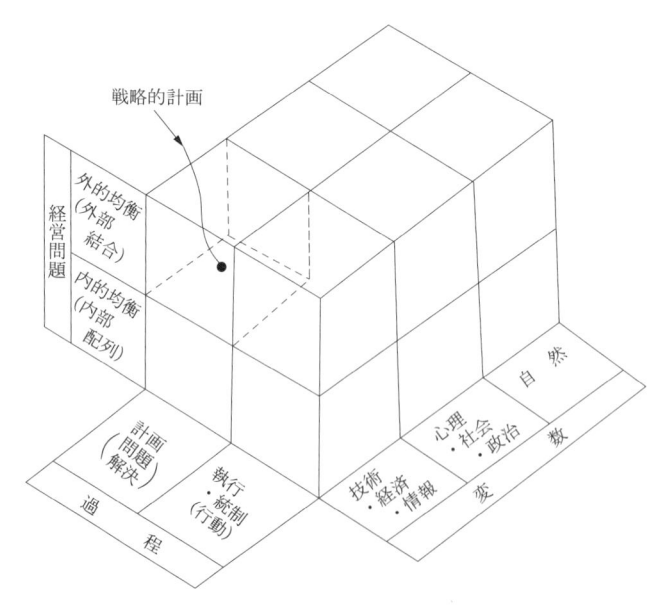

**図4-3　戦略経営の概念図**

（アンゾフ，1978，一部変更）

## 3-2　戦略経営論の展開

戦略計画論から戦略経営論への転換は，経営戦略論の関心領域と研究領域

を著しく拡大した（図4-3）。それは3つの方向の統合研究として現れている。まず経営哲学と戦略の統合，2つに戦略と行動（組織）の統合，3つに産業組織論，マーケティング論の成果との統合である。これによって，戦略概念は内容豊かになった。戦略経営論のもとでの戦略概念は，① 戦略概念の拡大化，② 戦略概念の統合化，③ 戦略概念の階層化，④ 戦略概念の精緻化，⑤ 戦略概念の道徳化（価値化），という点が特徴的である。この点を簡単に説明しよう（詳しくは，庭本佳和『バーナード経営学の展開』文眞堂，2006年，第11章，特に339-348頁を参照のこと）。

### 3-2-1 戦略概念の拡大化（問題領域の拡張）

戦略計画論に比べて，戦略経営論における戦略概念の大きな特徴は，その対象領域の拡張である。たとえば，アンゾフが『企業戦略論』（1965）で展開したものは，経済領域に限定した製品－市場戦略であった。しかし，彼も『戦略計画から戦略経営へ』（1976）では戦略概念の拡大をはかり，社会的責任領域を戦略論として展開する途を開いた。地球環境問題が緊急課題として浮上した今日では，その要請はさらに強くなっている。

戦略概念の拡大は，問題領域の拡張にとどまらず，環境観の革新を伴う。経済環境以外に社会環境，さらに自然環境をも考慮するということは，単に経済環境にそれら環境が加わっただけなく，それらが一体となった環境間関係や相互作用に視座が据えられるからだ。

### 3-2-2 戦略概念の統合化

戦略計画論は組織的局面を捨象してきた。しかし，戦略行動は組織が担う環境認識能力，戦略創造（事業構想）能力，戦略執行能力に大きく依存する（図4-5）。特に，環境認識が困難な乱流的環境のもとでは瞬時に対応する組織能力が求められるが，優良企業は，創造能力はもちろん，キャッチアップ能力，執行能力も実に高く，競争力の源泉になっている。

ここに戦略経営論は戦略策定プロセスだけでなく，執行プロセスも考察の対象となる。これも「戦略概念の拡大」と受けとれるが，アンゾフが強調しているのは，戦略概念の単なる拡大ではなく，新しい戦略を創造し管理する能力であり，計画の中に執行を構築する統合，あるいは現場情報を計画に反

映させる統合（組織学習力）である。ここでは，それを「戦略概念の統合化」と名づけた。彼は日本的経営にその1つのモデルを見ている（図4-4）。

戦略概念の統合的把握が組織理解を深めたことはいうまでもない。執行能力から始まった組織の理解も，やがて環境認識，戦略創造を担う組織能力へと進み，「戦略概念の道徳化（価値化）」への道を切り開くのである。

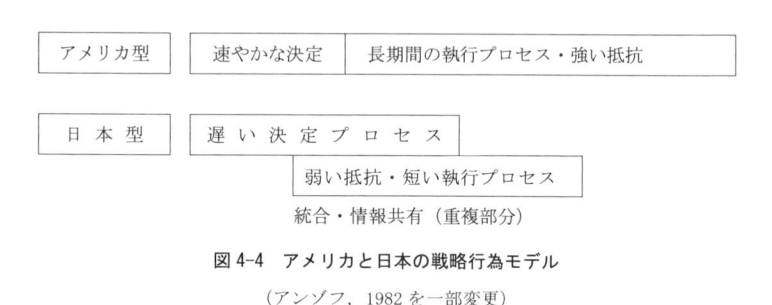

| アメリカ型 | 速やかな決定 | 長期間の執行プロセス・強い抵抗 |

| 日 本 型 | 遅い決定プロセス |
| | 弱い抵抗・短い執行プロセス |

統合・情報共有（重複部分）

**図4-4　アメリカと日本の戦略行為モデル**
（アンゾフ，1982を一部変更）

### 3-2-3　戦略概念の階層化

戦略経営論では，戦略概念は階層的に把握された。これに大きく貢献したホファー＝シェンデル（1978）は，経営戦略が全社戦略（事業分野の決定），事業戦略，機能分野別戦略からなるという。特に全社戦略と事業戦略の区別は，前者が担う多角化企業・複数事業企業の資源配分や組織戦略の重要性を浮かび上がらせた。もちろん，企業の盛衰は事業の成否にかかっているから，競争戦略としての事業戦略と実行戦略としての機能分野別戦略とが鍵を握っているが，その相互作用的関係が重要だ。そして付随的なことであるが，戦略の階層的理解は，アンゾフがもたらした「戦略的」と「戦略」の区別をめぐる問題（混乱）に1つの解答を与えるだろう。「戦略的」とは，全社戦略レベルの決定事項であった。

ホファー＝シェンデルは，その編集した『戦略経営』（1979）では，企業が社会的に行動するための戦略を加え，それを「社会戦略（societal strategy）」と明確にした。この社会戦略が全社戦略以下を方向づけるが，環境認識も，社会問題に事業機会を見つけ，実行するのも組織能力に依拠していることには注意を要する（図4-5）。戦略概念の道徳化に関連する問題であるが，そ

れが企業に主体性を与え，経営能力を決定するのである。

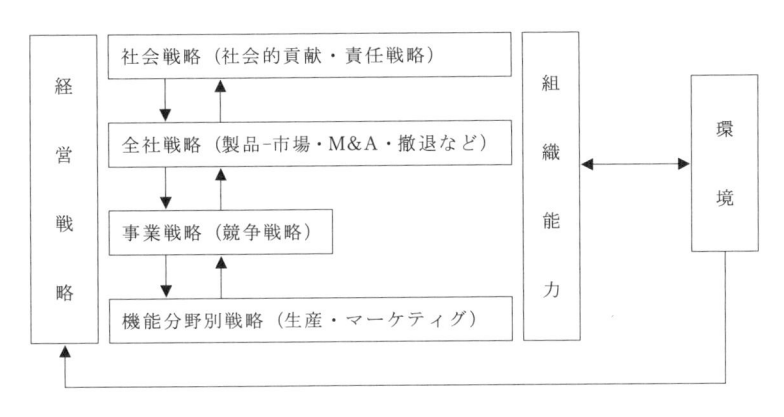

```
┌─────┐  ┌──────────────────────────┐  ┌─────┐       ┌────┐
│ 経  │  │社会戦略（社会的貢献・責任戦略）│  │ 組  │       │    │
│     │  ├──────────────────────────┤  │     │       │    │
│ 営  │  │全社戦略（製品-市場・M&A・撤退など）│  │ 織  │       │ 環 │
│     │  ├──────────────────────────┤  │ 能  │◄─────►│    │
│ 戦  │  │事業戦略（競争戦略）          │  │     │       │ 境 │
│     │  ├──────────────────────────┤  │ 力  │       │    │
│ 略  │  │機能分野別戦略（生産・マーケティグ）│  │     │       │    │
└─────┘  └──────────────────────────┘  └─────┘       └────┘
```

図 4-5　戦略の階層性と組織能力

### 3-2-4　戦略概念の精緻化

　戦略経営論において，戦略概念（戦略分析）は精緻になった。戦略概念の階層的把握と分析手法の発展とがこれを切り開いたといえる。この点では，ボストン・コンサルティング・グループ（BCG）によって提唱された「経験曲線（累積生産量－コスト関係の経験則），GE によって開発された「PIMS」（マーケットシェアー－利益関係の実証的研究），特にこの両者を結びつけた BCG のプロダクト・ポートフォリオ・マネジメント（PPM）は，多角化企業や複数事業企業に，合理的で論理的な投資の方向や選択基準を示している（図 4-6）。

　競争構造の精緻な分析には，M. ポーターをはじめとする産業組織論の貢献が大きい。ポーターはペイン＝メイスンらの「産業構造→経営行為→業績」という生態的な主張をゲームの理論を導入して動態化させ，「産業構造⇄経営行為⇄業績」と定式化し直した。その際，「戦略グループ」概念を一般化した「移動障壁」概念を用いて，産業構造の成熟度や構造的性質，その中での競争上の位置に応じた競争戦略を具体的に展開している。この「移動障壁の概念」を個別企業に移したものが RBV の「模倣困難性の概念」にほかならない（R. P. ルメルト）。

このように戦略経営論のもとでは，戦略概念が精緻で，操作的で，適合的になった。経営戦略のこのような傾向を，後に野中は「経営戦略の科学化」と表現している。

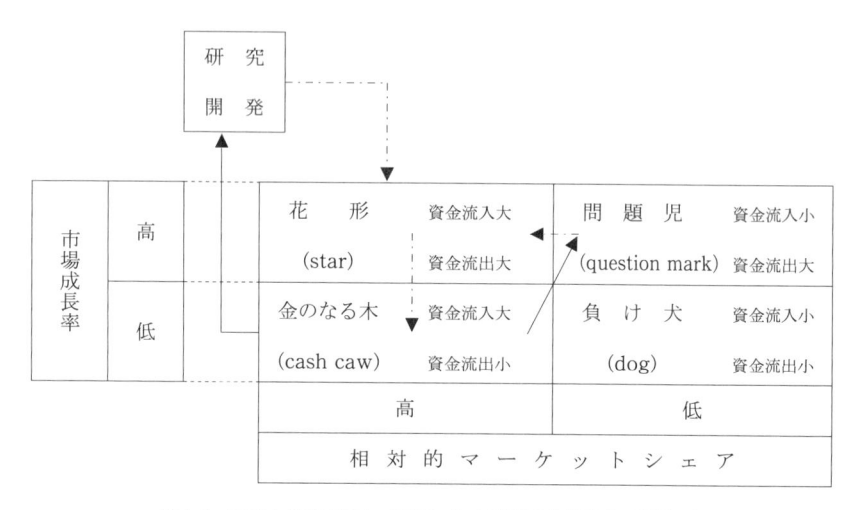

|  |  | 研究開発 |  |  |  |
|---|---|---|---|---|---|
| 市場成長率 | 高 | 花　形<br>(star) | 資金流入大<br>資金流出大 | 問 題 児<br>(question mark) | 資金流入小<br>資金流出大 |
|  | 低 | 金のなる木<br>(cash caw) | 資金流入大<br>資金流出小 | 負　け　犬<br>(dog) | 資金流入小<br>資金流出小 |
|  |  | 高 |  | 低 |  |
|  |  | 相　対　的　マ　ー　ケ　ッ　ト　シ　ェ　ア |  |  |  |

図 4-6　PPM と資金の流れ（実線→）と事業の位置変化（破線→）

### 3-2-5　戦略概念の道徳化（価値化）

図 4-5 で示したように，環境を認識（解釈）し，戦略を創造し，戦略を実行するのは組織であり，戦略は組織能力に左右される。組織能力は，組織構造とそれに付随する管理システムだけからなるのではない。そこには，存続した組織が創り出す規範，態度（雰囲気），思考（理念や哲学）などの価値システムをも含んでいる。長期にわたって組織メンバーに浸透し共有されるに至った組織価値を，バーナードは組織道徳と呼ぶ。もちろん，彼はこれが文化であることは承知していたが，後に一般的にも「組織文化」と呼ばれ，戦略の形成と執行に多大な影響を及ぼす。それは組織価値が解釈枠組として働くからである（図 4-7）。ここにアンゾフもまた戦略的経営能力の構成要素として戦略文化をあげるまでになった。当然，戦略文化の変革なしに戦略の創造や革新はあり得ない。このように戦略の創造・形成・執行に組織価値が影響を与える側面を，「戦略概念の道徳化」と呼ぶことにしたい。

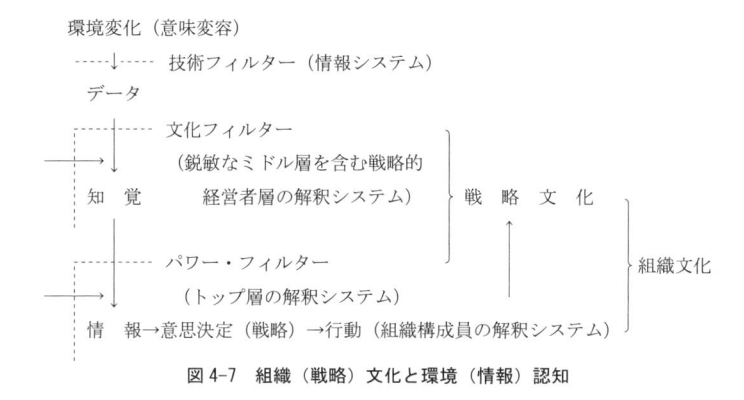

```
環境変化（意味変容）
  ┊↓┈┈ 技術フィルター（情報システム）
  データ
  ├┈┈ 文化フィルター           ┐
  ↓     （鋭敏なミドル層を含む戦略的  │
  知 覚   経営者層の解釈システム）    ├ 戦 略 文 化  ┐
                          │           │
  ├┈┈ パワー・フィルター          │           ├ 組織文化
  ↓     （トップ層の解釈システム）    ┘           │
  情 報→意思決定（戦略）→行動（組織構成員の解釈システム）   ┘
```

**図 4-7　組織（戦略）文化と環境（情報）認知**

## 3-3　戦略経営論の浸透と関心の消散

　経営戦略論の第2ステージとでもいうべき戦略経営論は，1970年代末に現れ，1980年代に広く浸透した。それは1990年代を経て，今日にまで至っており，経営戦略論の代名詞ともなった。『戦略経営論（Strategic Management）』と題した経営戦略論の教科書も多い。

　しかし，1990年代に入ると，「戦略経営」という名称がさらに浸透する一方で，戦略経営論に対する十分な吟味と展開がなされないまま，アンゾフ流戦略論への関心が急速に薄れ，競争戦略研究が経営戦略論の前面に躍り出てきた。この点をH. ミンツバーグは，アンゾフを経営戦略研究のプランニング学派に属すると規定し，彼がその代表者だと認めた上で，次のように述べている。「1970年代には戦略マネジメント（戦略経営――庭本）の実践に強い影響力をもつまでに発展したにもかかわらず，重大な欠陥があったために，次第にその勢いは衰えていった。今日では，まったく存在感がないとは言わないまでも，過去の栄光の影をかすかに残しているに過ぎない」（H. ミンツバーグ・B. アストランド・J. ランペル／齋藤嘉則監訳『戦略サファリ』東洋経済新報社，1999年，49頁）。ミンツバーグが指摘している「事前決定の誤り，分離（計画と実行，戦略と組織）の誤り，形式化の誤り」は，戦略計画論（『企業戦略論』1965）の誤りだと言えても，組織能力を重視する戦略経営論には妥当しないだろう。

わが国の経営戦略研究者もまた，1990年代に入ると，アンゾフ戦略論への関心が急速に薄れ，M. ポーターの競争戦略論（ポジショニング・ビュー：PV）や資源ベース戦略論に関心を移していった。その理由の1つは，わが国の実証的戦略研究が資源ベース戦略論（リソース・ベースト・ビュー：RBV）と連動してなされていたことと無縁ではない。いま一つは，1980年代末から1990年代にかけて世界が大きく転換し，情報化・グローバル化の進展の中で，企業は大競争時代に突入したことがあげられる。経営学は，とりわけ経営戦略論は目の前の実践的経営課題を追う傾向をもつゆえに，戦略経営論の展開が不十分なまま，研究関心を転換したのである。最後にこの点に触れ，本章を閉じることにしよう。

## 4 グローバル化・情報化の進展と競争戦略論への関心（1990年代～現在）

### 4-1 現代社会の変動と競争戦略論への関心

すでに述べたように，1980年代末から1990年代初頭は世界が大きく転換し，今日に至る社会的大変動の起点となった。たとえば，ベルリンの壁の崩壊（1989年）を契機に東欧諸国やソビエト連邦などの社会主義国家体制は崩れ，経済の世界的一元化や労働市場の一元化が進んだ結果，あらゆる企業は弱肉強食の市場原理が貫徹する大競争時代，グローバル競争時代に突入した。日本企業も思わぬ地域で顧客を獲得し，予想外の競争相手と戦い，昨日の競争企業と国境を超えて提携を結ぶというのが常態化している。この動きに，アジアでは韓国企業とその経済に続いて，中国経済，インド経済の台頭もこれに拍車をかけており，21世紀に入って，ますます大きな存在になってきた。中国市場，インド市場はもちろん，世界のあらゆる市場で，台頭したこれら諸国の企業をまじえて競争は激化している。

時を同じくして，潜在的には長く人類の脅威であった地球環境問題が，世界政治の課題に躍り出てきたことも，東西冷戦の崩壊と無縁ではない。もち

ろん，チェルノブイリの原発事故（1986年）などが国際的な環境汚染をヨーロッパ各国に認識させ，政治の表舞台に押し上げる下地になったであろう。90年代に入ると，地球の危機は人々の意識深く浸透し，それを社会的コンテクストに埋め込むに至っている。地球環境問題は今や「人類共通の解決しなければならない問題だ」と真剣に受けとめられ，その対処が企業の盛衰を決定するまでになった。今では環境技術の水準が自動車会社の競争力を決定することは周知の事実だ。

さらに90年代に急進展した情報化（ネットワーク化）が，企業経営に大きく影響したことも挙げねばならない。情報技術を中心にした技術融合が産業融合，市場融合を促し，事業変容をもたらすからだ。そこでは従来の産業障壁は容易に破られよう。またネットの浸透は，組織間にあっては代理店機能，問屋機能を，組織内ではミドル機能の一部を無力化した。いわゆる中抜き現象であるが，コミュニケーション・コストや取引コストなどのインタラクション・コストを著しく削減するだけでなく，スピード経営の武器ともなっている。いずれもが，従来の競争ルールの変更であり，企業競争を激化させた。

このように情報化，グローバル化，エコロジカル化（地球環境問題）を軸とした社会変動は，従来とは質も速さも異なる環境変化となって，企業に重くのしかかる。これを克服して，あるいは使いこなして，持続的競争優位を構築することが，企業の中心的経営課題となった。ここに1990年代から今日に至るまで，経営戦略論は，とりわけダイナミックな競争戦略論の構築を中心に理論展開がなされてきた。ポジショニング・アプローチと資源ベース・アプローチがその代表である。

## 4-2 戦略経営論と競争戦略論の関係

### 4-2-1 ポジショニング・アプローチ

ポジショニング・アプローチ（ないしポジショニング・ビュー：PV）は，「企業が属する業界が持続的競争優位の可否を決定する」という立場で，ポーターが切り開いた。そこでは，企業の環境構造を把握した上で，目標達

成(利益率)にとって好ましい環境に自社を位置づけることが戦略行動の中心となるから、ハーバード学派が主に担った自社分析(強み:Strength と弱み:Weakness)と環境分析(機会:Opportunity と脅威:Threats)、いわゆる SWOT 分析やデザイン学派のアンゾフの主張(1965)とも親和性は高い。もっとも、戦略策定プロセスの説明に終わらずに、戦略そのものの重要性を強調したことや、後に(1990年代以降)競争戦略研究の一角を占めるようになったゲームの理論をも早くから導入して、具体的に競争戦略を展開した点(3-2-(4)「戦略概念の精緻化」を参照)は評価できる。もっとも、ゲームの理論が重視する「協調的競争関係」は、ポジショニング論には見られない。

豊かな実践的示唆や「競争戦略論」と銘打った最初の著作ということもあって、1990年代以降、ポーターの『競争戦略論』(1980)は戦略論の標準的テキストとなった。しかし、ポーターの環境認識は狭く、経済的環境の、しかも定量化される領域に限定されている。自然環境どころか、社会環境もその視野に入っていない。また、その組織認識は浅く、トップが策定した戦略を下部組織を構成する部下の行動を通して執行するという理解である。そこには前節で論じた「組織概念の統合化」で強調した現場を踏まえた戦略的学習が見失われてしまう。もちろん、「産業構造の進展に位置取りする」というポジショニング論の本質からいっても、戦略論的に重要な「自らの学習による市場創造」は難しい。

このように見てくると、ポーターによって本格化したポジショニング・アプローチは、戦略経営論に取って代わるものではなく、むしろ、BCG の主張とともに戦略概念を精緻にし、戦略経営論を内容豊かにしているといっても誤りではないだろう。

### 4-2-2 資源ベース・アプローチ

資源ベース戦略論とは、持続的競争優位の源泉を、企業が保持する「稀少かつ模倣困難な価値ある経営資源」に求める戦略論の総称である。その起源は、企業の成長志向理由を余剰資源の有効活用に求めた E. ペンローズに遡ることができるかもしれないが、直接的には「資源に基づく企業観:Resource-Based View of the Firm」(リソース・ベースト・ビュー：RBV) と題したワーナーフェルトの論文 (1984) に始まる。J. B. バーニーはその代表的論者であるが，RBV の普及にあたってはその一翼を担う G. ハメル＝C. K. プラハラードの「コア・コンピタンス (core competence：中核能力)」論が起爆剤となった。

 RBV は，外部志向的，環境重視のポジショニング戦略論に対して，内部志向的，組織重視の戦略論といえるだろう。環境適応理論として生れ，絶えず環境を意識しなければならない経営戦略論にとって，資源が競争力を決定するという主張は画期的だった。その 1 つの到達点が，D. J. ティースの「動的能力観 (dynamic capability view)」にほかならない。

 ティースは，経営資源を技術力やマーケティング力といった組織ルーチンないしプログラムと，それを創り替える管理能力や組織文化からなる動的能力と説明する。動的能力はもちろん，組織ルーチン (実行能力) もまた組織能力である。経営資源を広く捉えれば，組織能力も経営資源といえる。バーニーも「経営資源，コンピタンス，ケイパビリティ」をほぼ同じものと見た。

 もっとも，資源と能力を同義に扱い，資源的視角で能力を資源から説き起こせば，能力は客体的な (使われるものとしての) 資源一般の属性理解に埋没し，能力がもつ主体的側面や能動的側面が弱められるだろう。バーニーが「何が競争上価値ある資源か」を自らの理論内で決定できず，「市場がそれを決める」と述べて，PV もそれを担う 1 つと認めたのも，その資源観による。プラハラード＝ハメルが当初 (1990)，コア・コンピタンスを「集合学習が組織調整力と統合力」つまり「知識を獲得し適用する組織能力」としながら，有名な著作『コア・コンピタンス』(1994) では，客体的な資源理解から「新製品を生みだす技術の束」と説明して，コンピタンス概念の混乱を招くのも，ここに起因している。

 能動的主体的側面 (学習的側面) が弱いのは RBV の経営資源観に内在する本質的弱点のようだ。しかし，経営資源を組織能力まで拡大するなら，客体的，対象的説明で捉えきれない能力の主体的で能動的な側面，学習的側面

から把握しなければならないだろう。しかも，この組織能力は組織ごとに異なり，そこに組織の主体性と力量が問われる。企業の経営能力の違いは，それを担っている組織能力の違いであり，持続的競争優位をもたらす「模倣困難な価値ある経営資源」とは，組織の独自能力にほかならない。

ところで，RBV の一角を形成するコア・コンピタンス概念は，バーナードの自律的道徳的制度⇒セルズニックの「独自コンピタンス（distinctive competence：独自能力）」⇒アンドルーズの「組織の独自コンピタンス」の流れの中から生れた。RBV の１つの到達点ともいえるティースらの動的能力は，戦略の創造や革新を担う組織能力であり，戦略経営論の１つの表現である「戦略の道徳化（価値化）」に深くかかわっている。ティースら自身も「動的能力」を組織文化から定義し，それを認めている。

このように，RBV も戦略経営論に代わるというよりも，その内容を豊かにするものだ。組織を重視する戦略経営論の「戦略概念の統合化」は必然的に「戦略概念の道徳化（価値化）」を引き起こし，能力的 RBV を切り開いた。PV に対する論争から学派形成をしてきた RBV であるが，戦略経営論を十分に検討し展開していれば，両者は戦略経営論においてそれぞれに位置を占め，原理的に対立しないことも容易に理解できたであろう。

【参考文献】
(1) H. I. アンゾフ／広田寿亮訳『企業戦略論』産業能率大学出版部, 1969 年（中村・黒田訳『最新・戦略経営』産業能率大学出版部［1990 年］は改訂版）。
(2) K. R. アンドルーズ／山田一郎訳『経営戦略論』産業能率大学出版部, 1976 年。
(3) A. D. チャンドラー, Jr.／有賀裕子訳『組織は戦略に従う』ダイヤモンド社, 2004 年。
(4) H. I. アンゾフ／中村元一訳『戦略経営論』産業能率大学出版部, 1980 年。
(5) H. I. アンゾフ／中村元一・黒田哲彦・崔大龍訳『戦略経営の実践原理』ダイヤモンド社, 1994 年。
(6) H. ミンツバーグ・B. アストランド・J. ランペル／齋藤嘉則監訳『戦略サファリ』東洋経済新報社, 1999 年。
(7) G. サローナー・A. シェパード・J. ポルドニー／石倉洋子訳『戦略経営論』東洋経済新報社, 2002 年。

# 5章

# 競争戦略の展開

## 1 競争戦略の視点と次元
　　―全社レベルと事業レベルの競争戦略―

　前章で述べたように，情報化，グローバル化，エコロジカル化を軸に大きく変動する現代社会こそが今日のビジネス環境にほかならず，そこに生きる現代企業は絶えざる戦略革新，競争革新を要請される。そして，この要請に基づいた他企業，競争企業の革新行動（厳密に言えば自社の行動さえ）も，当該企業の変化する環境を構成することはいうまでもない。経営戦略における競争戦略の重要性が，ここにある。

　経営戦略論は企業の環境適応（戦略による環境創造も含めて）理論として生れた。環境変化に直面する企業を存続に導く経営理論が経営戦略論だともいえる。企業が存続し発展してゆくには，一定水準以上の成果，あるいは他社より高い業績をあげることが必要だ。それでは，ある企業が，他社（特に同業界の他社）より高い業績をあげ続けているのはなぜなのか。この問に対して一般的には「競争力があるから」という答が返ってくるだろう。この競争力＝競争優位を長期にわたって確保する戦略的方策が競争戦略である。競争戦略を必要とするのは，新たな事業創造領域や成長市場より，むしろ多くの企業が向き合っている成熟市場である。アンゾフの成長ベクトル（4章の図4-2）に則して言えば，市場浸透戦略に焦点を当て，それを競争戦略として展開したのが，M. ポーター（1980）であった。ポジショニング論にもかかわらず彼の戦略論が事業戦略レベルで最も有効なのはそのためだ。もちろん，競争戦略は事業戦略だけで構築されるのではない。この点は後述する。

## 1-1 経営戦略の階層性と競争戦略

　経営戦略を,大きく社会戦略（societal strategy）,全社戦略（corporate strategy）,事業戦略（business strategy）,機能分野別戦略（functional strategy）と階層的に把握したのはホファー＝シェンデルであった（『戦略策定』1978, *Strategic Management*, 1979）。

　社会戦略とは,企業が社会的に行動することを確保する戦略であり,経営理念や経営倫理,あるいは企業の社会的責任（Corporate Social Responsibility : CSR）と深くかかわっている。社会戦略は一般的には競争戦略とは理解されていないが,それが究極の企業競争力を決定することは,環境技術の重要性やCSRの高まりの中で,理解されるようになってきた。また社会的責任企業は,知的に優秀な人材を集めやすいことも競争力向上に寄与するだろう。情報や知識が大きなウェイトを占める現代社会にあっては,知的人材の質の高さが,他社との違い,つまり独自能力を創り出し,将来の企業業績を決定するからである。

　全社戦略は,事業分野の決定と資源配分による事業群の管理が主要問題である。アンゾフが『企業戦略論』（1965）で対象にした戦略レベルにほかならない。アンゾフの製品－市場マトリックス（4章の図4-2）は,共通の関連性やシナジー（相乗効果）と合わせて,事業分野と事業群を扱う方法であった。

　事業戦略では,機能分野別戦略の統合と特定の製品－市場セグメントでの競争が問題になる。端的に言えば,事業戦略の課題は,特定事業の市場で勝ち残ることであり,競争戦略がその中核をなしている。競争戦略とは,利益確保をめざして特定の競争市場で自社の競争優位を築くための,つまり自社の市場地位を築くための方向と方法を模索して決定し,実行することである。もちろん,具体的展開と実行は,下位機能活動の統合と資源生産性が問われる機能分野別戦略（生産戦略やマーケティング戦略など）に委ねられているが,一般的にも,競争戦略は事業戦略レベルで捉えられている。

## 1-2　競争の基本戦略

### 1-2-1　現代の競争構造

　競争戦略の研究は，多くの企業に必要な基本的競争戦略から始まった。その前提となるのが「5つの競争要因」ないし「競争圧力」である（図5-1）。まず，① 業界内競争の激しさがある。アメリカの自動車会社GMにとっては長くフォードが競争戦略の対象だったが，今ではドイツなどのヨーロッパ勢に加えて，トヨタ，ホンダ，日産などの日本メーカーや韓国の現代などとも激しい競争を繰り広げている。これは何も自動車業界に限らない。家電業界，時計業界など，いずれの業界をとりあげても，業界内競争は熾烈である。

　事業をめぐる競争は同業他社だけではない。情報技術を介して技術が融合し，それが産業の融合をもたらし，市場の融合に至る今日，② 新規参入者の脅威は尽きない。かつて家電メーカーや事務機器メーカーがデジタル時計で時計業界に参入したことがあったし，最近ではパソコン直販メーカーが液晶テレビを売り出してもいる。また ③ 代替製品やサービスの脅威もある。たとえば，LPレコードは今ではCDやMDに完全に代替された。それとともにレコード針も姿を消している。②③はいずれも製品上の潜在的な競合関係である。

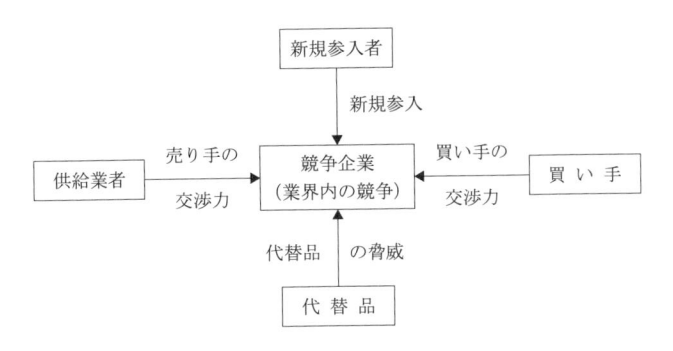

図 5-1　現代経営の競争構造

(M. E. Porter, 1980, を一部変更)

これ以外にも，④供給業者の交渉力や⑤買い手の交渉力も，企業の業績を左右する。確かに，供給業者も買い手も，当該企業が提供する製品市場では直接の競争関係にはない。しかし，鉄鋼会社の鋼材納入価格は直ちに車の製造コストに反映するし，巨大な購買力（＝交渉力）をもつ量販店は原材料高（製造コスト上昇）を製品価格に反映させることを容易に認めない。いずれも事業利益をめぐって競争関係にある。

### 1-2-2 競争の基本戦略

上述の競争環境で，競争相手に勝ち抜くための最も基本的な競争戦略として，ポーター（1980）が示したのが，①コスト・リーダーシップ戦略，②差別化（差異化）戦略，③集中化戦略である。

① コスト・リーダーシップ戦略

コスト・リーダーシップ戦略は，同業他社より低いコストを実現する戦略で，低価格の採用をはじめ価格政策の自由度を大きくする。これは，規模の経済と経験曲線効果を重ねることからコスト削減を追求するものであり，多くの場合，市場占有率志向戦略と一致する。たとえば，子供や若者に人気のあるハンバーガー業界において，日本マクドナルドがとってきたのがコスト・リーダーシップ戦略で，それは他のファスト・フード業界やコンビニ業界にまで影響が及んだ。同業他社を圧倒するばかりか，周辺需要を喚起・拡大することさえ狙っていたのである。コスト・リーダーシップは，家電業界では松下，自動車業界ではトヨタのように，経営資源が質量ともにすぐれたリーダー企業に向いた戦略である。

ポーターはまた，5つの主要活動（生産，流通，販売，マーケティング，サービス）と4つの支援活動（調達，研究開発，ヒューマンリソースマネジメント，事業インフラ）で構成された「価値連鎖（バリューチェーン）」の再編も，コスト削減の手段としてあげている。

どのような方法であれ低コスト体質を実現すれば，企業の利益確保に寄与するだけでなく，買い手の値引き要求や供給業者の値上げのリスクに耐える体質ともなり，さらに低価格政策によって参入障壁を築くこともできるであろう。

② 差別化（差異化）戦略

　差別化ないし差異化戦略は，自社の製品やサービスを差別化して，顧客から特異だと認められる価値を創造する戦略である。経営資源の質はすぐれているが量的に劣るニッチャー企業（かつてのホンダやソニー）によく採用される。リーダー企業は模倣戦略でこれに対抗することが多い。模倣戦略は，競争企業製品の差異や独自性を打ち消す戦略で，家電業界のリーダーである松下電器がしばしば採用した。一時「マネ下電器」と揶揄された理由でもある。前述の日本マクドナルドの低価格戦略に対して，ロッテリアが「独自メニューの多様さ」で，モスバーガーが「受注後に調理するアフター・オーダー方式と有機ミネラル野菜など素材の良さ」で，顧客を囲い込もうとしているのも，この差異化戦略だといえる。量的経営資源は恵まれているが，質的経営資源は必ずしも十分でない企業がチャレンジャーとなってシェアを奪いにいくときも，しばしば差異化戦略がとられる。しかし，差異化は質的経営資源と密接に関連するので，十分な成功を得られないことが多い。

　製品品質や機能における差異化は，コモディティ化が進んでいることもあって，容易ではない。たとえ成功しても，各社の技術水準が平準化していることもあり，短期間に同質化してしまうからである。そこで，デザインやネームの差異化，顧客との関係性に特徴（差異）を持たせるマーケティング戦略がとられたりするのである。

③　集中化戦略

　集中化戦略は特定の買い手グループ，製品の種類，特定の地域市場などに，競争範囲を限定し，それに経営資源を集中させる戦略である。もっとも，集中化戦略は，コスト・リーダーシップ戦略や差異化戦略と同一次元に並ぶ戦略ではない。基本は，コスト・リーダーシップ戦略と差異化戦略だ。ここで注意しなければならないのは，低コスト戦略は低価格戦略の要件であるが，両者が必ず一致するとは限らないことである。また差異化戦略の場合，製品・サービスの差異化が一般的であるが，市場の差異化もあり得る。特にマーケット・エリアの差異化については後述しよう。さらに，コスト・リーダーシップ戦略と差異化戦略を同時に追求すると，スタック・イン・

ザ・ミドル（中途半端）の状態に陥ってしまうので，どちらか1つの戦略に絞り込むことを，ポーター自身は奨めている。

### 1-3　全社戦略と競争優位

競争戦略が，ポーターの主張するように「自社を他社と違ったものにすること」だとすれば，競争戦略の最終的なねらいは，競争を排除することにある。つまり競争しない世界を築くか，少なくとも，独特の競争をすることにある。このような競争戦略を事業戦略レベルだけで構築することは難しい。全社戦略レベルを含めて考察することが必要だ。

すでに述べたように，全社戦略では事業分野の決定が大きなウェイトを占めている。事業分野の決定は，資本コストを勘案した上で，経営資源をどのように配分するか，あるいはどこに集中させるかといった資源展開ないし再展開が欠かせない。これと関連して，近年，競争優位の確保をめざしたコア・コンピタンス（中核能力）や，競争力あるコア・ビジネス（中核事業）をどのように築くかが重要になってきた。選択と集中戦略は事業再編の手法の1つであるが，それを具現するM&Aや企業分割（事業分割）は，事業戦略レベルの問題ではなく，経営理念や全社戦略レベルと深くかかわっている。

市場（直接投資の対象地域）の差異化もまた全社戦略のレベルの問題である。1980年代後半から90年代前半に見るスズキ自動車の国際経営戦略の展開は，競争状況と自社の競争力の分析から，競争に巻き込まれない舞台を選定して，市場（地域）差異化をはかった典型例であろう。

海外生産台数が輸出台数を大幅に上回るスズキの海外生産拠点は，カナダを除けば，インドやパキスタン，インドネシアなど，かつての発展途上国を中心に散らばっている。自動車先進国であり，しかも日本の上位メーカーがひしめく北米や欧州に遅れて進出しても勝ち目はないからだ。国民所得が5千ドル以上の国でないと市場はないといわれる高額商品の自動車を，国民所得が千ドルに満たない発展途上国の未成熟な市場に的を絞って生産・販売することにより，活路を開いてきた。バブル崩壊や円高に直面しながら，スズ

キが平成不況の影響を最小限にくいとめたのも,「未成熟市場の危険」に踏み込むことによって「競争の危険」を回避したマーケット・エリアの選定のおかげであった。

　加えて,豊かで価値観が多様化した先進国の人々のニーズを掴むより,常識に反して発展途上国に進出したスズキは,生産車種を絞り込みやすかったに違いない。いずれにしても,単なる事業戦略のレベルを超えた競争優位（競争しない世界ないし独特の競争）の構築であった。2007年現在,日欧の有力自動車会社がインドに進出しているが,スズキは今やインドに確固たる地位を築き,先発優位性を発揮して,そのブランド力は極めて高い。

　このように,競争戦略は事業戦略レベルに限定されたものではない。さらに,前章でも述べた環境変化と企業間競争の激化は,従来の競争ルールの変更とそれに対応する新たな競争戦略を要請している。次節ではこれについて論及する。

## 2　情報化（ネットワーク）時代の競争戦略
　　―外部資源の有効活用―

　内部経営資源を合理的に活用したり,規模の経済を追求して低コスト戦略や,製品・サービスの差異化戦略を展開することは,今なお有効な競争戦略であることは否定できない。規模の経済の拡大をねらってOEM（相手先ブランド生産）を引き受けるのも,人件費の安い海外子会社で生産するのも,あるいはグローバルに部品や製品を調達するのも,低コストを実現して,価格競争力を強めるためである。それどころか,圧倒的シェアを占めれば,価格決定権を奪い,高収益を確保することができる。

　たとえば,ハードディスク駆動装置用モーターで世界シェア7割の日本電産,直流小型モーターで世界シェア5割を超すマブチモーター,レーザープリンターでOEMを含めると世界シェア7割のキヤノンは,戦後最悪の不況期にさえ,それぞれ最高益を更新し続けた。競争の激しい宅配便市場で差異化戦略をとって,「クール宅急便」「配達時間指定」など次々と独自のサービ

スを提供するヤマト運輸もまた最高益を更新したが、これには情報システムの活用が大きく貢献している。セブン-イレブンなどにしても、情報技術が競争武器になっている。

ただ、近年のエレクトロニクス事業分野や情報産業では、競争戦略は従来型の単純なコスト・リーダーシップ戦略や製品・サービス差異化戦略を超えている。規格戦略やオープン化戦略、そして上述のヤマトやセブン-イレブンでも一部で実現しているタイムベース競争戦略などである。戦略的提携も広くネットワーク戦略の一環である。M&A戦略は情報化（ネットワーク）時代に固有な戦略ではないが、スピード経営が要請される今日、M&Aによる速やかな事業強化や事業の組み替えが不可欠である。これらを簡単に説明する。

## 2-1 規格戦略

ほぼ同一機能を提供する基本規格の異なった製品を擁する企業間の規格をめぐっては、家庭用VTRにおけるソニーのベータマックスとビクター・松下を中心にしたVHS陣営との1970年代から80年代にかけての争いが有名である。最近では、情報機器やAV機器、通信などの分野でデファクト・スタンダード（市場競争の中から生まれた事実上の標準）をめぐって激しい競争が繰り広げられている。

テレビの録画再生を可能にしたVTRは、録画時間1時間でソニーのベータマックス（1975）が先行した。翌年（1976）、VHS方式で2時間録画を実現したビクターは、松下を軸としたファミリー（日立、シャープ、三菱、NEC、東芝）づくりにも成功して、大勢を決した。それでも77年にはベータ方式のシェアはまだ60%を占めていた。しかし、ベータ1、ベータ2、ベータ3、ベータハイファイ、ハイバンドベータ、EDベータと次々新製品を投入したにもかかわらず、78年には逆転され、その後はつるべおとしでシェアを落とし、86年には5%にも届かず敗退して、規格競争の恐ろしさを見せつけた。もっとも、協調して勝利したVHS陣営各社にとって、それは決して最終勝利ではなかった。VHS方式に転換してきたソニーをまじえた

死闘の始まりだったからだ．したがって，規格戦略の場合，競争企業を誘い込む戦略とともに，それと正反対の排除戦略を織り込まねばならないところに難しさがある．そこには，ブランドイメージなども大きく影響するのである．

リーダー企業が対抗戦略として模倣戦略を取りにくいのも，規格戦略の特徴である．ソニーがベータ方式にこだわったのも，わが国パソコン事業において，独自規格の98シリーズで1980年代から90年代初頭には圧倒的シェアを誇っていたNECが，世界標準ともいうべきDOS/Vパソコンへの転換が遅れたのも，そのためであった．自社の独自な強みがなくなることもあるし，転換した規格で従来の強さを発揮できるとは限らないからだ．それだけに規格戦略においては，リーダー企業とて，ファミリーを形成して標準を握ることが大切である．

## 2-2 プラットフォーム・ビジネスとオープン化戦略

プラットフォームとは，世界に広く分布する技術や知識を結集させる場であり，その上にさまざまな企業が新しい価値を創造し，ビジネスを展開する土台である．そのような場や土台を提供するビジネスがプラットフォーム・ビジネスにほかならない．今井と国領は，これを「だれもが明確な条件で提供を受けられる商品やサービスの供給を通じて，第三者間の取引を活性化させたり，新しいビジネスを起こす基盤を提供する役割を私的なビジネスとして行っている存在」と定義している．

たとえば，コンピュータのOSは，このプラットフォームである．しかし，これがプラットフォームになるには，インターフェイスが公開され，オープンでなければならない．もちろん，自社が強みを発揮できるビジネスと定めた領域には，経営資源を投入して競合相手を激しく攻撃し，競争を排除してゆくにしても，インターフェイスをオープンにすることによって，自社製品を補完してくれる製品・サービスを豊かにすることができる．OS上で走るすぐれたアプリケーション・ソフトが増加すればするほど，そのOSが普及することを，マイクロソフトが示して見せた．使いやすさでずっと先

を進んでいたマック OS を公開せずに抱え込んだアップルの凋落とは対照的である。大規模な生産設備を必要とするため，製造コストのかかるハード製品と異なって，開発コストは巨額でも，製造コストの小さいソフト製品は，普及過程で収穫逓増的に利益を確保できることも，マイクロソフトが明らかにした。収穫逓増は，わずかなコスト上昇で量産がきくソフト製品で起きやすい。ソニーの CD や MD は，この収穫逓増モデルの典型であった。

　ネットスケープ社も，オープン化戦略をとって，ネットスケープ・ナビゲーターというブラウザソフトをプラットフォームとして提供して，一時的に成功している。

### 2-3　タイムベース競争戦略

　1980 年代に，品質とコストで世界に競争力を誇ったかにみえた日本企業の強さの源泉が，実は開発から新製品として売り出すまでの対応時間の速さにもあることに注目されるようになったのは，比較的新しい。これはファーストサイクル戦略ともいわれる。

　確かに，電気機械産業や自動車産業における日本企業の開発リードタイムは，アメリカ企業に比べて短い。これは情報技術の適用もさることながら，開発プロセスをオーバーラップさせていることによる。開発プロセスどころか，日本企業は研究開発，生産，販売といった経営過程自体をオーバーラップさせ，開発部門と生産部門の協働を実現してきた。それが開発から市場に送り出すまでの時間を短縮してきたのである。

　トヨタの「かんばん方式」に端を発し，今や「ジャスト・イン・タイム（在庫ゼロ体制）」「リーン・システム（無駄排除体制）」として世界に知られる生産方式は，単に在庫コストを圧縮するだけではない。また，受発注システムは単なる取引コスト（情報コスト，決済コスト）の削減だけをめざしたものではない。いずれも，企業内外のネットワーク的連結によって可能になった情報や技術の多重利用が生みだす「連結の経済」，とりわけ「スピードの経済（時間の短縮）」にこそ，真の狙いがある。

　時間の短縮は，当然，コスト削減につながるが，それ以外にも販売上の機

会損失（売り損じ）が減り，売り上げ増加が期待できる。商品提供までの時間短縮は，顧客のニーズに合致するだけでなく，回転率を高め，ひいては利益率の向上に寄与しよう。季節や天候に左右されることが多いアパレル産業では，速やかな商品提供はリスクを低減させる。さらに技術革新の激しいコンピュータ業界では，最新の技術を盛り込んだ製品の受注生産を可能にした。ヤマト運輸やセブン-イレブンは，差異化戦略とともに，このタイムベース競争戦略をとっている。むしろ，これが差異化戦略を支えているともいえる。

### 2-4　戦略的提携

戦略的提携は，国内外の2社以上の企業が，合併や買収をせずに独立を保ったまま，特定事業や製品に関する協力関係を築いて，経営資源を相互に融通し合う方法である。簡単に言えば，自社の足りない資源を他社資源で補う戦略の1つである。具体的には，出資を伴わない業務提携（他社にブランド名使用を認めるライセンス契約，他社に製品・サービスを提供する供給契約，他社製品の配送を引き受ける配送契約など），提携会社が関係強化をめざして株式持合いを伴う業務・資本提携，提携企業が共同出資して会社を設立して事業を行うジョイント・ベンチャーなどがある。

「シャープとパイオニアの提携」「パイオニア液晶テレビ参入」「シャープがパネル供給」「シャープ音響技術獲得」という記事が2007年9月21日の各紙の一面を飾っているが，提携戦略は今に始まったものではない。現代組織論を確立したバーナードは，権威によって調整される階層組織以外に，同意や協定によって調整される側生組織をも組織と認め，暫定的であるが故に柔軟な提携を後者の例の1つとしてあげている。暫定的で柔軟な提携のこの性質は今日でも変わらない。

提携に「戦略的」という形容詞がついて，一般的にも「戦略的提携（strategic alliance）」と呼ばれるようになったのは，1990年代以降で，その歩みは情報化とグローバル化の進展と軌を一にしている。技術革新，製品革新が猛烈な勢いで進む今日，巨額となった開発コストや変化の速さに対応する

のは，内部資源に恵まれた大企業でも難しいからだ。ここに提携が戦略的意味合いを帯びるようになる。当然，戦略的提携は，かつてのように競争関係のない提携とは異なって，明確な戦略的意図のもとに，海外企業を含めた直接的なライバル企業とさえ提携に入るのが特徴的である。いわば「協調的競争」であり，そこに今日の戦略的提携の本質がよく示されている。

ところで，戦略的提携の狙いは，上述した ① 巨額な開発コストに対するコスト分担・リスク分散や ② 技術革新の速さへの対応以外にも，③ 規模の経済の追求，④ 競争的提携企業からの学習，⑤ 低コストでの新規参入（海外進出）などがある。

規模の経済を追求する戦略提携の例として，OEM（Original Equipment Manufacturer：相手先ブランド製造）をあげることができるだろう。たとえば，キヤノンがヒューレット・パッカードのプリンターをOEMで生産するのは，規模の経済の追求（製造コストの削減）と，自社ブランド生産にOEMを加えた圧倒的シェアによる価格決定権の掌握にあった。GMがトヨタとジョイント・ベンチャーを設立して小型車生産に乗り出したのは，トヨタの優れた生産システムを学習し，そのスキルやノウハウを身につけるのが狙いであったと言われる。

もっとも，トヨタはGMの配送・流通ネットワークを利用することで直ちに提携の成果を上げたが，GMは必ずしも十分な成果を上げられなかった。それは，トヨタには優れた生産システムを支えるスキルやノウハウが組織能力として埋め込まれており，長期に学習しない限り，容易に獲得できるものでなかったからである。これについては次節（第4節）で取り上げたい。低コストでの新規参入として，東南アジアに進出する外資企業と現地企業とのジョイント・ベンチャーの設立などはその例になるだろう。現地企業が現地情報や流通ネットワークを提供すれば，製品・サービスを提供する外資が自前でそれらを調達するより，低コストで新規参入が実現するからだ。

このように，戦略的提携は，他社の協力を得られるため，自社単独の事業や内部開発より危険は少ないし，M&Aのような組織統合もなく，調整コストは少なくて済む。しかも，すべてを内部で調達するより速やかに展開でき

る。ただ，緩やかな関係であるため，相手の都合で一方的に関係が解消される可能性があることも否定できない。

### 2-5 M&A 戦略

「つくるか，買うか」は，アンゾフ『企業戦略論』以来，戦略的決定事項であるが，加速する環境変化に速やかな事業展開が求められる近年，M&A (Mergers & Acquisitions：合併と買収) は極めて重要になった。日本企業によるM&Aも増えている。ただ，近年のM&Aは，かつてのような事業多角化の方法としてという以上に，競争激化を反映して「選択と集中」戦略による本業の強化ないし中核ビジネス再構築の方法として採用されるようになった。当然，その多くは周辺事業の売却を伴っている。

合併は2社以上の企業が法的に1つの企業になることだが，吸収合併であれ，対等合併であれ，合併は組織文化を含めた統合問題を抱えることもあって，速やかな合併効果を期待することは難しい。持株会社を設立して各社がその傘下に収まる形をとれば，組織的摩擦を多少和らげることはできる。阪急電鉄と阪神電鉄の統合（2006）はこの形をとったが，その本質は友好的買収である。それどころか，村上ファンドに株を買い占められた阪神にとって，阪急は後述するホワイトナイトだったといえる。

株式の取得により相手企業の経営支配権を握る企業買収は，短時間に必要な経営資源を調達し，速やかな事業展開を可能にする。その場合も，相手企業も買収を認める友好的買収と，相手企業が買収に反対する敵対的買収がある。多くはTOB（株式公開買付け）が買収方法として用いられるが，「小が大を呑み込む」ような買収には，相手企業の資産を担保に負債で資金を調達して買収するLBO（Leveraged Buyout）がしばしば用いられる。

もっとも，M&A自体は成功しても経営的に成功するとは限らない。限られた時間で相手企業を評価することは難しく，買収価格が割高な危険性をはらんでいるからである。戦略的視点が甘いと失敗に帰すことが多い。相手企業の事業に対する管理能力を欠けば，当然，M&Aは成功しない。松下電器のMCA買収（1991）や日立製作所のIBMハードディスク買収（2003）の

失敗などは、その典型であろう。異なった組織文化をもつ企業のM&Aも難しい。タイムワーナーとAOLの経営統合（2001）やダイムラーとクライスラーの合併（1998）が上手くいかなかったのも余りに異なった組織文化のゆえであった。

最近、わが国でも敵対的買収が増えつつあるため、これに対する防衛策がしばしば話題になり、ポイズンピル（一定条件下で、市場価格より安い新株予約権を発行）などの事前の防衛策や、ホワイトナイト（より好ましい買収主体）などの事後防衛策が新聞を賑わせている。また、安定株主を求めて、バブル崩壊時に解消が進んだ株式持ち合いも復活のきざしが見える。しかし、敵対的買収に対する最大の防御は、経営資源を最大に生かした効率的な経営である。敵対的買収に対する防衛策が、現経営陣の防衛策であってはならないだろう。

最後に、敵対的買収は被買収企業から優秀な人材が逃げ出して、失敗する可能性が少なくないことを付け加えておこう。知的に優秀な人材が持続的競争優位を実現する組織能力を生みだす源泉だとすれば、これはM&Aの見逃しがたい側面である。

## 補論　先発優位性・後発優位性とネットワーク外部性
(1) 先発優位性と後発優位性

現場の経験や学習が重要な役割を果たす「製品・サービス」を提供する場合、先行企業がライバル企業の模倣努力を超えた強みを築いて、ライバル企業が追いつけない優位性を持続させるとき、それを一般に「先発優位性」という。

経験や学習は、慣れによる生産性の向上（コスト優位性）だけでなく、製品改良や機能高度化に結びつくことも少なくない。いち早くハイブリッド車を世に出したトヨタの強みも、技術データ蓄積に加えて、現場の経験やスキル獲得にある。また、経験財（熟成を必要とする財）の場合、使用後の顧客の声を反映させることが重要であり、それが使いやすい製品となってブランドの確立をもたらせば、新規顧客の獲得にも有利である。特にネットワーク

外部性が働く場合，先に顧客を獲得した企業の優位性はさらに高まる。これが顧客のスイッチング・コストとなり，かなりの高品質低価格商品を提供しない限り，ライバル企業がこのスイッチング・コストを崩すのは難しい。

　後発企業は，先発企業が開発した技術や知識，あるいは顧客教育を利用できることが多い。いわゆる先発企業の投資へのフリーライド（ただ乗り）で，リスクを回避し，コスト削減が可能だ。さらに，もし先発企業が確定した技術と顧客に対して惰性で行動していたなら，後発企業は新鮮な感覚で市場に向かい合うことによって，市場ニーズに迅速に対応し，先発企業を凌駕することもできる。これらが後発優位性である。しかし，一般的には先発優位性が働く場合，後発優位性は働きにくいといえるだろう。

(2) 後発の逆転とネットワーク外部性の回避

　市場取引が当事者を超えて及ぼす影響を，経済学は「外部性」と呼んできたが，「ネットワーク外部性」とはネットワーク参加者が増えるほど既参加者の得られる便益が高まる性向をいう。とりわけ規格競争では，「ネットワーク外部性」が働くため，先発規格が有利（先発優位性）といわれてきた。しかし，すでに述べた家庭用VTRの世界ではソニーのベータマックスに対してVHS陣営が，パソコンではマッキントッシュにIBM－PCが，パソコンOSではマックOSにウィンドウズが，そして日本語ワープロソフトでは一太郎に対しワードが勝利したように，先発規格が破れた例が少なくはない。しかも，先発規格製品の方が技術的に優れていたとの指摘もしばしばなされている。なぜなのだろうか。

　いち早く購入する少数の革新的消費者は先進的な製品や技術特性に反応する傾向にあるが，それに続く多数の一般消費者は製品から得られる効用を重視し，結局，こちらがデファクト・スタンダードを形成するからだ。その意味では，VTRの場合，先発規格にはネットワーク外部性はまだ働いていなかったといえるかもしれない。パソコンとパソコンOSは，クローズド戦略にオープン戦略が勝利した例であり，日本語ワープロソフトの場合は，バンドリングにより後発企業が競争ルールを変更し，ネットワーク外部性を回避した結果である。いずれにしても，後発企業が逆転したのはネットワーク外

部性が効かなかったためである。

## 3 持続的競争優位の実現

### 3-1 持続的競争優位を生み出す組織能力

　これまで，競争戦略の視点と次元を踏まえて，主として内部資源を合理的に活用する競争の基本戦略と，外部資源を有効に活用するネットワーク的競争戦略を類型的に説明してきた。しかし，競争戦略を構成する戦略を類型的に把握しただけで，具体的な競争戦略が展開できるわけではない。環境解釈と自己認識から，戦略を選択し（あるいは創造し），それをダイナミックな競争戦略に仕立て上げる機能や能力が必要である。

　激しく変化する現代社会にあって，企業の競争力は，経営機能（戦略機能・管理機能・実行機能）を担う組織能力が決定する。ここで組織能力が，環境認識（解釈）能力，戦略創造（事業構想）能力，戦略実行能力からなるとすれば，戦略機能は環境認識能力と戦略創造能力によって担われ，管理機能や実行機能は戦略実行能力と深くかかわることは説明する必要もないだろう。この組織能力を基礎づけるのが組織インテリジェンスとしての知識と情報の力であることはいうまでもない。つまり，企業の持続的競争優位は，組織能力の向上を実現する組織的知識創造力と，これに由来する組織的情報活用力から生まれる。これが組織のコア・コンピタンスないし，その基礎能力としてのコア・ケイパビリティにほかならず，独自能力を形成する。それを価値創造力と表現してもいい。

　競争力を決定する独自能力は，具体的には，脅威ともなる変化を市場機会と捉えて，顧客価値に大きく貢献する製品・サービスを競争企業より低価格で，しかも速やかに提供する能力である。これを構築するには2つの側面を考慮しなければならない。

　1つは，極めて人間臭い組織的側面である。独自能力の構築には組織学習が必要であるが，そのためには部門を超えた組織メンバーの協働が求められ

る（簡単なことではないが）。そして何より重要なのは，その協働（学習）を可能にし，促進する組織的工夫や文化が，組織に備わっていることだ。そこには，評価方法やキャリア選択肢の多様性，キャリア移動といった人事制度も含まれているが，これらを基礎づける独特な組織価値や組織コンテクスト，いわば暗黙知が，独自能力を決定するのである。ここに独自能力が他社に容易に模倣できない理由があるだろう。逆に容易に模倣ができるものは独自能力とは言い難い。

いま1つは，このような組織的側面を基礎にした情報技術の活用である。組織学習を容易にし，部門や時に組織を超えた協働を支えるのが情報技術だからだ。その意味では，情報処理の速さ，創造的意味解釈の速さに加えて，知識や情報，そしてアイデア交換を含むインタラクション・コストの低下が，競争優位の源泉といえる。もっとも，情報や情報技術はそれ自体では意味はなく，それをどのように活用し，独自な競争能力を創り出すかにかかっており，組織価値の役割が大きい。

### 3-2 独自能力としての実行能力

企業の競争力は，独特の組織価値で環境を解釈して機会をつかみ，組織能力を駆使して独自戦略を創造し，独自なビジネス・モデルを展開するところに生まれる。そこには知識適用と創造があるだろう。しかし，部品のグローバル調達により製品の標準化が進み，情報の透明性が高く，しかも競争企業の技術水準の高い現代は，模倣が容易な時代である。

もちろん，戦略の独自性やビジネス・モデルの独自性は今も重要であるが，それだけで競争優位を持続させることは難しい。ここに，実行を担う日常業務の遂行＝学習（行為・経験）を通して戦略に磨きをかけ，ビジネス・モデルを見直す能力が欠かせない。それが可能なのも，実行を担い現実と向き合う各現場が，後述するように企業の環境認識システムを担っているからである。同時に，それは実行能力の絶えざる高度化ともなり，今や独自能力の中核部分といえる。これが弱まるとどうなるかは，家電やパソコンなどの情報機器メーカーの世界的な過当競争を見れば，一目瞭然だ。実行の模倣も

容易だからである。ハード性能の優越性だけではデジタル時代においてすぐに追いつかれ，ドロ沼の価格競争に陥らざるを得ない。そこに製品開発や生産にとどまらない売り方やサービス面を含めた実行能力の強化，さらには，戦略の革新やビジネス・モデルの再構築が迫られよう。

逆にトヨタに典型的に見られる「すり合わせ型」製造分野における日本企業の強さは，製品性能が部品性能だけでは必ずしも決まらないということもあるが，多くの現場労働者の実践（＝行為）が産み出す知識を次の行為（＝実践）に繋ぐ仕組みを構築し，活用しているからにほかならない。実行能力の絶えざる高度化がはかられている。しかし，そこには実行能力を生かす戦略が組み込まれていることに注意を要するだろう。

戦略の創造やビジネス・モデルの開発は知識創造そのものであり，情報活用のウェイトも高い。実行能力の高度化もまた知識創造であり，知識適用に違いないが，現場の実践に根ざした（正確に表現すれば，"埋め込まれた"）ものだけに，実践の共有がなければ，模倣は容易でない。また実行能力の高度化には戦略創造プロセス以上に情報技術を駆使した情報活用が重要となる。インタラクション・コストの大きな部分を占めるコミュニケーション・コスト，具体的には，情報収集コスト，加工コスト，共有コスト，発信コストの低下とコミュニケーション速度の向上が，実行革新を容易にするからである。

確かに，組織的実行の内実を形成する人々の協働には，情報共有やコミュニケーションが欠かせないとはいえ，技術的可能性が直ちに実行能力の高度化や実行能力の革新をもたらすわけではない。それを決定するのは組織のあり方，マネジメント能力である。

## 3-3 競争力の源泉としての人材と組織学習

現代企業にとって，社会的現実と直接向き合う現場は現実認識の場として極めて重要である。もとより，現場とは生産現場に限定されるものではない。消費につながる流通や営業の末端もまた現場である。情報ネットワーク技術の発展は，遠距離の各現場との距離感を縮め，生産の現場のみならず，

流通や在庫，販売の場が改めて現場であることを確認させた。いわば認識システムとしての現場概念の拡大であるが，このような理解はバーナードの組織観（1938）にすでに現れている。

　各現場が行動を通して得た環境の感触，つまり生活価値や市場価値である生きた現場情報や知識を，経営中枢だけではなく，研究開発や生産の場に連結することによって，組織能力を高め，企業は環境適応してゆくのである。その意味では，企業，とりわけ経営組織とは，現場で学習しつつ環境適応をはかる学習組織だといえる。その学習の質が競争革新を生み出すことは，誰にでも容易に理解できるだろう。

　もちろん学習組織は，組織を構成する個人（活動）が強い学習意欲をもち自己研鑽をはかることが前提であろう。その意味では，優秀な知的人材の獲得が競争力の源泉であることはいうまでもない。しかし，組織メンバーが関心のおもむくまま，現場で学習して獲得した知識を持ち寄れば，組織学習となるのではない。それは単なる個人的学習の集積を超えたものである。組織学習は，組織価値ないし共通のルールに従って，あるいはその方向に沿って，現場で学習し，獲得した，時に創造した知識や情報を組織メンバーで共有し，それに基づいた組織行動を定着させることである。もとより，メンバー間で組織価値やルールの完全な理解の一致はあり得ないが，ここでは取り上げないでおこう。日常的な実践を通してコミュニケーションが成立している限り，それを問題にしないで済むからだ。いずれにしても，一定方向での知識の獲得と連結が，組織学習の鍵である。

　これまでの説明でわかるように，企業の競争力を決定するものは，環境を認識し，戦略を創造（戦略の組合せの決定を含めて）ないし事業を構想し，戦略を実行する組織能力である。その組織能力の絶えざる向上をはかるものが，組織学習にほかならず，これが持続的競争優位をもたらす。その場合，組織価値（組織文化）が学習基準として働くが，それが社会価値や個人の生活価値と対立するとき，従来の組織価値を土台にしながら新たな組織価値を創り出すのも組織学習の役割であることを忘れてはならない。確かに，偉大な伝統（組織価値）は革新の種をはらんでいる。それでも，既存の組織価値

に浸りながらもそれに溺れず，新たな組織価値を創造するのは，容易ではないだろう。ここに，優秀な人材が必要になる。それは何も新たな価値基準を創造するのに必要なだけではない。提示された新たな価値を従来の価値基盤から理解するためにも必要である。

　人間は誰でも，限りある自分の時間，つまり人生を納得いくように過ごしたいと考えている。まして知的レベルの高い誠実な個人は，しばしば社会意識が高く，一定水準を超えれば物的報酬よりも，やり甲斐のある仕事，意味のある仕事に魅力を感じることが多い。そのような人々は，企業の社会的存在の意味も問い，企業がこの期待に応えず，それらが満たされないと，組織を離脱さえする。資本がコモディティ化し，知識創造力や情報活用力が競争力を決定する社会にあっては，人間こそが最も模倣困難な価値ある資源だろう。自社にふさわしい人材を確保し続けられない企業は，その競争力を失ってゆくに違いない。

【参考文献】
(1) M. E. ポーター／土岐坤・中辻萬治・服部照夫訳『競争の戦略』ダイヤモンド社，1982年。
(2) 伊丹敬之『経営戦略の論理 第3版』日本経済新聞社，2003年。
(3) 新宅純一郎・浅羽茂編『競争戦略のダイナミズム』日本経済新聞社，2001年。
(4) G. ハメル・C. K. プラハラド／一條和生訳『コア・コンピタンス』日本新聞経済社，1995年。
(5) J. B. バーニー／岡田正大訳『企業戦略』ダイヤモンド社，2003年。
(6) D. J. ニコラス・C. A. モンゴメリー／根来龍之・蛭田啓ほか訳『資源ベースの経営戦略論』東洋経済新報社，2004年。

# 6章
# 事業革新と組織戦略

## 1 情報技術革新と事業機会

### 1-1 産業の融合と事業機会

　現代企業は技術革新と歩みをともにしている。技術革新は製品革新をもたらして市場変動を引き起し，企業にとって脅威とも機会ともなる。脅威を機会に変えるために，企業は経営革新，組織革新を断行して，技術革新の速さに対応し，発展してきた。今日，その技術革新の中心が，エレクトロニクス，情報関連であってみれば，これに対する関心の高さは企業の本能だともいえる。ここに，産業の情報化，製品のエレクトロニクス化と同時に，情報の産業化も進む。もとより，両者が別々に進行するのではない。むしろ，事業機会の多くは，産業の情報化と情報の産業化のクロスするところから生まれることが多い。

　たとえば，韓国などの追い上げと長期的な円高傾向，顧客企業の海外生産への移行，バブル崩壊後の不況などで，産業の主役から退位したかに見えた日本の大手鉄鋼会社であるが，高品質製品の生産でこれを切り抜けただけではない。生産工程のコンピュータ化の過程で身につけたすぐれたソフトウエア技術をもっており，情報産業に続々と進出している。たとえば，日本の大手銀行のシステムの一部が新日鉄でつくられているなどはその例だ。繊維産業による情報産業への進出も著しい。情報産業はあらゆる産業に組み込まれることによって，共通項として作用し，かつては飛び越し難い参入障壁としてそびえていた産業間の垣根を取り崩しつつある。情報技術の習熟は，異業種にも多くの事業機会を切り開く武器となっている。ネットワーク化した今

日，その機会がますます大きくなった。

　豊かさからくる新たなサービス需要も事業機会として見逃せない。外食産業もその1つである。単なる利便性からグルメ志向に代表される豊かさそのものの提供に至るまで，可能性は大きく広がる。工夫次第で，さまざまなチャンスがある。もちろん，競争も激しい。また生活の洋風化にともなうホテル利用も増え，大きなホテルが相次いで建設される一方で，小さな高級ホテルなどでその隙間をつく戦略も展開されるようになった。そこには戦略思考の革新が必要である。宅配便や引っ越し業も，従来の運輸思考を超えたサービスの事業化であった。これらは単に運輸にとどまらず，さまざまな付加価値をつけて展開されている。

　たとえば，宅配便は各地の特産物を全国ネットで提供したり，書籍の取り次ぎサービス事業にも進出している。通信販売にも手を染めている。宅配を利用して深夜集配クリーニングなども可能になった。顧客から見れば，時間の節約，時間の有効活用となる。引っ越し業者も従来のような家具の運搬だけでなく，家具，家電製品の販売からインテリア一切まで引き受け，事業化を行っている。銀行や証券会社によるコンサルタント業務の拡充・発展も新たなサービスの事業化と捉えてもよいだろう。さらに，安全サービスも今日きわめて大きな事業領域となった。これらいずれのサービスの事業化も，情報化，ネットワーク化と深くかかわり，これを無視して展開できないところに，今日的特徴がある。

　このようにみてくると，現代の産業状況は，情報化，ネットワーク化を軸に産業が融合していることがうかがえる。したがって，戦略思考いかんによっては，事業機会は大きく広がっている。それは，好況とか不況とかを超えたビジネス・チャンスである。

## 1-2　産業の融合と競争マップ

　産業の融合が進み，異業種へも事業機会が開けたということは，逆に異業種からの参入を招いて，自らも競争にさらされるということを意味している。グローバル化している今日，その競争相手は世界に散らばっている。む

しろ，従来とは質の異なった競争の激化だということが，経営の真実である。

たとえば，エレクトロニクス化を武器にスイスの時計工業を世界のトップの座から引きずり降ろした日本の時計業界も，コスト競争に鍛えられた家電メーカーや計算機メーカーの殴り込みによって，一時は苦境に陥るほどだった。その時計業界が長年培ったエレクトロニクス技術をひっさげて，コンピュータ製造・OA分野に進出をはかっている。かつて，普及過程にあったワープロ専用機の分野で，コンピュータ・メーカーばかりか，光学系，家電系各メーカーが入り乱れ，自社の将来を賭けて争った。まさにワープロ戦争だった。今それがネットワークを含めたパソコン関連に移ってきている。

納入先の取引業者や味方が，取引過程で技術やノウハウを蓄積し，いつの間にか競争者として出現することは，現在では珍しいことではない。むしろ，それが常態だといえる。このような競争状況をいち早く説明したのが，M. E. ポーターだった（第5章図5-1）。

新規参入の脅威に対応するには，一部では低くなったとはいえ，参入障壁が今なお有効に働こう。K. R. ハリガンは，成熟産業では参入障壁が競争戦略を決定するとさえ言い切っている。規模の経済（コスト低減），差異化（差別化），流通経路の整備などは参入障壁に限らず，競争一般に欠かせないが，今では情報技術がそれら競争優位を創造するものとなっている。ヤマト運輸やセブン-イレブンの強さはまさに情報技術の活用力にあるだろう。もっとも，データの蓄積と瞬時の検索が取引業者の交渉力を高めたり，自社領域への参入を容易にすることもある。また，技術革新の激しい今日，代替品の脅威を認識しておくことも重要である。さらに業界トップ企業にとっては革新的追随者の動きも目が離せない。今日，市場を制覇する企業の多くは革新的追随者だからである。

このような環境状況，競争状況においては，どのような事業領域が広がり，どこに進出するかをマッピングすることが，経営に要請されている。いわゆる事業マップの作成であるが，それは同時に世界のどのような業界のどのような企業を競争相手に選ぶかという競争マップであること忘れてはなら

ない。これを通して，事業革新を構想し，競争革新を実現するのである。もちろん，このような戦略的展開には何よりも組織柔軟性，あるいは戦略的柔軟性が必要とされる。この鍵を握るのが組織価値ないし組織文化，とりわけ戦略文化にほかならない。

## 2 事業革新と戦略文化

### 2-1 組織の重層構造と組織文化

　組織（経営体の中核をなす組織体）は一般に年齢と規模を増すごとに構造慣性を高め，硬直化する傾向は否めない。激しく変化する環境にあっては，それが大規模成熟企業の崩壊を招きもする。それも子細にみると，慣性力の層をなしており，変化への応答速度の違いから，① 技術システム，② 政治システム，③ 文化（価値）システムに分類できる。文化の役割が，何よりも世代間，メンバー間での継承によるシステムの継続性，一貫性にあることを思えば，慣性力，即ち抵抗力の強さが，①＜②＜③ なのは当然である。

　技術システムは技術革新とそれに伴う戦略に深くかかわる。変化への抵抗は資産の固定化による埋没原価から生じ，他のシステムの抵抗に比べると，まだ克服しやすい。政治システムは権力システムといってもよく，構造変動と関連するだろう。したがって，政治システムの抵抗は，権力移行の脅威，限られた資源の奪い合い，変革が過去の決定の否定，などとなるため，強いものとなる。文化システムは価値システムであり，時に制度システムとも呼ばれたりする。いわゆる組織文化，組織価値である。このシステムの抵抗は，人間の過去への執着傾向の強さによる。また変化の風土が欠如している場合もある。つまり，Try It Culture の不足である。しかし，最も困難な現象は，文化が人間の認識構造であるがゆえの情報のふるい分けだろう。文化的フィルター，メンタリティー・フィルターから生じる変化への無意識の抵抗といえる。事業革新，戦略革新にとって，これは極めて重大であることは容易に想像できるだろう。

## 2-2　事業革新と戦略文化

　すでにみたように，今日の経営環境はグローバル化，エコロジカル化，とりわけサービス化，情報化，ネットワーク化を軸にして構造的に変動する乱流的競争状況にあり，それをどのように見るかが，企業に求められるようになってきた。その意味では企業の環境認識，自己解釈を担い，情報をふるい分けるフィルターとして機能する組織文化（組織価値）が重要である。これを，4章図 4-7 に則していま少し説明しよう。

　企業が環境変化およびその兆候を適切に把握することは困難であるが，情報システム，その他の監視システムによって捉えられていることも稀ではない。それどころか，戦略家のロスチャイルドは「情報やデータはいくらでもある」，「問題は情報不足ではない」と強調している。それが 4 章図 4-7 の技術フィルターを通過したデータである。もっとも，ここではすでにモデルやシステムに載ったものしかデータ化されないことには注意を要するかもしれない。

　もとより企業の環境観を構成するのに大きな力をもつ者は，一部のミドル層を含めた第一線に立つ戦略的経営者層の解釈システムであり，これに合致しないデータは知覚されず，見逃されることになる。この点は，技術システムを介さず直接飛び込んでくる情報も同じである。経営者や管理者の多くは，過去の試行錯誤による経験から，歴史的成功モデルを解釈システムに組み込んでおり，無意識のうちにそれを通して今日の乱流的な競争環境を見るところに落とし穴がある。

　もちろん，すぐれた経営者や鋭敏なミドル層は，自己の解釈システム，即ち文化（メンタリティ）フィルターを開発・変革して，環境状況や事業機会を知覚するであろう。しかし，それが経営資源としての情報となるには，なおトップを含めた力のある経営者の解釈システム，つまりパワー・フィルターをくぐり抜ける必要がある。トップの多くはライン管理者出身であり，そこで積んだ経験から生じるバイアスは避け難く，それが戦略革新，事業革新の妨げになることも少なくない。ハリガンもまた戦略的柔軟性に対する障

害は，固定した資源の硬直性もさることながら，それ以上に経営者の精神的硬直性が大きいと指摘している。そのため，多くの経営者は事業のゆきづまりになかなか気づかず，企業を危機に陥れているのである。この戦略的経営者層の文化フィルター，パワー・フィルターとして働く解釈システムを，ここでは特に戦略文化と呼ぶことにしたい。この戦略文化の変革なしに，今日の乱流的環境状況を乗り切ることは難しい。

ところで，環境を捉える，あるいは解釈する情報は意思決定（戦略）を介して企業行動に変換される。これを実現するには，組織メンバーの共有する価値システム，解釈システムを通して行動受容されねばならない。組織文化のこの部分は，変化の定着に特に重要である。組織メンバーが行動を通して得た環境の感触は，組織のコミュニケーション・システムが正常に機能していれば，当然，戦略文化に還元されるだろう。そこには，現場重視の姿勢が必要である。

さて，解釈の枠組み，つまり組織文化の変更は，時に不可視のものを可視に変え，素通りしていた情報や知識の蓄積をもたらして，事業革新，戦略革新を呼び醒ますだけではない。それはまた人々が組織に結集する意味を与え，変化への抵抗を和らげ，その定着に寄与するのである。

## 2-3　組織革新のメカニズム

### 2-3-1　革新的な大規模組織の戦略行動

組織ライフサイクル論によれば，組織変動の危機は大きく3つの時期に集中する。1つは若い組織（ベンチャー企業）の生存点に達するまでの危機であり，外部資源の獲得が鍵を握る。第2は，中堅組織の成長途上での危機であり，構造の公式化，いわゆる組織化が問われる。言わば自己制御機構の確立である。第3の危機は，第2の危機を克服して成長し，成熟した大企業の官僚制化，硬直化の危機である。ここで扱う今日的な問題であり，自己革新システムの確立ないし組織変革が問われる。

ところで，組織革新は相矛盾する組織資源と組織構造に依存する。たとえば，資源的に有利な大組織は，一般に構造慣性が高く，組織変革が難しく，

```
┌─────────┐     ┌─────────┐     ┌───┐
│ 自 律 的 │────▶│ 戦　　略 │────▶│現 │
│ 戦略行動 │     │コンテクスト│     │行 │
└─────────┘     └─────────┘     │の │
                                │企 │
┌─────────┐     ┌─────────┐     │業 │
│ 誘 発 的 │────▶│ 構　　造 │────▶│戦 │
│ 戦略行動 │     │コンテクスト│     │略 │
└─────────┘     └─────────┘     └───┘
```

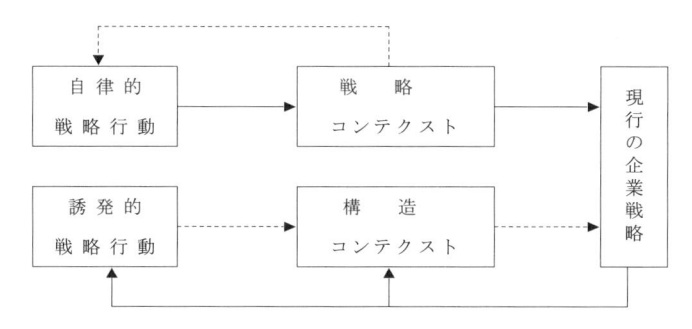

図 6-1　戦略行動，コンテクスト，戦略概念相互作用モデル

さまざまな革新が生れにくい。構造慣性が高く革新が困難な大組織も，資源に限ると有利である。だが，研究費はともかく，大企業のパテント数は比率的に小企業に劣り，質的にも悪く，市場地位を守る小さな製品改良に傾く傾向にあるという。もちろん，資源と構造との矛盾を乗り越える革新的な大規模組織も少なくはない。そのような大企業（大規模組織）がしばしば採る方法が，革新的な中小企業との戦略的提携である。もちろん，外部の革新機能を活用するのでなくて，自らの組織内に革新機構（自己革新機構）を組み込む方法もある。バーゲルマンは，そのような革新的な大規模組織の場合，2種類の異なった戦略行動が同時に進行すると見ている（図6-1）。1つは誘発的戦略行動（induced strategic behavior）であり，いま1つは自律的戦略行動（autonomous strategic behavior）である。

### 2-3-2　誘発的戦略行動

誘発的戦略行動ループは，戦略概念が戦略行動を引き出し，構造コンテクストを形成する。「構造は戦略に従う」（チャンドラー命題）という戦略論の伝統的見解に近い。この構造コンテクストは戦略行動を現行の戦略概念に一致させる管理メカニズムで，自己制御機構ともいえる。いわゆる「エクセレント・カンパニー」は，これがうまく機能している企業である。そこでは，構造コンテクスト，具体的にはスキルが鍵を握っている。これを強く主張するピーターズは，スキルとして顧客志向，継続的革新，全社的展開をあげている。

すぐれた顧客サービスや品質向上などを全員の努力による継続的革新を通して実現するもので，いずれの場合も情報の連結がその中心である。たとえば，この性質をかなり強くもっている日本的経営の特徴は，現場情報の発掘と連結を通して情報を共有化し，自由なコミュニケーションの輪の中で自己実現という意味合いを含みつつ，革新がはかられるところにあった。TQCなどはかなり強くその性質をもっていたが，生産部門と顧客の声を直接捉える営業の第一線との情報交換は特に重要だろう。情報通信ネットワークは，単に管理・統制に寄与するのみならず，このような現場情報の連結と共有のための極めて強力な武器でもある。したがって，誘発的戦略行動を支える革新とは，情報ネットワークによって促進されるスキルとしての革新であり，製品改良，工程改善，あるいはサービス革新などの部分改良や改善の積み重ねによるインクリメンタルな革新であることはいうまでもない。

### 2-3-3　革新者としてのミドル

ところで，スキルは組織文化（組織価値）の中に蓄積され，個々の従業員を超えて継承されてゆく。管理者は意思決定者という以上に文化形成者として重要である。しかし，大きな革新や冒険的な行動は，この中からは生まれにくい。それを担っているのが自律的戦略行動ループである。これは乱流的環境に直面するがゆえに自己組織化現象を起こし，一連の不安定の中から発展への新しい道を探索するプロセスにほかならない。

たとえば，比較的余剰資源に恵まれた大企業のミドル管理者の中には，現場実務型を超える企業家能力を蓄積しているものがいる。いわゆる企業家的人材だ。とりわけ，経営の第一線で活躍しているミドル・マネジメント層の中には，組織学習を通して，あるいは異分野・異業種の人々とのネットワークを通して豊富な情報と知識を蓄え，環境変化に鋭敏で，タイミングよい決定をなし，巧みに事業機会を捉える者も少なくない。彼らは，組織と環境との境界に生きる境界人（マージナル・マン）にほかならず，それだからこそ組織の内外から情報が集まる革新者としてのミドルなのである。自律的戦略行動ループはこの層を中心にして生まれる。

### 2-3-4 自律的戦略行動ループ

　彼らは，製品レベルで，あるいは市場レベルで，現行の戦略概念を超え，時に否定して新しい事業機会を構想し，それに向けて経営資源の移動を計画し，さらなる企業発展の勢いをつくりだそうと戦略的努力を行うのである。

　富士通を大きく飛躍させたコンピュータ事業への参入（1952）は，自律的戦略行動の典型的な例だろう。旧電電ファミリーでも，図抜けた存在だった日立は別格としても，富士通はNEC，沖電気に続く三番手企業だった。当時開発課長だった小林大祐は，社長と技術担当取締役がドイツ出張中に，コンピュータ進出を独断で決め，東証が検討していた株式計算システムの入札参加を申し込み，直ちに他課のメンバーを含めた開発チームを発足させた。後年，山本卓眞富士通名誉会長は「小林さんは『コンピュータを作る』というが，役員も知らないと聞き，不安でもあった」と回想している（『日本経済新聞』1999年3月11日）。ドイツから帰国後，社長と技術取締役は仰天したが，話を聞いた技術取締役が社長を説得してくれたという。現在（2007），富士通は株式時価総額で日立に並んでいる。

　上述の「富士通のコンピュータ事業参入」ほど明確な例でなくても，日本企業には会社が認めていない「アングラ研究」がしばしば見られる。たとえば，次世代ディスプレイの「本命」とされている有機EL（エレクトロルミネッセンス：electroluminescence）の研究開発を，住友化学の研究者は会社の正式なプロジェクトとして認められないまま，1989年に始めている。もちろん，予算の付かない「アングラ研究」である。1991年に会社から正式テーマと認められたが，成果を上げられず，数年後にはスタッフは半減され，予算も減額されてしまう。会社が再び本腰を入れ始めたことも大きいが，その苦境の中でも途切れなかった研究が，今，実用化を目前にして，戦略の一翼を担っている（『朝日新聞』2007年9月18日朝刊）。

　このような自律的戦略行動は，企業の本業として展開することが多いが，社内ベンチャーや別会社組織をとることもあるだろう。いずれにしても，組織文化，とりわけ戦略的文化の創造的破壊を伴う。もっとも，それら行為が単なる破壊に終わることなく，創造的成功を収めるには，トップの支持をと

りつけ，権威づけられて，組織全体として認められなければならないし，戦略概念のうちに統合されることが必要である。その役割を演じているのが，図6-1の戦略コンテクストにほかならない。ここでのトップとミドルの交渉を通してパワー・フィルターの変革もはかられるのである。ここに組織文化，特に戦略文化の革新も始まり，それが構造革新や，さらなる技術革新をもたらすのである。

　このようにみると，インクリメンタルな革新であれ，ラジカルな革新であれ，そこには組織文化や組織価値が深くかかわっている。ただ，組織の眼に見えないソフトの部分だけに，なかなか捉え難く，ピーターズをして"Soft is hard"といわせたのである。ここで気をつけねばならないのは，インクリメンタルな革新を支える組織文化といえども，ラジカルな革新に対しては抵抗体となることである。バーゲルマンはこれを戦略コンテクストに絡めて論じているが，十分ではない。これが組織変革最大の問題である。これを論じる第3節で，自律的戦略行動ループをも考慮に入れた組織戦略を併せ説明しておこう。

## 3　事業革新と創造的リーダーシップ

### 3-1　事業革新と組織戦略

　豊かさと情報技術を軸に技術革新が進展する現代に，ネットワーク融合の中からさまざまな新しい事業が生まれることの一端は，第1節でも触れた。企業にとっては，これは異業種への事業機会の拡大であるが，現行の事業領域でないだけに，本業への統合，社内ベンチャー，あるいは分社化など，その組織的対応は極めて難しい。バーゲルマンは，新事業の戦略的重要性と本業とのかかわりから，組織戦略を次のように示している（図6-2）。

　新事業が，戦略的重要性が高く，現行事業との関連性が高いと，直接統合による本業の事業革新あるいはリストラクチャリングがめざされよう。この場合，従来の価値システム（組織文化）が組織慣性となって，強い抵抗を示

| 組織無関連 | 特別事業単位 | 独立事業単位 | 完全なスピンオフ |
|---|---|---|---|
| 組織部分関連 | 新製品事業部 | ニューベンチャー部門 | 契約する |
| 強い組織関連性 | 直接統合 | マイクロ・ニューベンチャー | 育成し契約する |
| | 非常に重要 | 不確定 | 重要でない |
| | 戦略的重要性 | | |

図 6-2 事業機会と組織戦略

すことが少なくない。価値変革が重要だ。それだけに，一時，分社化ないし子会社化しておき，タイミングをみて，統合することもある。たとえば，1999年，ソニーが子会社のソニー・ミュージックエンタテインメントの上場を廃止して本社の完全な子会社としたのは，この例だろう。将来を見据えて，本体の融合的な事業発展を狙ってのものであった。

戦略的重要度は高いが，現行事業とは部分的に関連をもつ場合，現有の能力や技能の共有が重要であるから，現行システム内に新事業を取り扱う部門を設けることが望ましい。

戦略的に重要であるため，新事業に進出しなければならないが，現行事業との関連性が薄い場合，特別事業単位の創造が必要になる。IBMのパソコン事業への参入が，この典型例である。特別事業単位は汎用機中心という見方（組織価値）に対する防護障壁として機能し，IBMは速やかにパソコン事業を立ち上げ，世界標準をとるという成功をもたらしたが，いつまでも切り離し続けた結果，本体の意識改革が遅れ，1980年代後半にはダウンサイジングの波に苦戦することになったのである。

戦略的重要性はわからないが，現行事業の遂行から生まれる周辺的で小さな事業を担当するのが，小さなニューベンチャー部門である。これは現行事業との関連性が強い。予算と時間の中である程度の戦略的発展の自由度はもつが，現行の企業戦略を超えることは許されていない。

ニューベンチャー部門は，戦略的重要度が不明確で，現行事業とは部分的にしか関連していないが，今後の推移を見守る必要のある事業領域に適している。これは，創意に富んだ有能なミドル・クラスを社内企業家として活用する，いわゆる社内ベンチャーである。これによって，企業は現行事業活動

の能率を確保しつつ，事業革新の契機をもつことができるだろう。

　戦略的重要性が明確でなく，現行事業との関連性もまったくないが，外部ベンチャーとの組み合わせ次第では魅力的な機会になる場合，事業単位として独立させる別会社化・分社化戦略がとられるだろう。その場合も，経営者や役員の派遣，資本参加を通して支配するのが普通である。

　企業の発展には重要ではないが，現在の事業活動の遂行能力と技能に関連して，隙間的な小さなベンチャー・ビジネスが育つことがある。大企業の収益性としては不十分でも，小企業発展の機会になる場合，従業員に独立の機会を与え，スピンアウト（spin out）するのを援助することもあるだろう。アウトソーシングとして利用される独立事業型 SOHO にはこのような形が多い。過剰能力をもつ企業では，時に調達コストが下げられるからである。ただ，スピンアウトの場合，スピンオフやカーブアウトと異なって，独立してゆく個人の主体性に力点があり，親会社との資本関係をもたないのが一般的である。

　新事業に必要な能力と技能が現行事業に関連していなければ，育てる可能性も減り，収益的な契約だけが問題になる。また戦略的重要性も現行事業との関連性もないと，スピンオフ（spin off）が適切となるだろう。もっとも，最近のスピンオフ（企業分割）は，ナビスコが食品事業からたばこ事業を，ヒューレット・パッカードがコンピュータ機器関連事業から計測器事業をスピンオフしたように大規模である

　ところで，一部事業を別会社として分離させるスピンオフによく似た形態にカーブアウト（carve out）がある。これは，大企業組織に埋もれた技術や人材を切り出して独立させ，第三者の評価を得て株式公開をめざすものである。親会社との関係が希薄になるスピンオフと異なって，親会社が一定の出資・支援を続けて，新たな事業を育成するという側面が強い。そこには，将来の技術と利益の確保が意識されている。

　もっとも，このような組織戦略の類型化は絶対的なものではない。新事業も既存事業も動いており，IBM やソニーの例を見るまでもなく，戦略的重要性や主流事業とのかかわりが絶えず変化することを見逃してはならないだ

ろう。

## 3-2 組織革新と創造的リーダーシップ

### 3-2-1 創造的リーダーシップの認識

　新しい事業機会をつかんで事業革新を断行するには，それを支える組織戦略を自由自在に展開できねばならない。しかし，成熟した大企業に，それはかなり難しかった。これを実現するには，組織の環境認識，自己解釈を担う組織文化（組織価値）の変革が重要である。

　解釈枠組みの変更は，時に不可視のものを可視に変え，素通りしていた情報や知識の蓄積をもたらして，戦略革新や構造革新を呼び醒ます。それはまた，人々が組織に結集する意味を与え，変化への抵抗を和らげもする。だが，組織文化の変革は容易ではない。鋭敏なミドルを擁し，自律的な戦略ループが働く自己革新的な組織でさえ，その行動が戦略に統合され，理念として確立し，誘発的戦略行動ループに乗るには創造的リーダーシップを必要とする。まして沈滞した成熟組織の革新には，新しい文化や価値を確立する創造的リーダーシップが不可欠である。

　すでにみたように，バーナードは組織価値（彼の表現では組織道徳）が発展への源泉であり，その創造こそが経営者の最高の責任であることを明らかにしていた。忘れられかけていたこの主張が，この変化の時代に再び脚光を浴び始めている。変革的リーダーシップともいわれる創造的リーダーシップを人々の目に強烈に焼きつけたのは，90年代に入ってからのアメリカ企業の再生だろう。80年代にこの変革型リーダーシップが働いたのだ。

### 3-2-2 新しい価値（意味）の創造

　いうまでもなく，創造的リーダーシップは，環境解釈と自己解釈から矛盾を認識することから始動する。矛盾はさまざまな対立であり，葛藤である。バーナードの場合，それを従来の組織価値と社会価値や個人の生活価値（市場価値）の対立として理解した。これを統合し，超越する新たな価値（全体性）の創造が，創造的リーダーシップの第1の機能である。活動を方向づけ，未来を描く理念やビジョンの創出である。バーナードはそれを共通目的

に意味を与え，協働に必要な強い凝集力を生み出すものとみた。このようなバーナードのリーダーシップ論は，論理的思考過程と非論理的思考過程とを統合する彼の方法と深く結びついている。分析的方法と直観的方法との統合を説く N. M. ティシーや D. ウルリッヒ，行為的省察（reflection in action）としてリーダーシップを捉える D. A. シェーンなども方法的に同一線上にある。

### 3-2-3　新しい価値の浸透

理念やビジョンの創造は，組織文化や価値の変革の第一歩にすぎず，組織メンバーが受容してはじめて意味をもつ。新しい価値は組織に浸透してはじめて組織価値になるのである。その際，重要なのは「知的理解よりも，むしろ行動根拠に対する信念」である。バーナードによれば，「その信念とは共通理解の信念，成功するだろうという信念，個人的動機が満たされるという信念，共通目的が優先するという信念」などである。これを実現するものがコミュニケーションにほかならない。これが，実務家にして組織論者・バーナードに説得の能力やコミュニケーション能力を重視させた理由であろう。

### 3-2-4　新しい価値の制度化

早くに価値を組織に組み入れるリーダーシップを制度的リーダーシップと呼んだのは，P. セルズニックであるが，「変化の制度化」を含むことが変革型リーダーシップの特徴である。日々のトランザクションが新しい行動パターンにならなければ，組織文化や組織価値の変革は完成せず，硬直化した組織の再生も覚つかないからだ。儀式やスローガン，イベントなどのシンボル操作がこのために必要であるが，戦略の策定，機構改革，業績評価システムの導入などの公式な側面に，新しい考え方（価値）を反映させることが，より重要だろう。制度化を通して，人々の活動は新しい角度から確保されることになる。

最後に，創造的リーダーシップと変革的リーダーシップの異同について触れておきたい。本書は両者をほぼ同じもの，ほぼ重なるものとして，これまで扱ってきた。それで大きな間違いはないが，創造的リーダーシップは「価値の創造」側面に重点をおいた呼称であり，変革型リーダーシップは，「価

値の制度化」側面を重くみた呼称ともいえる。もちろん，創造的リーダーシップの射程は「価値の制度化」にも及ぶし，変革型リーダーシップの中核は，創造的リーダーシップである。概念整理上は，変革型リーダーシップは創造的リーダーシップと制度的リーダーシップを含むとした方がいいのかもしれない。

**【参考文献】**
(1) C. I. バーナード／山本安次郎・田杉競・飯野春樹訳『経営者の役割』ダイヤモンド社，1968年。
(2) H. I. アンゾフ／中村元一ほか訳『戦略経営の実践原理』ダイヤモンド社，2004年。
(3) R. A. バーゲルマン・L. R. セイルズ／海老沢栄一ほか訳『企業内イノベーション』ソーテック，1987年。
(4) 庭本佳和「組織変革とヒューマン・リソーシズ」山本安次郎・加藤勝康編『経営発展論』文眞堂，1996年。
(5) 庭本佳和『バーナード経営学の展開』文眞堂，2006年。
(6) 庭本佳和「情報ネットワーク社会における企業経営」大橋昭一・中辻卯一編『情報化社会と企業経営』中央経済社，1988年。

# 第Ⅲ部

# 組織と知識・情報

# 7章
# 組織における知識と情報の役割
## ―情報技術の威力と限界―

## 1 組織における知識の重要性

　近年，企業などの組織における知識は，競争を生き抜くために培っておかなければならない不可欠な経営資源の1つとして考えられている。そのため，組織における知識といえば，企業が所有する「特許権」や「著作権」などといった知的所有権を思い浮かべる人が多いかもしれない。

　しかしながら，1980年から1990年代の経営戦略や経営組織に関する研究では，形として現れない「無形資産」が注目されていた。たとえば，伊丹は「ヒト」，「モノ」，「カネ」，といった「物理的に不可欠」な経営資源とは別に，「顧客の信用」，「ブランドイメージ」，「流通チャネルの支配力」，「従業員のモラルの高さ」，「経営ノウハウ」などといった経営活動を巧みに行うために必要な資源として「情報的経営資源」を取り上げており，この資源が戦略的に重要性をもつ「見えざる資産」であると主張している[1]。彼はこの「見えざる資産」を，購入することが困難で，自前でつくり上げるには時間がかかるが，一度つくり上げてしまえば，同時にさまざまな分野で利用できるものと説明している[2]。そして彼は「見えざる資産」の本質は「情報」であるとし，情報を蓄積，伝達し，それらを処理するチャネルの性能を「見えざる資産」の内容としている[3]。

　また，野中は企業が変化の激しい経営環境に対処するとき，環境から情報を受信し，それを処理するためのシステムをつくり上げ，適応していくという考え方があるが，むしろ組織は情報を発信したり，創造したりすることに

よって環境に働きかけていく側面が重要であるということを指摘する[4]。特に，変化する経営環境を乗り切るためには組織は自ら変革していくことが求められるのだが，そのためには，野中が指摘するように，問題を自らつくり出し，解決していく中で，新しい問題やその解決のために必要な情報をくり返しつくり出すことによって，これまでの組織の知識体系を変容させていくことが必要とされる[5]。

彼のいう組織的知識は，組織の行動を方向づける組織固有の認知的および手法的諸能力[6]と考えられており，認知的な能力が形式化されたものとして「組織観念」，「パラダイム」，「パースペクティブ」，「組織のドメイン」，「戦略」，「製品概念」をあげている。もっと正確にいえば，「組織概念」，「パラダイム」，「パースペクティブ」は，認知的な能力を直接に表明するもの，ないし認知的な能力を規定するものであり，それが企業活動で発現して構成されたもの，ないし形式化されたものが，「組織のドメイン」，「戦略」，「製品概念」であろう。そして手法的な能力が具現化されたものとして，彼は「組織の技術」，「特許」，「マネジメント・ノウハウ」，「データ・ベース」を例示している[7]。これは「戦略」を下支えし，遂行する能力を高める知識だといえるだろう。

また1990年半ばに，ハメルとプラハラード（G. Hamel & C. K. Prahalad）によって「コア・コンピタンス」という概念が提唱されるようになった[8]。彼らのいうコア・コンピタンスとは「顧客に対して，他社にはまねのできない自社ならではの価値を提供する，企業の中核的な力[9]」のことであるのだが，この概念は，すでに説明した概念よりもさらに抽象的なものなので注意が必要である。

彼らが主張しているように，関連性のない事業の多角化は，経営資源を拡散させ，巨額の投資を必要とさせるのだが，逆に特定の事業に固執することは，市場の成長や製品・サービスのカテゴリーの拡大も無限ではないため，リスクを高めることになる[10]。そこで彼らは事業間の壁を越えた共通の強みであるコア・コンピタンスを構築し，その上で多角化を進め，少ないリスクや投資で成長させるべきであると考えたのである[11]。

わが国においても，1980年代後半からのバブル景気時に事業の多角化により肥大化してしまった企業が存在した。1990年代に入り，「バブル崩壊」と呼ばれる現象が発生し，長期にわたって景気が低迷した。不採算化した事業は統廃合され，各事業の再構築（リストラクチャリング）が行われた。そのとき，「本業回帰」がキーワードとして取り上げられた。ここで注意しておくべきことは，単なる本業回帰だけでは解決にならないということである。つまり，その本業とするものが「コア・コンピタンス」と呼ばれるものであるのかが問題であり，顧客に対して利益を生み出しているか，またそれが他社に比べて優れたものになっているのか，そしてその能力を今後の製品分野に拡大できるのかが問われなければならないのである[12]。

もしかすると自分たちが本業と呼んでいるものは他の後発事業と比較して，これまでのノウハウの蓄積があると勝手に自分たちで考えているだけかもしれない。競争力を有していなければ，たとえ事業のスリム化を行ったとしても，人間にたとえるならば，肥大化した脂肪部分ではなく，筋肉を削ぎ落とすことになりかねない。逆に多角化であったとしても，そこに共通した独自の強みが活かされているのであれば，多数の不採算事業をかかえ，財務状態を悪化させることもない。要するに，その事業が顧客に対して付加価値を生み出すことができるかが問題なのである。このようにハメルとプラハラードのいう「コア・コンピタンス」は，競争優位を製品やサービス，事業部単位で捉えるのではなく，それらを将来にわたって継続的に産み出す基盤としてのスキルや技術である点に注意しなければならない[13]。これもより正確にいえば，持続的競争優位を確保するスキルや技術を含む知識を生み出し，活用する「組織能力」である。

しかしながら，このような抽象度の高い概念は，時として批判を受けるときもある。たとえば，彼らがソニーの利益は携帯性にあり，そのための「コア・コンピタンス」として「小型化」を例としてあげているのだが[14]，このような無形資産をコア・コンピタンスと捉えることは，自社にとってのコアを曖昧にし，その特定化を困難にするだけでなく，この概念による分析の切れ味を低下させ，実践面でも実態を捉えにくくするとの指摘もある[15]。

概念の曖昧さによる実践段階での困難さは指摘のとおりであろう。しかしながら，彼らのねらいは現状の比較分析や測定ではなく，未来への「成長と多角化」に向けた1つの認識枠組みの提示であり[16]，その意味で，現在においても「組織における知識」を考える上で重要な概念であると考える。

ここまでの知識概念についての考察を踏まえて，商品やサービスの競争力を維持する仕組みや，場合によっては，事業そのものを再構築するための仕組みを説明する観点から「組織における知識」について考察していくことにする。そこで本章では，組織における知識を特に組織の認識能力に焦点を当てて概観していくとともに，情報ならびに情報技術の貢献の可能性と限界について考えていくことにする。

それでは，次節で，組織の認識対象である経営環境がどのように捉えられているのかについて考えていくことにしよう。

## 2　認知的能力としての知識

### 2-1　経営環境と認識活動

われわれは「環境」というものを自然環境のような物理的で客観的なものだと考えがちだが，ワイク（Karl E. Weick）は，それとは別に人間が自分たちの認識に従って主観的につくり上げられた環境の中で行動しているとし，そのような環境を「イナクトされた環境」と呼び，その環境をつくり出すプロセスを「組織化」と名づけている[17]。

「組織化」のプロセスでは，まず，認識主体である人間が環境に何らかの変化（「生態学変化」）が発生したことに気づくことから始まり，それらの変化の囲い込みを行い（「イナクトメント」），さまざまな意味やなぜそのようなことが起こったのかといった因果関係をつくり上げるのだが，それらがその出来事や現象に当てはまらないと判断された場合，意味や因果関係は削除され（「淘汰」），生き残った意味や因果関係が蓄積されていく（「保持」）とともに，その蓄積を元に新たな意味の解釈が循環的に検討され，繰り返し意味が付加されていくとしている[18]。

その結果，ワイクがいうように「環境は複数で，見る人の目の中に存在し，思われている以上に脆くて再編しやすいもの[19]」なのである。しかし，その一方で，認識主体は，自らつくり上げた環境や世界の中で，それを現実のものと捉えてしまい，自らの行動をも制約することもある[20]。

また，ダフトとワイク（R. L. Daft & Karl. E. Weick）は，① 環境が分析可能か，あるいは不可能かといった軸と，② 環境への働きかけが積極的か，そうでないかという2つの軸から，組織が環境に対してとる行動の違いを「イナクティング（enacting）」，「探索（discovering）」，「条件付けられた観測（conditioned viewing）」，「方向付けられていない観測（undirected viewing）」の4つのモデルに分類した[21]。

彼らのいう「方向付けられていない観測」モデルでは，組織は環境を分析不可能と解釈し，受身的な対処を行うため，公式的な管理システムをもたず，噂や直感などで判断するタイプであるのに対し，環境に対して受身的だが，分析可能とみる「条件付けられた観測」モデルでは，伝統的な範囲で解釈を行い，公式情報を受動的に解釈するタイプである。また，「イナクティング」モデルでは，環境は曖昧で分析不可能と捉え，積極的に環境に働きかけ，環境を自らつくり出すタイプであり，「探索」モデルでは環境に働きかけるが，環境は分析可能と考えてそこから正解を発見しようとすると説明している[22]。

このように組織の行動様式の違いは，単にデータに対する解釈の違いというレベルだけのものではなく，それ以前に認識しようとする環境に対する組織の捉え方によって，そこでつくり上げられる環境も組織の行動も異なるのである。このことは組織における環境認識の変化の難しさを物語っている。

## 2-2 環境認識とパラダイム

同じ環境であっても組織によってその行動が異なることを考えれば，先述したデータの解釈以前の環境に対する捉え方について考えておく必要がある。その原因を考えていく上で加護野のいう「組織パラダイム[23]」が参考になるだろう。

彼のいう「組織パラダイム」は「メタファー（喩え）」が集まったものとして捉えられ，それは，まず，組織のメンバーが現場などの実践レベルで蓄積したノウハウや独自の理論といった「日常の論理」の適用を行う「知の方法」としての機能と，それらを編集し，共有を促す「知の編成原理」の機能をもつという[24]。そしてこの「組織パラダイム」は自分たちが必要とする情報の取捨選択をおこなう「情報フィルター」としてはたらき，情報に対する注意点や情報検索の方向性，情報の意味の分類など意思決定案の採択に影響を与えるという[25]。そしてさらに，これまで経験したことのない未知の状況に直面したときにはその状況を認識するための枠組みを与えるとともに，組織のとるべき行動を模索する際のヒントになって組織が速やかに対処できるよう行動を方向づけたりするはたらきをもつという[26]。

しかし，このような認識枠組みは過去の価値観や成功例をもとにつくり上げられているため，新しくつくりかえていかなければ経営環境の変化に対応しきれずに組織の認識を慣性化させ，硬直化させてしまう危険性をもっている[27]。そのため，加護野は「組織パラダイム」を継続的に変化させることが必要で，それにより組織に矛盾をつくり出し，そこから組織を革新させていく必要があると考えている[28]。このように加護野は組織構成員がもつ価値観のギャップの発生をきっかけにして組織パラダイムを変化させようとするのだが，組織の中心部にいるリーダー達は，既存の組織パラダイムに染まりきっている可能性が高いため，トップが組織に矛盾をつくり出し，それを増幅させることはできても，新しいパラダイムをつくり出すことに直接かかわれないことを指摘する[29]。

しかしながら，価値観のズレは下部組織や周辺組織にのみ存在するべきと限定的に考えるべきではない。庭本は組織構成員が共有している価値観を「組織価値」と呼び，組織の変革のためには組織価値が変わることが必要と考えているのだが，それは既存の認識枠組みに染まっていると考えられている組織中心部からでも，微妙な情報解釈のズレが引き金になって，解釈枠組みの再構築が発生する可能性について触れている[30]。つまり，組織で共有されている価値観や解釈枠組みは，厳密には完全に一致しているのではな

く，お互いに共有しているとの思い込み（幻想）が，ある出来事をきっかけに潜在的な価値観のズレが表面化する可能性を示唆する[31]。

これらの主張から，組織の革新のためには，組織の世界観や価値観といった認識枠組みの変革が必要であるとともに，組織の構成員の間に，ズレがもともと内在しているということが前提となっている。このことは，情報技術で実現しようとしている「情報共有」の脆さを予感させる。そこで次節では，情報概念ならびに知識概念について考えていくことにしよう。

## 3　情報・知識概念について

### 3-1　認識主体と情報，知識

これまで説明してきたように，経営環境の認識活動では，情報を意味の観点から捉える必要がある。

情報概念はモノ的な存在としてイメージされがちであるが，情報の本質は価値であり，物理的媒体と異なる実体をもたない概念として捉えるべきであると，マクドノウ（Adrian M. McDonough）は述べて，価値の側面から情報を捉えることの重要性を主張した[32]。そして彼は意思決定活動における情報の価値に注目して，意思決定の状況下で問題意識とその解決に必要なデータが出会ったとき，価値が認められ情報が意思決定主体の意識の中で形成されると考えた[33]。また，そのときにデータと呼ばれるものは，あくまでも過去において価値を認められたものに過ぎず，知識については，情報が蓄積し将来においても価値を有するものと捉えている[34]。

このように彼の情報観，つまり人間の意識の中で情報がつくられるとする捉え方においては，情報の価値を認めるという役割をもつ主体の存在を欠くことはとはできない[35]。このように情報概念を価値の観点から捉える場合，そこでの文脈（コンテクスト）を重視する主張が多いが，このとき，情報を認識する主体の存在が前提となっていることを忘れてはならない。

ただ，このように認識する主体によって情報の意味がつくられると考える

とき，認識活動における限界に直面することになる。即ち，サイモン（H. A. Simon）が指摘しているように，認識主体は自己のおかれている環境に対して完全に知り尽くしているわけではなく，限られた部分的な知識しかもち合わせていないために，認識された環境は限られた範囲にとどまってしまい，その限られた知識のために，環境の将来を予測する法則とてたいした洞察にならないのだ[36]。また，認識できた事柄について説明しようとしても，それらはすべて言語化できるものではなく，ポラニー（Michael Polanyi）が指摘するように，仮に言葉で表現できたとしても，あくまでも部分的にとどまってしまい，言語で表現不可能な部分が残ってしまうということも忘れてはならない[37]。

庭本は，バーナード（C. I. Barnard）の主張をもとに，知識を階層的に捉えているのだが，それは次のようなことである。まず，前意識的な感覚により全体状況が把握され，それが無意識に身体知として捉えられる。そしてその捉えられたものが潜在意識によって知覚され，さらに意識によって言語化されていくのである。ただし，言語で表現できるものがほんの一部であることを明らかにしている[38]。

このように情報や知識についての概念をみてきたが，ここで説明したものは，あくまでも個人レベルの知識である。これをもとにして組織レベルの知識について考えていかなければならない。そこで次節では，組織における知識を考えていくことにしよう。

### 3-2 組織における知識
―組織は知識創造活動の主体となりえるか―

それでは，認識主体によって知識が意味づけられ，つくり出されると考えるとき，組織における知識をどのように捉えていくべきだろうか。本節では野中の主張をもとに，この問題について考えていくことにしよう。

野中のいう知識創造では，まず，知識を言葉などで表現可能で客観的な「形式知」と，表現が困難で主観的な「暗黙知」の2つに分類し，これらの知識がスパイラルに変換されながら，「個人レベルの知識」から「組織レベ

ルの知識」へと増幅されていく[39]。そのスパイラルは具体的には次のような局面を含んでいる。

即ち，「共同化」の局面において，体験の共有を行うことを通して共有した，個人の暗黙知は，「表出化」の局面において，比喩や暗喩といったメタファーなどを用いながら形式知へと変換されていき，そして「連結化」の局面において，議論や討議，コンピュータやそれらの通信ネットワークの利用を通し，形式知同士を統合させることで，そこから新しい知識をつくり上げていく。このようにして新たにつくり上げられた知識は，「内面化」の局面において，組織構成員に暗黙知として還元され，再び「共同化」の局面へと，スパイラル状に循環していくのである[40]。

野中はこれら一連のプロセスを「組織的知識創造」と呼ぶが，厳密には知識創造は個人によって行われ，組織はあくまでも個人によって創造された知識を組織的に増幅，結晶化させる「プロセス」であり，組織が知識を創造するわけではないと説明している[41]。

この野中の理論に対して，再び，解釈や価値観の「ズレ」の問題に焦点をあてて，知識の創造活動について考えてみよう。庭本は暗黙知であれ形式知であれ，それらが他の人間にそのまま伝わっていくとは考えておらず，その伝承の中で発生する解釈の「ズレ」に注目している。そして，その重なりをもたない部分が，まさに新しい知識の獲得や技術の創造，進化，場合によっては退化であり，それらによって，人々の視点が変化し，知が流動化していくと考えている[42]。このように知識活動で発生した「差異」が，他の知識と結びつきながら新しい知識をつくり出していく過程，そのものが「組織」なのであり，そのように捉えるとき，組織を知識創造の主体とみなすことができるのである[43]。

また，組織的に行われる活動は，それぞれの構成員の役割あるいは責任の範囲内で業務を遂行するわけだが，その際，個々人の意思決定活動は個人として行っているのではなく，割り当てられた役割の観点から情報認識や意思決定活動を行っている。バーナードはこのような組織上の役割による組織構成員の人格に注目し，個人本来の「個人人格」に対して，この組織的活動に

おける個人の人格を「組織人格」が存在することを明示した。つまり，組織活動に参加する個人は「個人人格」ではなく，「組織人格」に従って認識活動や意思決定活動を行っていることになる[44]。

さらに，人間はこれまでの自分たちが行ってきた過去の活動から現在の活動の意味をつくり出しているという回顧的な捉え方とあわせて考えれば[45]，たとえ個人が認識活動を行っていたとしても，個人的活動の結果から現在の意味形成を行っているのではなく，組織的活動の結果を踏まえて現在の意味づけを行っていると考えるべきである。このことから個人の意図や想定を超えた組織としての意味づけが行われることになり，知識創造活動における組織に主体性を認めることも可能となる。

このように，これまで組織における知識について説明してきた。次節以下では，近年，情報技術が組織的な知識の創造や共有活動に活用されようとしているが，それらの貢献の可能性と限界について考えていくことにする。

## 4　情報技術支援の可能性と限界

### 4-1　企業における情報技術の活用の歴史

それでは，まず情報技術が経営活動にどのように貢献してきたのかを概観することにしよう[46]。

企業に情報技術が導入され始めたのは，1950年代のことで，計算業務やさまざまな機器の自動制御から始まったとされている[47]。

1960年代になり，経営管理者の意思決定に必要な情報を提供することを目的とした MIS（Management Information System）がブームとなるが，当時の技術力の未熟さなどからその理念を実現するまでに至らなかった[48]。さまざまな批判もあったが，そこで提示された経営活動における情報技術活用のイメージは，その後も目指すべき理想像として大きな影響をもつことになり，その後 DSS（Decision Support System）といった人間の意思決定活動に貢献するためのシステムや ES（Expert System）など，部

分的にではあるが意思決定を構造化したシステムの研究が行われた。

その一方で，1980年代後半には，情報技術を経営活動に積極的に活用することでライバル企業に対して競争優位を生み出した事例において，それらの競争優位の獲得に寄与した情報システムがSIS（Strategic Information System）として紹介された。特にこの時期，わが国ではコンビニエンスストアなどで活用されていたPOS（Point of Sales Scanning）システムによる単品管理から，いわゆる「売れ筋商品」，「死に筋商品」を見つけ出し，消費行動を予想して，無駄の少ない商品の発注を目指したり，商品開発のヒントとして活用したりしたことはよく知られている。

そしてその後，大きな変化をもたらしたのが，わが国では1990年代後半にブームとなったインターネットである。インターネット上で行われるのは，電子商取引だけでなく，業務連携まで行われるようになった。そこで業務の効率化を行うため，さまざまなシステムやデータ形式の標準化が進められるとともに，ERP（Enterprise Resource Planning）のように標準化ならびにパッケージ化（市販化）された業務システムを企業情報システムとしてカスマタイズし，利用していくという考え方まで登場した。これについては，コンピュータ・システムそのものに競争優位を生み出す仕組みを組み込むという発想は成り立たなくなってきたという見方もできる[49]。また，企業間の提携においてはインターネットのような「オープン・ネットワーク」の普及で，それを基盤にした標準化されたインターフェイスを利用することによって，従来から行われた「囲い込み型経営」から「オープン型経営」へと転換し，自社が得意とする分野に経営資源を集中させる一方，他の分野では外部資源を有効に活用し，業務の効率化とともにそれらの資源を組み合わせて価値を増大化させて競争力を維持するという考え方も現れた[50]。

## 4-2 知識創造活動に貢献しうる情報技術

遠山は，これまでの企業における伝統的な情報システムについて，「可能な限りの自動化（automation）」，「可能な限りの統合化（integration）」という発想が共通して見受けられることや，情報システム部門による「自己完

結的」な情報化の推進が行われてきたことを指摘している[51]。

　彼は，情報技術のみの投資では，生産性あるいは収益性との相関関係が見出せないことや，コンピュータによる情報システムによって提供された情報が，必ずしも意思決定の場で有効に利用されていないこと，さらに単純な形式論理によるシミュレーションでは，人間の意思決定をコンピュータ化することは困難であること，そして最後に，これまでの事例からも技術的な要素だけで競争優位を獲得できているとはいえないといった理由から，先に挙げたそれらの発想のもとで進められる情報化だけでは，限界に直面することを，これまでの先行研究や調査から指摘している[52]。またそれに加え，情報技術の性能ではなく，それを利用する人間のスキルや組織的な改善運動など，人間や組織的要素が情報システム全体の評価を高めている事例を踏まえて[53]，自動化ならびに統合化の追求や自己完結的な情報化の推進からくる限界や問題を克服するためには，経営情報システムは「情報技術による情報システム」だけでなく，「人間による情報システム」の2つのシステムによって構成されているものと捉え，それら2つのシステムの連係や整合性を高めていくことが必要であるとみている[54]。

　このように現在では情報技術そのものではなく，人間や組織と情報技術の連携が重要視されているのだが，とりわけ知識創造活動の場面に限ってみれば，情報技術の「分析ツール」としての役割と「コミュニケーションツール」としての役割が注目されている。

　まず，分析ツールの役割としては，POSデータの分析システムを挙げることができる。POSデータを用いた仮説検証活動は，いわばデータベースを利用した既存の「形式知」の整理や組み替えを通して行われる「連結化」活動とみなすことができる[55]。野中は，小売業においてPOSデータの分析から商品の販売動向についての知識だけでなく，新たな販売システム・販売方法が創造された例を紹介している[56]。現在，このような分析活動は大量の数値データをもとに行われ「データマイニング」と呼ばれるが，近年，文字データも対象に行われるようになっており，特にそれを「テキストマイニング」と呼んでいる。

一方，コミュニケーションツールとしての役割を期待されているものとして，現在では，電子メール，電子掲示板，電子会議室，スケジュール管理，ワークフロー管理などの機能をもつ「グループウェア」の利用を挙げることができる。また，音声や動画データなどの処理技術も進歩しており，これらの技術をコミュニケーション活動に利用することによって電子コミュニケーションの質が高まり，「情報共有」の促進が期待されるようになっている。このように情報共有が単なるコンピュータ・データの共用という次元からコミュニケーションの次元で考えられるようになったのは，新しい知識を創造するために，組織内外の多様な価値観の理解が重要視されるようになったからに他ならない[57]。

### 4-3 情報技術活用の限界の所在

コンピュータなどの技術要素だけでなく，人間や組織といった要素を含めたものを情報システムとする捉え方は，論者によって多少の表現の違いこそあれ，拡がってきている。それでは，なぜ情報技術は人間や組織との連携を必要とするのかについて考えていくことにしよう。

情報技術の限界として，それらがその時点で抱えている技術的な問題を取り上げることもできるが，そのような問題点の中には，技術の進歩によって，徐々にではあるが，解決されるようになったものもある。つまり，技術上の問題点は技術によって解決される，または，そのような可能性が残されている限り，本章ではそれらを情報技術が抱える本質的な問題とは考えないことにする。

本章がより本質的な問題として考えているのは，情報技術による情報システムの設計の前提となる情報観と，環境認識活動での情報観では，基礎にしている情報観が異なるということである。庭本は，情報技術がその処理の基礎としている情報観と経営環境を認識する際の基礎になっている情報観を，それぞれ「写像的情報観」と「構成的情報観」と呼んでいる[58]。

まず，「写像的情報観」とは，情報はその対象を客観的に表しているとする考え方で，これまでの情報システムは，この考え方のもとに情報の意味内

容を問い直すことなく，処理の仕組みを高度に発達させてきた[59]。それに対して「構成的情報観」と呼ばれる捉え方は，環境の認識で述べたように，情報は認識主体によって意味がその都度，主観的につくり上げられているという捉え方であり，そのような情報の伝達も伝えようとしている対象の一側面しか表現しきれないし，また伝えきれないと考えられているのである[60]。

つまり，これまで情報技術が取り扱ってきた情報とは，事前に人や組織によって，自分たちにとって何が情報なのかということが定義されたものである。情報技術単独では，認識する対象から必要な情報を定義することはできないため，その情報定義を行う人間や組織が不可欠な存在となるのである。

しかしながら，すでに人間の認識能力の限界でも指摘したように，その対象を完全に捉えきれないということを忘れてはならない。つまり，たとえ人間が認識対象を定義したとしても，その定義やそれを処理するプログラムも完全なものではない。それにもかかわらず，これまで情報技術が一定の成果を上げることができたのは，情報化の範囲が限定的なものであったからに他ならない。情報化の対象とする組織（の活動）を部門組織（の活動）におくとき，事務作業の効率化に力が注がれることになるが[61]，その対象が全体組織へと拡大するとともに，遠山のいう「自動化」や「統合化」の追求や「自己完結的」な情報化の推進は限界に直面することになる。

つまり，情報技術を扱う人間が，情報技術やそこで処理されている情報をどのように捉えているかということが重要なのであり，そのように捉えれば，問題は技術の中にあるのではなく，技術を捉える人間の側にあることを忘れてはならない。それだけに人間や組織が意味をつくり上げていくことが必要であるし，また，それが人間や組織の役割に他ならない。

## 5　おわりに

近年，特許や独自技術など，より具体的な部門レベルの業務を行っていく上で必要とされる，いわゆる「知的資産」あるいは「知財」の創造や活用に関心が向けられているが，全社レベルの組織における知識を問題とすると

き，経営環境の認識は避けて通ることはできない。つまり，将来を想定し，どのような「知的資産」を自社が今後育てていくべきかを判断するセンスの重要性がわかるだろう。

インターネットの普及により，そこから提供される情報が，経営環境を認識する上で大きなウェイトを占めるようになり，ますます情報技術への依存度は高まるだろう。それゆえ，情報技術に内在する限界についての理解が重要になる。そして，それを心得ることにより，人間や組織の果たすべき役割を認識することになる。つまり，情報技術が対処することができない構成的情報観にもとづく情報を，人間や組織が経営環境から認識し，それを情報技術に処理可能な形に変換し，提供してやらなければならない。また，認識対象を深く理解するためには情報技術によって提供される情報についても，人間は，そこからさらに情報に新しい意味を付加していかなければならないのである[62]。それこそが人間や組織の知識創造活動における役割であり，そのためにも個々人がもつ独自のセンスを切磋琢磨していかねばならない。

注
1) 伊丹敬之『新・経営戦略の論理』日本経済新聞社，1984年，47-49頁。
2) 同上書，49-51頁。
3) 同上書，59頁。
4) 野中郁次郎『知識創造の経営』日本経済新聞社，1990年，45-46頁。
5) 同上書，45頁。
6) 同上書，68-69頁。
7) 同上書，69頁。
8) G. ハメル & C. K. プラハラード／一條和生訳『コア・コンピタンス経営』日本経済新聞社，1995年。
9) 同上邦訳書，11頁。
10) 同上邦訳書，369-370頁。
11) 同上邦訳書，370頁。
12) 同上邦訳書，260-265頁。
13) 同上邦訳書，107-114, 137, 258-269, 370頁。
14) 同上邦訳書，254頁。
15) 加護野忠男「コア事業をもつ多角化戦略」『組織科学』第37巻第3号，2004年，8-9頁。
16) G. ハメル & C. K. プラハラード／前掲邦訳書，370頁。
17) カール・E. ワイク／遠田雄志訳『組織化の社会心理学〔第2版〕』文眞堂，1997年。
18) 同上邦訳書，168-186頁。
19) 同上邦訳書，218頁。
20) 同上邦訳書，193-196頁。

21) Richard L. Daft and Karl E. Weick, "Toward a Model of Organizations as Interpretation Systems", *Academy of Management Review*, Vol.9, No.2, 1984, pp.284-295.
22) *Ibid.*, pp.288-290.
23) 加護野忠男『組織認識論』千倉書房，1988年。
24) 同上書，101-102，120-124 頁。
25) 同上書，127-128 頁。
26) 同上書，120-129 頁。
27) 加護野忠男，同上書，232-234 頁。
    庭本佳和「組織変革とヒューマン・リソーシズ」山本安次郎・加藤勝康編『組織発展論』文眞堂，1997年，260-262 頁。
28) 加護野忠男，前掲書，211-214 頁。
29) 同上書，209-214，218-220，223 頁。
30) 庭本佳和，前掲書，1997年，261 頁。
31) 同上。
32) A. M. マクドノウ／松田武彦・横山保監修，長阪精三郎・吉川幸男・鎌田安彦訳『情報の経済学と経営システム』好学社，1966年，14-15，207 頁。
33) 同上邦訳書，72-73，77，208 頁。
34) 同上邦訳書，77-78 頁。
35) 同上邦訳書，62 頁。
36) H. A.サイモン／松田武彦・高柳暁・二村敏子訳『経営行動』ダイヤモンド社，1960年，103-107 頁。
37) マイケル・ポラニー／佐藤敬三訳『暗黙知の次元』紀伊國屋書店，1980年，17 頁。
38) 庭本佳和「近代科学論を超えて―バーナードの方法―」『大阪商業大学論集』第 66 号，1983年，123-124 頁。
    庭本佳和『バーナード経営学の展開』文眞堂，2006年，127-128 頁。
39) 野中郁次郎・竹内弘高・梅本勝博訳『知識創造企業』東洋経済新報社，1996年，87-109 頁。
40) 同上邦訳書，91-109 頁。
41) 同上邦訳書，17，87-88，126 頁。
42) 庭本佳和，前掲書，2006年，201-202 頁。
43) 同上書，209 頁。
44) C. I. バーナード／山本安次郎・田杉競・飯野春樹訳『新訳 経営者の役割』ダイヤモンド社，1968年，91-93 頁。
45) カール・E. ワイク／前掲邦訳書，172-174 頁。
46) 経営情報システムの発展については以下の文献を基礎にしている。
    ・島田達巳・高原康彦『経営情報システム【改訂版】』日科技連，2001年，17-26，227-228 頁。
    ・遠山曉『現代経営情報システムの研究』日科技連，1996年，36-90 頁。
    ・辻田忠弘「情報処理技術の発展と高度情報化社会における経営情報システム」『関西大学商学論集』第 42 巻第 3 号，1997年，5-18，21-22 頁。
47) 島田達巳「序論」，島田達巳・高原康彦，前掲書，18 頁。
48) 島田達巳，同上書，20 頁。遠山曉，前掲書，1996年，42-44 頁。
49) 島田達巳「情報システムの開発」島田達巳・高原康彦，前掲書，227-228 頁。
50) 国領二郎『オープン・ネットワーク経営』日本経済新聞社，1995年，97-119 頁。
51) 遠山曉，前掲書，92-96 頁。

52) 同上書, 96-101 頁。
53) 同上書, 101-105 頁。
54) 同上書, 105-129 頁。
55) 野中郁次郎・竹内弘高／前掲邦訳書, 100-101 頁。
56) 同上邦訳書, 101 頁。
57) 財部忠夫「情報共有を促進するグループウェアとワークフロー」花岡菖・遠山曉・島田達巳編『情報資源戦略』日科技連, 2000 年, 168-170 頁。
58) 庭本佳和「経営情報教育の構想──経営情報学の確立に向けて──」『関西大学商学論集』第 42 巻第 3 号, 1997 年, 42-46 頁。
59) 同上論文, 42-45 頁。
60) 同上論文, 44-45 頁。
61) 同上論文, 40 頁。
62) 同上論文, 45-46 頁。

【参考文献】
(1) C. I. バーナード／山本安次郎・田杉競・飯野春樹訳『新訳 経営者の役割』ダイヤモンド社, 1968 年。
(2) Richard L. Daft and Karl E. Weick, "Toward a Model of Organizations as Interpretation Systems", *Academy of Management Review*, Vol.9, No.2, 1984, pp.284-295.
(3) G. ハメル ＆ C. K. プラハラード／一條和生訳『コア・コンピタンス経営』日本経済新聞社, 1995 年。
(4) 伊丹敬之『新・経営戦略の論理』日本経済新聞社, 1984 年。
(5) 加護野忠男「コア事業をもつ多角化戦略」『組織科学』第 37 巻第 3 号, 2004 年, 4-10 頁。
(6) 加護野忠男『組織認識論』千倉書房, 1988 年。
(7) 国領二郎『オープン・ネットワーク経営』日本経済新聞社, 1995 年。
(8) A. M. マクドノウ／松田武彦・横山保監修, 長阪精三郎・吉川幸男・鎌田安彦訳『情報の経済学と経営システム』好学社, 1966 年。
(9) 庭本佳和「近代科学論を超えて──バーナードの方法──」『大阪商業大学論集』第 65 号, 1983 年, 109-131 頁。
(10) 庭本佳和「組織変革とヒューマン・リソーシズ」山本安次郎・加藤勝康編『組織発展論』文眞堂, 1997 年, 252-274 頁。
(11) 庭本佳和「経営情報教育の構想──経営情報学の確立に向けて──」『関西大学商学論集』第 42 巻第 3 号, 1997 年, 25-48 頁。
(12) 庭本佳和『バーナード経営学の展開』文眞堂, 2006 年。
(13) 野中郁次郎『知識創造の経営』日本経済新聞社, 1990 年。
(14) 野中郁次郎・竹内弘高・梅本勝博訳『知識創造企業』東洋経済新報社, 1996 年。
(15) マイケル・ポラニー／佐藤敬三訳『暗黙知の次元』紀伊國屋書店, 1980 年。
(16) 島田達巳・高原康彦『経営情報システム【改訂版】』日科技連, 2001 年。
(17) H. A. サイモン／松田武彦・高柳暁・二村敏子訳『経営行動』ダイヤモンド社, 1960 年。
(18) 財部忠夫「情報共有を促進するグループウェアとワークフロー」花岡菖・遠山曉・島田達巳編『情報資源戦略』日科技連, 2000 年, 167-195 頁。
(19) 遠山曉『現代 経営情報システムの研究』日科技連, 1998 年。
(20) 辻田忠弘「情報処理技術の発展と高度情報化社会における経営情報システム」『関西大学商学論集』第 42 巻第 3 号, 1997 年, 1-23 頁。

# 8章 組織学習とイノベーション

## 1 イノベーションと組織能力

### 1-1 イノベーションとは

　今日，企業や経済の動きと結びつけて，イノベーション，そして競争力の強化といった言葉に出会わない日はない。カタカナ言葉の乱発にもいい加減いらいらするが，もともとイノベーション（innovation）は，「革新」や「新機軸」という意味であり，ハードな技術と直接結びついているわけではない。しかし，前世紀後半の科学技術の発達，そしてそれを活かしての経済の発展があまりにも目覚ましかったばかりに，技術革新と一体のものとされてきた感もあった。カタカナ表現は，ハードな技術の革新に限らない，モノの考え方や発想の革新も含めて，その言葉をとらえるためとも言えよう。

　もう一言付け加えておくなら，そのようなとらえ方も決して，昨日今日に出てきたわけではない。それどころか，ほぼ1世紀に近い歴史を持っている。イノベーションと経済の動きを結びつけたのは，20世紀前半に活躍した経済学者として，ケインズと並び称されることもあるシュムペーター（シュンペーター：Schumpeter, J. A.）である。彼は，1912年に発表した『経済発展の理論』（翻訳は岩波書店）の中で，「新結合の遂行」という言葉でではあるが，イノベーションと経済の発展を明確に関連づけた。経済発展の原動力であるイノベーションは，彼によれば，次の5つのケースからなる。

① 新しい製品やサービスの生産
② 新しい生産方法の導入（商品の新しい販売方法をも含む）
③ 新しい市場の開拓（従来，進出していなかった市場への参入をも含む）

④ 原料あるいは半製品の新しい供給源の獲得
⑤ 新しい組織の実現

これを見れば，イノベーションが，ハードな技術に限らないのは明らかであろう。たとえば，①のケースには，金融業界における多様なデリバティヴ（金融派生商品）の開発があてはまる。小売業における 1960 年代に生み出されたスーパーマーケット形態や近年の e-コマースの出現は，②のケースであり，BRICs をはじめとする新しい市場の積極的な開拓は，③にあたる。ジャスト・イン・タイムによる生産の効率化や戦略的提携による競争力の強化などは，⑤のケースになるだろう。現在の会社法によって新たに認められた LLC（合同会社）を利用したベンチャー・ビジネスや，SOHO のような新しい働き方もそこに含めることができる。

イノベーションには，経済社会を根本から変えるようなもの（ラジカル・イノベーション）から，従来の製品よりも消費者に対しては利便性をもたらし，それを開発した企業には，売上ひいては利益の増加をもたらすようなもの（インクリメンタル・イノベーション）まで，さまざまな程度のものがある。また，画期的な科学的発明やそれを通じた新製品の開発などに関わるプロダクト・イノベーションや，製造プロセスを磨き上げ，製品の品質を高めたり，コストを下げて消費者にとって手に入りやすいようにするプロセス・イノベーションといった分類のしかたもある。いずれにせよ経済のあり方を活性化するものに違いはない。そうすると，どのような要因が，活発なイノベーションをもたらすのか，を考えることが必要不可欠になる。

## 1-2 組織によって引き起こされるイノベーション

イノベーションは，もちろん個人の天才的な創造力によってもたらされることもあるが，現在の社会では，企業や大学の研究所をはじめとした組織体における協働を通じて実現されるケースがほとんどであるということは容易に想像できるだろう。

このことは，イノベーションにおける個人の役割の重要性を決して否定するものではない。ここで言いたいのは，イノベーションの社会性である。前

に述べたように，経済社会を大きく変えなければ，イノベーションと呼ばれないのであれば，それは広く人々に受け入れられ，企業経営の立場からは，市場に，言いかえれば顧客に喜ばれるものでなければならない。

そのためには，革新的なアイデアが製品やサービスに盛り込まれているだけでは十分ではなく，それらの製品やサービスが製造しやすい，あるいは提供しやすいものであり，かつ顧客にとっては使い勝手がよく，かつ買い求めやすいものでなければならない。高性能ではあるが使い勝手が悪く，使い勝手がよくても高価すぎて手が届かないとか，近年の金融商品に見られるように，今までにはない商品ではあるが複雑すぎて理解しにくいというのであれば，一部のマニアからは高く評価されても，経済全体に大きなインパクトを与えることはできない。即ち，イノベーションにはなりえないのである。

以上のようなことは，近年，数多く出版されている「イノベーションの経営学」に関連した書物（一部は章末の参考文献リストにあげておいた）に，具体的なケースもまじえて詳しく説明されている。ぜひ，参照してほしい。

さて，このようなイノベーションを成し遂げるには，綿密な協働作業が必須である。イノベーションの対象（モノやサービス）が高度化・複雑化しているからには，アイデアを具体化するために，研究者や開発者の協働が必要であるし，それが顧客にこぞって受け入れられる（ないし企業の立場からは，製造，販売，ないし提供しやすい）ためには，商品化にあたって製造部門や販売部門との協力が不可欠である。

くわえて，今一度，強調しておきたいことがある。それは，本書を通じて一貫している「取引がある限り，顧客も組織のメンバー（構成員）」であるという「組織観」に基づくならば，イノベーションは，顧客との協働作業のうえにこそ成立する，ということである。この事実は，一般的なイノベーションの解説書では，「リード・ユーザー（製品やサービスに非常に詳しい先端的なユーザー）」のイノベーションにおける大きな役割として，限られた範囲ではあるが，強調されている。

以上をあえて一言で言うと，イノベーションは組織を通じて生まれる，ということになる。これは，イノベーションが独創的なアイデアの「商品化

(単に，革新的な製品やサービスであるだけでは十分ではなく，市場で受け入れられるということ)」である限り，当たり前のことでもあるが，もう少し違う角度から考えてみたい。それは，イノベーションが，「組織」，即ち「調整されたヒトとヒトとの関係のシステム」から生まれるということの中身である。

　ヒトとヒトとの関係においては，働きかける側と働きかけられる側とがはっきりと分かれてはいない。働きかけたときの，働きかけられる側の反応のありようによって，働きかける側も変化する。その変化が，次には，当初，働きかけられる側であったものの新たな反応を呼び起こす。それぞれの反応は，予想通りには決していかない。そのような絶対的に避けられない不確実性を前提とするヒトとヒトとの関係を通じて，イノベーションが成立する。イノベーションは，絶対的に不確実なのである。不謹慎な言い方ではあるが，何がうけるかは，うけた後でなければ分からない。

　以上，市場との関わりの中でイノベーションを見たとき，それが組織の問題である，ということを明らかにした。では，「売れるか売れないか」という観点から考える場合にだけ，イノベーションは組織の問題になるのだろうか。言いかえると，売れるものだけがイノベーションなのだろうか，つまり「革新」という言葉に価するのだろうか。そうだ，という書物も確かにあるし，「企業経営」の中において「組織」を考える場合，それでよいという立場もあるだろう。本書も本章の記述もおおよそ，このラインにそっていると言ってもよい。しかし，「協働のシステムとしての組織」という本書の立場は，それだけではないということを述べて，この項目を締めくくりたい。

　「売れる／売れない」を超えたイノベーションにも組織は関係している。たとえば，孤独な作業であると見なされる芸術家の行為によって引き起こされる音楽史や美術史上における革新を思い起こしてほしい。20世紀美術におけるキュビズムや20世紀音楽における十二音技法の確立がどのように生じただろうか。それは，前者におけるピカソや後者におけるシェーンベルクといった個々の芸術家に帰せられるものではない。前者においてはデュシャン三兄弟やブラック，そしてセザンヌも欠かせないし，後者においては，ベ

ルクやウェーベルン，そしてツェムリンスキーや場合によってはワグナーも，といった多数の芸術家の芸術上の革新をめざした相互作用，つまりある種の組織を通じてこそ，生まれたものなのである。決して，お金儲けにつながるイノベーション（革新）だけが，組織を通じてでなければ生まれない，というわけではない。そうではないイノベーションにも組織は関係しているのである。

## 1-3 イノベーションを引き起こす組織能力

　組織能力が，経営体の環境認識能力・戦略創造（事業構想）能力・戦略実行能力といった経営能力の基盤をなしているということは，これまでの章で述べられている。

　イノベーションが「独創的なアイデアの商品化」であるならば，それは現在の市場や顧客，そして経営体（企業）内外のハードなものにとどまらない技術動向，くわえて現有のさまざまな経営資源を認識するとともに，未来のイノベーションを構想し，「今，ある姿」と「あるべき未来」とのギャップを埋めるべく行動しなければならない。

　その認識・構想・行動は，組織能力のありようによって大きくかわってくる。この「ありよう」にかかわるのが，いろいろな言葉で言われはするが，レビット/マーチ（Levitt, B./March, J. G.）によって組織の「ルーティン」と呼ばれているものである。ルーティンという言葉は，決まり切った作業の繰り返しをルーティン・ワークと呼ぶように，消極的なニュアンスで受け取られがちである。しかし，考えてみれば，いつもあるべき姿を追い求めながら常に行動しているとすれば，それも繰り返しの意味での「ルーティン」と言えなくはない。

### 1-3-1　組織のルーティン

　組織の行動を基礎づけるのが組織のルーティンである。言いかえれば，組織はそのルーティンにしたがって，日々，動いている。

　組織の日々の行動は，トップ・マネジメントによって決定される経営戦略のレベルから，現場での製造・販売活動にいたるまで，さまざまな活動が含

まれ，一般性の程度において非常に異なり，かつ多様である。組織のルーティンは，それらの多様な活動にそれぞれ関わり合っているために，その中に多様な要素を含んでいる。

それらのうち，一般性の程度が高いものとしては，組織の文化や理念があげられるだろう。組織の文化や理念は，他の組織と比べて，その組織の個性を形作る役割を果たしているという意味で，組織のルーティンと言える。具体的なものだと，現場の従業員のためのマニュアルも，組織で行われる仕事の手順を決めているという点では，組織のルーティンである。経営戦略も，組織文化や理念を具体的なビジネスに結びつける役割を担っているのだから，やはり組織のルーティンということになる。

ファスト・フード業界の企業を例にとると，「世界の人々に等しく"おいしさ"を届けよう」という理念のもとに，「世界中でフランチャイズ形式で店舗を展開する」という戦略が選択され，「すべての店舗で等しい味を実現する」ために，マニュアルが整備される，という具合である。理念からマニュアルまでを含むルーティンが，全体としてその企業の行動を決定づけているのである。ここにあげた，文化，理念，戦略，そしてマニュアル以外にも組織の行動を決定づけているさまざまなルーティンがある。どんなものがあるか，それぞれ考えてみてほしい。

組織の行動はルーティンのありようによって左右される。つまり，ルーティンによって，その組織に何ができるか，が決まってくるということである。そこには，現在，組織が行っていることだけでなく，組織がこれから何を行えるかという意味での潜在的な能力までが含まれていると考えてよいだろう。

### 1-3-2 ルーティンの形成と変更

潜在的な能力をも含む組織能力が，組織のルーティンによって左右されるとすると，組織の能力を高めるためには，ルーティンがどのように形作られ，そして場合によって変更されるかについて知ることが重要になる。これは，マネジメントの立場から見れば，組織のルーティンをどのように形作り，また必要に応じて変更するか，ということになる。イノベーションは，

この章のはじめに述べたように，どのような形をとろうとも，これまでの在り方を革新することをともなっているのだから，当然，ルーティンの変更と表裏一体のものである。

　組織のルーティンは，その組織の歴史に依存すると言われている。歴史と訳されるhistoryは，his＋storyのことであるとも言われており，「ある人」の観点から物語られたもの，ということを表している。その「ある人」が男性名詞であるのは，これはこれで大きな問題なのだが，ここでは詳しくは取り上げられない。ただ，組織の歴史ということで言えば，その組織が歩んできた経験をある観点から物語るということによって，組織のルーティンが形作られている，ということを理解してもらいたい。

　さて，物語るためには，物語る当のものに目を付けねばならないし，何かに目を付けたとして，次には，それをどう物語るか，という問題が生じる。物語るにあたっては「ある観点」が必要である，ということはここから生まれてくる。ある観点を手に入れ，そしてそれに基づいて経験を物語り，あるまとまりのあるものとしてみずからのものとすることを「学習」と呼んでも一向に差し支えはないだろう。したがって，組織のルーティンは，組織の学習（組織学習）を通じて形作られる。

　次に，人間には，「ある観点」が大きく変わるとともに「別の観点」が生まれ，これまでの経験が問い直されることで，経験にそれまでとまったく異なった意味づけがなされることがある，ということを考えてもらいたい。つまり，そこで別の物語（＝歴史）が作られる，ということである。これも「学習」の1局面であろう。組織におけるイノベーションにかかわる組織のルーティンの変更は，この意味での組織の「学習」である。

　組織がある観点を手に入れ，その組織の経験を物語ることを通じて，組織の能力を決定づけるルーティンを形作る。そしてそれを革新（変更）すべきときには別の観点を手に入れ，その観点に基づいてこれまでの経験を問い直し，新しい意味を与えることを通じてルーティンを革新（変更）する。この一連の流れが「組織学習」である。この学習が順調に行われれば，その組織は「能力ある組織」であり，イノベーティブ（革新的）な組織である。その

ような組織が望ましいと誰もが思っているであろうし，みずからがマネジメントしている組織をそのような組織にしたいと思っていない管理者はいないだろう。しかし，反面，誰もがそれが容易でないことに気付いている。

学習が大切なのは誰もが認めるだろうが，実際に学習するのは難しい。なぜ，そうなのか，そして個人の学習と組織の学習には異なった性格があるのか，あるとしたら何なのか。これらの問題を中心に，節を改めて，前にふれたレビットらの考え方をにらみながら「組織学習」について述べていくが，特に「学習が失敗するとき」を重視したい。「成功例に学べ」という意見をよく聞いているかもしれないし，その考え方に基づいている書物を読んだ経験のある人も多いだろう。しかし，成功は多分に偶然ないしラッキーによることが多い。成功例をまねて成功する確率と，失敗例に学んで，それを避けることで失敗しない確率とを比べれば，おそらく後者の方が分がよいのではないだろうか。「勝ちに不思議の勝ちあり。負けに不思議の負けなし」というプロ野球の名監督の言葉がある。「負け」を必然的にもたらした要因を避けることで，負けない確率を上げて，「勝ち」を拾っていこう，というのである。

## 2　組織学習

繰り返しになるが整理しておくと，ある組織の現在のあり方，そしてこれからの動き方を決定づけているルーティンの完成度を高めていくべきときにはそうすること，そして変更すべきときには変更すること，その後，新しいルーティンを定着させていくこと，それが組織の学習である。この「変更すべきときには，望ましいルーティンに変更し，それを定着させる」という高次（もう一段階上）のルーティンが組み込まれた，別の言葉で言えば，そのようなクセがついている組織，それが学習する組織であり，イノベーティブな組織である。

しかし，そのような高次のルーティンに基づいて常に行動している組織は，決して多くはない。それどころか，歴史を眺めてみると，それができな

かったがゆえに大失敗を招いた組織の例でみちているほどである。まず，この学習失敗から見てみることにしよう。

## 2-1　組織学習の失敗

### 2-1-1　コンピテンシー・トラップ（能力の罠）

　前世紀初頭のほぼ20年間，フォード・モータースは，大成功という言葉ではたりないほどの成果を収めた。その鍵は徹底した部品の標準化――今では考えられないことだが，それ以前の自動車は，少々大げさにいうと，1台毎に異なる部品から組み立てられていた――と，それらの部品の組立作業のごくわずかの部分だけを各作業員に担当させる流れ作業方式の採用であった――各作業はごく簡単になるので，未熟練の労働者にも作業を担当させることができた――。

　フォード・システムと呼ばれているこのような方法（ルーティン）は，それまで熟練の作業員がこつこつと組み立てる方法（これもルーティンである）のために，ほぼ特注品の性格を持っていた自動車を大量生産の工業製品へと一変させた。T型フォードというほぼ単一車種に生産を限定したこともあいまって，飛躍的なコスト・ダウンが可能になり（1908年の生産開始時の850ドルから1925年には290ドルへ），当時，急速に経済が成長していた米国では，自動車の購買層が急激に膨張し，一挙にモータリゼーションが進んだのである（T型の生産はピークである1923年には年間160万台を超え，1927年に生産が打ち切られるまで，累計生産台数は1500万台に達した。その最盛期，全米の自動車のほぼ半数はT型であった）。

　しかし，1920年代の後半になると，この単一品種大量生産という「ルーティン」にもかげりが見え始めた――もちろん，この「かげり」もあとからそれを振り返るときの言い方なのだが――。ゼネラル・モータース（GM）が，自動車産業に別のやり方（ルーティン）を持ち込んできたからである。

　GMは，大衆車から中級車，そして高級車というように，所得の異なる購買層毎に異なる車種を用意するという「フル・ライン生産」というルーティンを採用した。このやり方では，各車種のコストは割高にはなるが，好景気

に沸いていた米国では，購買者は，すでに不格好に見えていたT型よりも，少々高くても格好のよいGM車を買い求める余裕が生まれていたのである。

徹底的な部品の標準化と流れ作業方式からなるフォード・システムという生産形態は，画期的なイノベーションであった。それは，超贅沢品だった自動車を日用品のようにした。しかし，人間の欲望はとどまることがなかった。移動ないし運搬手段以上のものを自動車に求める人々が増えてきたことを見越して，GMは，「フル・ライン生産」へとルーティンを変革するというイノベーションを仕掛けたのである。

後から考えれば，このとき，販売台数が低下気味であったフォードは，それまでのルーティンの限界に気付き，新しいルーティンに切り替えるべきであった。しかし，そのように気付くには，フォードの勝ち得た過去の栄光はあまりにも大きかったのである。フォードは自社の力（コンピテンシー）の源である「コスト・ダウン」にあくまでこだわり，それを，より一層，徹底する方向を選んでしまった。結果は惨めなものであった。全米自動車市場を独占する勢いであったフォードは，1930年代には自動車メーカーとして全米で3位にまで滑り落ち，それから現在に至るまで，1位の座に返り咲くことはなかったのである。

このように，すでに周囲に新しいルーティンの芽が出てきているのに，過去の栄光をもたらした要因（コンピテンシー）にあくまでこだわることで，学習の機会をみすみす逃すこと，即ち没落の罠（トラップ）に落ちる事態を「コンピテンシー・トラップ」と言っている。

### 2-1-2 思い込み学習

コンピテンシー・トラップよりも，むしろ，みっともないかもしれない学習失敗が「思い込み学習」と呼ばれているものである。これは，あるルーティンが実はあまり上等のものではないにもかかわらず，周囲の状況があまりにも好都合なために成功をあげただけであるのに，そのルーティンが良いものと思い込み，それをより徹底させてしまい，何らかの要因で状況が悪化したときに，一挙に悪いところが吹き出し，組織が崩壊するといった事態を指す言葉である。また，反対に，ルーティンは実は悪いものではないのだ

が，状況があまりにも悪くて成果があがらないだけなのに，ルーティンが悪いと思い込み，それを変更しているうちに，ますます泥沼にはまり込むといった事態を指すこともある。

前者（良くないものを良いと思い込む）の例としては，1980年代のバブル景気のときの日本の銀行をはじめとする金融業界の失敗があげられる。土地という担保さえあれば，ほとんど無審査で融資するというのが，当時の金融業界のやり方（ルーティン）であった。土地が値上がりし続けるという状況では，このルーティンは，融資された資金によって土地を購入し，そののち値上がりした土地の転売によって借り手は利益を得て，貸し手も好条件で融資を回収することができた。それを繰り返すことで，まさに，あぶく（バブル）銭が両方に転がり込んできたのである。しかし，土地に限らないが，ある商品が値上がりし続けるというのは，経済法則からしてもありえない事態である。

いったん，その事態が収束するとあとは惨めなものである。そのような下手なルーティンにしたがっているうちに，信用供与を通じて経済の血液循環を円滑に進めるという金融機関本来の役割を果たすためには，最も重要な能力の1つである「審査能力」はどこかへ行ってしまった。その結果，融資先の優劣が判断できなくなり，バブル崩壊後，まともな貸出先からも融資を回収するという「貸しはがし」や，まともな相手にも怖くて貸せないという「貸し渋り」という事態が横行することになってしまった。

一方から借りて，他方に貸すことによって経済の循環をうながすのが金融業の存在価値だとすると，かつての下手なルーティンを上等なものだと思い込むという事態は，みずからの意義を，みずから捨ててしまうことを引き起こしたのである。

もちろん，その間にある方向へ変えねばならないという努力がなされなかったことも言うまでもない。日本では，土地さえ担保に取れば無審査で貸すという方法——これも1つの「ルーティン」には違いないが——に酔っているうちに，欧米の金融機関は，金融工学を駆使した多様な金融派生商品の開発や，コンピュータ化によるコスト・ダウンをはじめとした新しい「ルー

ティン」を磨いていた．日本の金融機関は，バブルの負の遺産の清算に手間取っているうちに，このような新しいルーティンへの移行に乗り遅れてしまい，ようやく何とかしたというときには，すでにそれらの世界での存在感は非常に希薄なものになってしまっていたのである（しかし，2007年からのサブプライム・ローンの焦げ付きに始まる騒ぎは，先に言った新しいルーティンといえども，危ういものであることを暴露してしまった．結局，歴史は繰り返す，あるいは懲りない人々は懲りないのか……）．

　さて，後者（実は悪くないのに，あるいはむしろ良いものかもしれないのに，悪いと思い込む）の例としては，どのようなものがあげられるだろうか．これまでの2つの例ほど，ぴったりではないかも知れないが，バブル景気崩壊後の，いわゆる日本的経営，特に終身雇用と年功制への風当たりは，それに当てはまるのではないだろうか．

　それらの制度は，高い労働コストによって日本企業の競争力を低下させる元凶として，悪者扱いされた．それに変わる成果制度の導入，そして何と言っても非正規雇用形態の増加は，総労働コストを低下させ，各企業の利益の増加につながり，とりあえずは企業側から見た景気回復に少なからぬ寄与をしたとされる．しかしながら，ある程度，落ち着いて現況（2007年時点）を眺めてみるとどうだろうか．

　いわゆる「失われた10年」の間の新規学卒採用者の抑制，そして不安定な雇用のもとにいるその世代の人々の増加によって，従業員の年齢構成は著しくいびつなものになり，団塊世代の大量退職が始まるにいたって，日本企業の競争力の大きな源の1つである現場の技能の継承――それは，まさに日本企業を成り立たせていた「ルーティン」であった――が危ぶまれている．さらに，被雇用者層の大多数の所得の伸び悩み――そのもっともひどい例は「ワーキング・プア」と呼ばれる層の増加である――は，個人消費の回復を遅らせ，2007年時点で「実感なき戦後最長の好景気」と呼ばれる原因ともなっている．

　目先の利益を重視し，短期的なコスト感覚に基づいて，雇用についての従来のやり方（ルーティン）を否定し，新しい雇用形態（新しいルーティン）

に変更したことが，そのような結果を生むであろうことは，ほんの少々，先を見る眼さえあれば，当たり前のように予想できることではなかったろうか。

## 2-2　学習の失敗はなぜ起こるのか

　これまで見てきたような組織の学習の失敗は，なぜ起こるのだろうか。ルーティンをどうするかは現状の評価に依存している，ということを思い起こしてみよう。現状がまずいということになれば，ルーティンを変更するという方向に，良いということであれば，それを強化しようとする，ということである。この「評価」というのが，問題である。

### 2-2-1　誤って解釈する傾向

　さて，問題であると述べた評価の際には，少々専門的に言えば「解釈」というプロセスを踏むことになる。このプロセスにおいてヒトが陥りやすい傾向が，いくつか指摘されている。以下に，簡単にまとめておこう。

　① ヒトは時間的・空間的に近く，また目立つものを，ある出来事の原因と考えやすい。

　② 目を引きやすいことがらについては，後から省みれば，少数かつ例外的なものにすぎなかったということになるものでも，その当座は，それを一般的に起こるものと考えがちである。

　③ ある出来事が偶然の産物が寄り集まったものであるとしても，誰かが意図的になしたことと結論づける傾向がある。

　これらの傾向は，「思い込み学習」の事例に当てはめてみると明らかだろう。「失われた10年」に多くの日本企業は，利益の上がらない原因を財務諸表の中で，すぐ（手近に）見つけられる労働コストのせいにし，それを削減することに必死となった（①の例）。また，「バブル景気」の際に日本の金融機関は，経済法則に照らせば，ごく例外的な「土地価格の上昇」を一般的かつ恒久的な傾向と誤解して（②の例），泥沼にはまった。

　③の例としては，どのようなものがあげられるだろうか。近年，特に目立つ企業不祥事の際に，その原因が長い時間経過の中で出来上がった根の深

い組織的な要因であっても，特定の個人にその責任を帰して処分すれば，とりあえず事足れりとしてしまうのは，これにあたるだろう。その結果，組織の中に染み込んでいる悪癖（これもルーティンの1つに他ならない）は温存され，似たような不祥事を繰り返してしまうことになる。ある自動車メーカーのケースが思い出されるだろう。

解釈におけるこのような間違いによって，組織は，それが今まさに経験していることについてイメージをゆがめてしまい，結果的に，変更しなければならないルーティンを放置し，あるいは変更してはならないルーティンを変えてしまう，という失敗を犯すことになる。

### 2-2-2 解釈が分かれるケース

組織をあげて，状況について間違った解釈（評価）をしてしまう以外にも，組織に特有の陥りやすい罠が，いくつか指摘されている。それは，組織内にもともとあった対立関係が解釈に影響を与える場合である。ある方針（ルーティン）に基づいて組織が動いているとき，その方針を擁護しようとする側——このようなグループは組織内の主流派であることが多い——は，その時点での状況ないしは行動の結果を肯定的に評価しがち（つまり，ルーティンは正しいと考えがち）であり，主流派からはじき出されているグループは，同一の状況を否定的に評価し，そのような状況に追い込んでいるルーティンが間違っている，と評価する傾向がある。

さらに，このことは，組織内に対立関係ないしはもめ事があるという理由からだけ生じるとは限らない。それは，解釈（評価）が，どうしても主観的な部分を含むことから逃れられない，ということにかかっている。そのために，ある出来事は余程のものでないかぎり，肯定的（つまり，あるルーティンに基づく行動は成功している）にも，否定的（その反対）にも解釈できるグレー・ゾーンにあることになる。それゆえに，主流派は前者に注目し，それに反対するグループは後者を強調することになる。

T型フォードのケースでもこれに近いことが起こったと言われている。当時，フォード・モータースを全米で並ぶものなき自動車会社へと導いたヘンリー・フォードI世は，社内で絶対的な地位を誇っていた。幹部の中には，

GMの追い上げに危機感を持っていた者もいなくはなかったが,ヘンリーと彼の取り巻き達は,T型の販売の伸び悩みを一時的なものと解釈し,すでに時代遅れのルーティンをまだ通用するものと肯定的に評価することによって,新しい時代に備えて革新を行うチャンスを取り逃がしたのである。

また,組織のリーダーが交替したときにも,似たようなケースが生じることがある。特に,新たに就任したリーダーが,組織全体に十分に力を確立していないときには,そのリーダーは,それまで組織が歩んできた歴史（そして,その歴史を築くもとになったルーティンや,それにしたがって行動してきたグループや以前のリーダー）を否定的に評価することで,自分の威光を組織中に行き渡らせようとする。以前のやり方（ルーティン）にしたがって行動する人々を「抵抗勢力」と名づけて,みずからのやり方（従来のものに取って代わるルーティン）を押しつけようとするのは,これにあたるだろう。いずれにせよ,組織を取り巻く状況や出来事についての冷静な解釈（評価）は損なわれることになる。

### 2-2-3 「解釈」の誤り以外に注意すべき要素

組織をあげての解釈の間違いや組織内の対立関係を反映した解釈の混乱は,状況についての判断を曇らせ,ルーティンを革新しなければならないときに維持,ひどい場合には強化し,あるいは維持しなければならないときに変えてしまうということへと導いてしまう大きな原因である。裏返せば,このような罠にはまらないクセ（即ち,そのようなルーティン）を有している組織は,イノベーティブな組織のための条件の1つ——非常に重要な1つである——をみたしているということになる。さて,解釈の誤り以外にも,ルーティンに基づく組織の行動に関して,注意しておかなければならないとされている要素がある。それは,ルーティンが組織内に記憶される際,ならびに記憶されたルーティンが呼び戻される（検索される）際の問題である。

① 組織の記憶

これまでの例からもすでに気付いているかもしれないが,組織の中にはさまざまなルーティンがある。このことを,ルーティンは組織の中に記憶されている,という言い方をする。これがあるから,組織は,そのメンバー（ヒ

ト）の入れ替わりがあっても，かなりの期間にわたって似た行動をすることになる。サッカーのナショナル・チームのプレイ・スタイルなどを考えれば，なるほどと思うだろう。ブラジルやイタリアの代表チームは，8年もあればほとんどのメンバーが入れ替わっているが，それでも何十年にもわたって，それぞれのチーム独特のサッカーをしているし，観客もそれを楽しんでいる。

　記憶のされ方はさまざまである。マニュアルのように明文化された形で記憶（記録）されていることもあるし，組織のメンバーの間に暗黙の理解として共有されているという形をとっている場合もある。したがって，何らかのルーティンが新たにできあがったとして，記憶されやすいものであるかどうかが，その後の組織の行動に影響を与えることが考えられる。いくら，今までのルーティンがまずいものであると気付いて，それに変わるルーティンが示されたとしても，記憶されにくいものであれば，それは組織の中に定着せず，行動にも結びつかない。

　後で述べる「検索」にも関係するが，明文化されたからといって，きちんと記憶（記録）されたとは必ずしも言えない，ということには特に気を付けておかなければいけない。企業に限らないが，不祥事が起こるたびに，あるいは不祥事を起こさないようにしようと，コンプライアンス・マニュアル（法令遵守のための手引き）といったものを整備する動きが，よく見られるようになっている。ところが，それらを整備したての組織が，またぞろ似たような不祥事を起こすことが少なくない。きちんと記憶することを「肝に銘じる」と言うが，「作ったからいいでしょう。一丁上がり」ということになってしまっていて，肝に銘じていないのである。

　くわえて，記憶されやすいか否かは，記憶するために必要なコスト（金銭的なものに限らない）にかかっているということも意識しておかなければならない。急速に進むIT化は，コンピュータ利用に伴うコストを急速に低下させてきた。これは，コンピュータに載るならば，どんどん記憶させるという動きにつながる。この動きは，一方では，たくさんのルーティンやそれに基づく解釈がコンピュータに記憶され，組織の記憶が豊富になるということ

になるのだが，他方では，いわゆるデジタル化されにくいものは，比較的高くつくので記憶されず，大切なものであっても，いつの間にか忘れ去られるということになりかねない。

金融市場では，過去のさまざまな金融商品の市況に関する膨大なデータがコンピュータに記録され，それをもとにコンピュータに値動きを予想させて，自動的にコンピュータに売買させる，ということが行われている。しかし，市況の暴落局面では，少なからず，その弊害が指摘される。つまり，その判断は，あくまで過去の延長線上でなされるので，新奇な局面に直観的に気付く能力を持った人間ならば避けられたかもしれない誤りに陥ってしまうのである。

② 記憶の検索

組織の行動は，記憶されたルーティンの中から，いずれに基づいて状況を解釈するかにかかっている。どのルーティンが選ばれるかは，組織記憶の中から検索される，そのやり方次第である。

記憶の中から，どのようなものが思い出しやすいか，あるいは呼び戻しやすいか考えてみるとよい。新しいもの，使用頻度が多いもの，そして身近にあるものは，そうなりやすいだろう。これは，解釈のプロセスで陥りやすい傾向として指摘した ① から ③ にも似ているが，裏返せば，非常に大切であっても，昔のものであったり，あまり使われたことがなかったり，それに基づいて行動するのはある意味で難しい，というものは選ばれにくい。

歴史は，何となくまずいのではないかと思いはしたが，「ちょっと，わからんな」ということで，それ以上深く考えず，その結果，目を覆うばかりになった「組織の失敗例」でみちている。皆も「検索」してみてほしい。

**【参考文献】**

(1) C. M. クリステンセン／玉田俊平太監修・伊豆原弓訳『イノベーションのジレンマ』翔永社，2001年。
(2) B. レビット・J. G. マーチ／庭本佳和訳「チェスター・I・バーナードと学習知」飯野春樹監訳『現代組織論とバーナード』文眞堂，所収，1997年。
　　＊本章の「組織学習」の項は，本文中でも若干ふれたように，この文献で示されている「組織学習を論じるための枠組み」に，おおむね基づいている。組織学習について進んだ学習をしてみようという場合は，ぜひ，参照してみてほしい。この文献の末尾には，非常に詳しい「参

考文献リスト」もついており，大いに役に立つことだろう．
(3) J. A. シュムペーター／塩野谷祐一・中山伊知郎・東畑精一訳『経済発展の理論（上・下）』岩波文庫，1977 年．
(4) J. ティッド・J. ベサント・K. パビット／後藤晃・鈴木潤監訳『イノベーションの経営学―技術・市場・組織の統合的マネジメント―』NTT 出版，2004 年．
(5) 一橋大学イノベーション研究センター『イノベーション・マネジメント入門』日本経済新聞社，2001 年．
(6) 牧野克彦『自動車産業の興亡』日刊自動車新聞社，2003 年．
(7) 下川浩一『米国自動車産業経営史研究』東洋経済新報社，1977 年．

# 9章
# 組織と知識マネジメント

　知識経済の到来が指摘されて久しい。知識経済とは，モノやカネでなく，知識という「見えざる資産」が富の源泉となる社会と理解できる。経営戦略論の研究領域の言葉を用いれば，知識が「競争優位の源泉」となる社会の到来である。

　このとき，競争優位とは「商品市場における顧客の獲得をめぐる企業間競争において，自社が競合他社に対して優位にたっている状態」を意味する（中橋, 1997）。このような競争優位を可能にする要因を「競争優位の源泉」という。

　さて，競争優位という考え方にしたがえば，組織は，たんに富を創出するだけでなく，競合相手よりも魅力的な価値を顧客に提供する必要がある。そのため，文字通りの「競争」を展開するのでなく，競合他社が模倣できないような「独自性」の創造により，「競争を回避する」ことが，競争優位獲得の決め手となる。このような独自性の創造は「差異化ないし差別化」と呼ばれる。

　したがって，知識経済の到来とは，知識によって生み出される差異が競争優位の源泉となる経済社会に他ならない。そこで本章では，競争優位の源泉という視点から，組織における知識マネジメントの論理を探ることにしたい。そのために，「競争優位の源泉となる知識とは何か」について，考察を加えることから議論を始めることにしたい。

## 1 富の源泉としての知識

　知識の重要性が指摘される一方で，そもそも「知識とは何か」という議論については，百花繚乱の様相を呈している．知識経済を語る論者が，それぞれ異なる概念定義を用いているために，広く受け入れられた定義は未だに見いだせないのが現状といえる．

### 1-1 知識と競争優位

　知的資産という文脈から，知識の具体例を列挙すれば，新製品を支えるアイデア，技術，特許，著作権，顧客ニーズを創出するノウハウなどを指摘することができる．
　誤解を恐れずに単純化すれば，これらの知識の背後には，共通のキーワードが存在している．それは，「模倣困難性」である．上述のいずれの知識も「体得するためには時間がかかり，容易にまねできない性質」を備えている．それゆえ，これら知識を基盤とする競争優位をいったん構築してしまえば，競合他社による模倣は困難であるという論理が導き出される．超優良と喧伝された企業ですら好業績を持続することが難しい「激動の時代」において，模倣困難性という障壁を構築することは，競争優位を持続させる「切り札」として期待されたことは，想像に難くない．
　このとき，模倣困難性の特徴に注目すれば，知識は，次のように大別できる．
　① 特許や著作権に代表される「法的保護の対象となる知的財産」
　② ブランドやイメージなどの「顧客との関係性に関わる資産」
　③ ノウハウや智恵などの「組織の業務遂行システムの編成原理」
　おそらく「富の源泉」という言葉の響きからは，大方の人々にとって，「知的財産」を思い浮かべるのではないだろうか．一般に，頭脳労働によって生み出される知的財産を「知識経済の中核的存在」として理解することに，それほど違和感はないであろう．とりわけ，驚異的な進展を遂げつつあ

るデジタル革命は，画像や音楽などのデジタル財の著作権保護を再考する契機となっていることからも，知的財産の管理がとみに脚光を浴びている。

たしかに，特許権や意匠権などは，大きな利益につながる可能性が高い。しかし，法的保護の障壁は，難攻不落ではない。複写機や合成調味料の事例を引くまでもなく，技術的障壁は，さらなる技術革新によって打ち砕かれる運命を避けられない。それゆえ，知的財産の模倣困難性は，持続性の点において，脆弱性を否定できない。

富の源泉からイメージされる知識の第2は，「関係資産」ないし「顧客資産」と呼ばれるものである。それは，ブランドイメージや「製品への思い入れ」など「製品の使用体験から形成される知的資産」に他ならない。

関係資本は，ユーザーの「恣意性と回顧性」に支えられた知識である（石井，1992）。言葉を換えれば，消費者との関係性の中に「埋め込まれた」知識である。そのために，粘着性に優れており，容易に模倣することは困難である（Hippell, 1990）。

改めて言うまでもなく，ユーザーとの密接な関係は，一朝一夕には完成しない。その上，関係資本の構築には，利用者の使用体験や利用環境に加えて，購入や使用に至る過程といった背景（ないし文脈性）が深く関わっている。それゆえ，関係資本は，経路依存性が高く，同様の価値を形成するためには，多大な時間が必要となる。したがって，関係資本を基礎におく競争優位は持続性に優れていると理解できる。

しかし，模倣困難性は，視点を変えれば，変革困難性を意味する。いったん競争優位を確立したならば，価値への「こだわり」は，極めて強固な拘束力として作用するようになる。それは，言葉を換えれば，強力な慣性である。この点は，クリステンセンの言葉を借りれば，「革新者のジレンマ」となろう。それは，ユーザーの声に忠実であることは，旧来の技術体系に束縛され，結果的に，技術革新の萌芽を看過するという陥穽を意味する。つまり錐先のようにピンポイントに絞り込んだ顧客関係の構築には，文字通り「先細り」の罠が存在するのである。

以上のように，知的財産には「技術革新」，関係資本には「先細り」とい

う陥穽が存在する。この限りにおいて，これら2つの知識は，富の源泉としては，極めて両義的であると言わざるを得ない。これらの知識は，一見すれば，堅牢な模倣障壁を構築するように考えられる。しかし，代替技術や市場創造といった側面からの攻撃には脆弱となる危険が高い。それゆえ，堅牢性は，競争優位を持続させるための障壁属性として不適切となる。

それでは，持続的競争優位の源泉となるような知識とは，いかなるものなのか。結論を急げば，それは「日常業務活動（組織ルーティン）の編成原理」としての知識である。

不測の変化が不可避である今日の事業環境では，変化への対応力が重要である。それは，精錬されたマニュアルのような対応力ではない。むしろ，変幻自在の対応力であり，即興劇のイメージに近い。したがって，日常業務における即興演奏（臨機応変な対応）を誘発する「知識」こそが，競争優位の源泉と理解すべきである。このような知識は，自動車教習所で焦点となるマニュアル的知識ではなく，自動車レース競技に必要な判断力のような即興知である。

このとき，セルズニックを繙くまでもなく，日常業務活動の遂行場面においても，組織内外の圧力や価値観に反応する「余地」が残っている（Selznick, 1957）。この自由裁量の場を契機に，日常業務活動の再編成が生じるのである。このような即興性は，組織の草の根的な営為であり，創発特性と呼ばれる（北野, 1991）。

即興演奏のように臨機応変な対応を誘発する行動原理は，組織固有の「知識」と理解できる。このような知識は，マニュアル的知識と異なり，高い模倣困難性を備え，かつ適応力向上の鍵を握る。それゆえ，組織コンテクストが，持続的競争優位の源泉として期待されるのである。

したがって，「編成原理」としての知識は，「日常業務活動の遂行に関わるノウハウ」に限定すべきでない。むしろ，業務活動を円滑かつ迅速に遂行するための各業務活動の「統合ルール」ないし「調整と組み合わせのノウハウ」として理解すべきである。

## 1-2 知識と模倣困難性

　編成原理という知識は，知的財産や関係資本と比較すると，地味な印象を拭いきれない。それにもかかわらず，なぜ「編成原理としての知識」が模倣困難性に優れているのか。その論理を探る前に，模倣困難性について，もう少し考察を深めることにしよう。

　模倣困難性とは，文字通り，競合他社による追従行動の困難さの程度を意味する。

　模倣困難性の議論では，ともすれば「事業活動の仕組み（ビジネスシステム）」の「対象領域の大きさ」や「対象業務の複雑性」を重視し過ぎる傾向が否めない。それは，簡単に言えば，ビジネスシステム構築に要する「時間」と「費用」こそが「模倣困難性の源泉」であり，それらの大きさが「障壁の堅牢性」に直結するという議論である。それでは，模倣困難性の鍵は，「先行優位（first mover advantage）」がすべてとなってしまう。しかし，「ゼノンのパラドックス」のように，先行投資を行ったウサギを後発のカメは追い抜くことができない，というのは，現実的とは言えない。

　しかし，現実には旧式システムを駆使することにより，優れた業績を実現している企業が多数見られる。それゆえ，やや乱暴な言い方になるけれども，「一見すると単純であるにもかかわらず，現実には，追従が困難であるような状態」に注目すべきではなかろうか。このような内省が，持続的競争優位の源泉を巡る議論の中から提示されるようになってきた（たとえば，中橋, 2002；遠山, 2003）。

　たとえば，証券業界の模倣困難性を概観してみよう。松井証券は，「口座管理料の値下げ」や「指し値の公開」などを武器に目覚ましい躍進を遂げている。同社社長の松井道夫は，「証券業界の動向を予測することはできない」という信条から，自らを「証券取引の代行業」と位置づけ，業界の「革命」を進めてきた。大手証券会社にとって，手数料削減は「営業担当者による資産運用のアドバイス」の否定につながるため，簡単には追従できない。

　つまり，マニュアル的に整理すれば，単純な活動であっても，従来の行動

レパートリーから大きく逸脱する場合，模倣は困難である。このような行動レパートリーを収束させ，方向づける要因を「活動編成原理としての知識」と呼ぶのである。

このとき，行動パターンの否定は，追従商品が既存商品と競合する「カニバリズム（共食い）」と次元が異なる点に留意する必要がある。カニバリズムを恐れずに，商品投入することは，ある意味でリスクヘッジとなる。しかし，行動パターンの否定は，リスク緩和につながるどころか，行動の混乱を招く危険が高い（そして，この混乱が革新を促すのである）。

繰り返し強調すれば，日常的に反復される業務活動の背後に潜む「活動の設計思想」こそが，模倣困難性の鍵を握るのである。そのような「業務活動の編成原理」を「組織固有の知識」として理解し，その意義を探ろうとする研究アプローチが，最近とみに注目を浴びるようになってきた。このような分析視角は，知識ベース論（knowledge based view）と呼ばれる。

## 2　知識の円環構造

さて，日常業務活動の編成原理という知識が，模倣困難性に優れている点について考察する準備作業として，「埋め込まれた知識」という考え方について理解する必要がある。そのために，まず従来の伝統的知識観を概観することから議論を始めよう。

### 2-1　伝統的知識観

おそらく，情報管理論の研究領域において，知識をあつかった最初の本格的な著作は，マクドノウ（McDonough, 1963）であろう。彼は，その著書の中で，知識をデータや情報と峻別し，「それら（データや情報：引用者注）の概念よりもさらに一般的な表現」であり「知っていることに対して役立つ事柄の全般的な貯蔵あるいは蓄積を示すもの」と定義する（McDonoug, 1963, p.76）。簡潔に言えば，知識は「特定の問題解決の状況下において役立つ事柄」に他ならない（*ibid.*, p.76）。

このとき，重要なことは，知識を「データや情報から抽出された概念」と位置づける点である。このような「データ－情報－知識」の階層構造は，後に多くの論者によって繰り返し強調されてきた（Nolan and Croson, 1991；Davenport and Pursak, 1999）。そこでは，図9-1に示すように，現実の事象から知識を抽出する過程から，データ－情報－知識の階層構造が仮定されている。

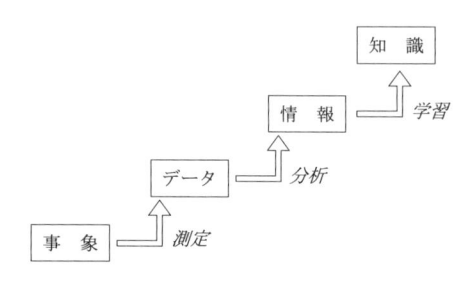

**図9-1　知識，情報，データの直線的把握**

（Nolan and Croson, 1993, などを参照して筆者作成）

まず，データは，現実の写像である（涌田, 1978）。データの生成とは，現実に生じた事象の「観測・記述」に他ならない。言葉を換えれば，データとは，事象を恒久的記録として保存したものである。

次に，情報は，データを解釈することにより創造される。データの解釈とは，論理的に構造化された問題へのデータの適用を意味する。この限りにおいて，解釈と分析ないし意思決定は同義である。

最後に，知識は，意思決定を繰り返す中で歴史的に批准（ないし論駁）された分析結果から生み出される。経験を通じた学習は，「将来の意思決定の手本」を生み出す。そのような「手本」は，知識と定義される。

以上のように，データから知識の生成は，「帰納」を通じて抽出される（あるいは客観的事実に価値を注入していく）過程として理解される傾向が強い。

## 2-2 知識の円環構造

ところが，このような伝統的知識観に対して，多方面からの批判が展開されている。たとえば，科学哲学の研究領域では，事象の観測主体（科学者）は，虚心坦懐に事実を観測するというよりも，あらかじめ想定された解釈枠組みに準拠する形で，主観的にデータを選択していると批判がなされている（チャルマーズ，1978）。

確かに，現実問題として，事象を記録する段階において，何らかの価値観の影響は不可避と言わざるを得ない。庭本佳和が指摘するように，データといえども，情報は「何らかの解釈枠組みによって構成を施されたもの」と理解すべきである（庭本，1986）。

このようなデータ観については，薬局ボランタリーチェーンのファルマの中核的推進者であった松田裕之の指摘が示唆に富む。松田は，ある特売商品を例に，情報コードの背景の重要性を指摘する。月曜日から特売対象となった商品は，月曜日以降とそれ以前では，同一商品であっても，その意味は明らかに異なる。それにもかかわらず，両者を区別せずに同一コードを割り当ててしまう傾向が強い。そのため，販促効果と売上の関係を明確にすることができない。同様に，天候や販促活動の有無，陳列位置などの違いをデータとして記録するためには，コード化の段階での対応が不可欠である。

以上の指摘は，データ収集段階において，「どの要因が売上に影響あるか」を事前に検討しておく必要性がある点を示唆している。このことは，言葉を換えれば，データの2重性を意味している。即ち，データは，表現形式という表層部分と，その背後に存在する「観測者の意図」という深層部分からなる「二重構造」として理解すべき存在である。このような2重性は，松岡正剛の表現を借りれば，情報の「地」と「図」の関係に他ならない（松岡，1995）。

データの「地」と「図」という考え方に従えば，「事実（事象）の客観的記録」の背後に「知識の彩り」というべき「文脈」が存在する。そのため，データと知識を峻別し，データをインプット，知識をアウトプットと位置づ

ける伝統的知識観を革新する必要がある。

それは，データは「知識によって彩られた存在」であり，データ－情報－知識を一体不離の関係として把握する「新しい知識観」の要請に他ならない。このような知識観の相違を図形的イメージで表現すれば，直線的関係と円環構造の相違と言える（図9-2）。

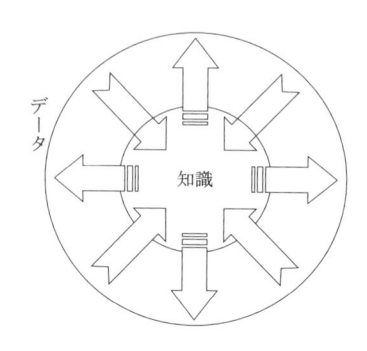

**図9-2　知識，情報，データの円環構造**

伝統的知識観は，知識とデータを両端とする直線上に配置される位置関係として，データ，情報，知識を峻別してきた。しかし，現実問題として，情報は「現実の鏡」とは言い難い。むしろ，現実でさえ，行為主体による構成を免れ得ない（庭本, 1979；Lewis, 1959；Weick, 1995）。それゆえ，現実を写すデータは，「何らかの知識（理論枠組み）」によって解釈された構成物と理解すべきである。そこで，データや情報の解釈フィルターとしての知識に注目する「新しい知識観」が要請されるのである。

新しい知識観は，データ－情報－知識を円環上に配置する。もちろん，円周上の位置関係から，それらを区別することは可能である。しかし，これらの通底には「共通因数」が存在する。それは，あたかも円環の周辺（円周）部から澱が溜まるように，中心部に蓄積された「共通因子」である。このような共通項を本章では「組織コンテクスト」と呼ぶことにしたい。

知識の円環構造の中心部に位置づけられる「組織コンテクスト」は，データ－情報－知識の変換活動（円環構造の外周部に相当する）の「残滓」とし

て，円環の外から内に蓄積される「知的活動の貯蔵庫」ないし「組織の記憶装置」に他ならない。

さらに，累積された知的体験は，さらなる知的活動に対して，一貫性ないし傾向性を与える「羅針盤」として作用する。言葉を換えれば，組織コンテクストは，知的活動を拘束する「地図」を提供する。

このように，組織コンテクストは，知識の円環構造の中心部に位置づけられ，外周部の知的活動の「残余物」として累積されると同時に，さらなる知的活動に「見通し」を提供する「制約要因」として作用する。

したがって，組織コンテクストは，組織の中の知識の「基底部」と理解できる。言葉を換えれば，組織コンテクストこそが，組織の知的活動に独自性を与える鍵要因である。独自性は「模倣困難性」と表裏一体の関係にあるから，組織コンテクストこそが「模倣困難性に優れた知識」と理解できる。われわれが，持続的競争優位の源泉として「組織コンテクスト」に注目する理由は，ここにある。

### 2-3 知識のもうひとつの円環構造

ここで，組織の中の基底である「組織コンテクスト」は，行動と不即不離の関係にある点に留意する必要がある。従来の経営戦略論や経営組織論の研究領域では，計画と実行の役割を峻別する傾向にあった[1]。そこでは，現場は，与えられた「計画」を遂行する実行機関に過ぎないと考えられてきた。

しかし，組織コンテクストは，組織の日常業務活動を通じて生まれる「副産物」である。それゆえ，行動と不即不離の関係にある。ここでは，行動を射程に入れた知識観として，庭本の提唱する「動態的知識」の構造を概観しておきたい[2]。

庭本は，知識の生成過程を「行為者の身体性」の視点から整理し，次のような構造化に成功している（図9-3）。

一般に知識という場合，「公式的知識」を指す場合が多い。公式的組織とは，「個人的知識」と「言語化能力」によって形成される知識である。個人

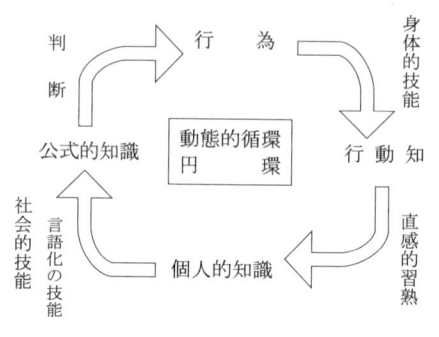

182　第Ⅲ部　組織と知識・情報

```
          判    行　為         身
          断　↗      ↘       体
                              的
                              技
                              能
                              ↓
    公式的知識  ┌─────┐  行　動　知
              │動態的循環│
              │円　　環 │
       ↑     └─────┘    ↓
    社  言            個人的知識   直
    会  語            ←           感
    的  化                        的
    技  の                        習
    能  技                        熟
        能
```

**図9-3　知識の動態的循環**

(庭本, 1991)

的知識は,「行動知」と「直感的習熟」という「体験」に深く関わる知識である。技能の世界における「わざ」は,このレベルの知識であることが多い。たとえば,「背中から頭に声が抜けるように息を出す」や「指先に目があるように踊る」といった「師匠の言葉」は,個人の実体験と感覚が第一義にあり,表現された「言葉」そのものから,意味を解釈することはできない[3]。このような「わざ」を表現する知識は,個人的体験とその感覚に委ねられており,極めて主観的である。それゆえ,公式的知識と区別し「行動知」と呼ぶ。

　さらに,行動知自体が「行為」と「身体的技能」によって支えられている。ところが,行為そのものは,「判断」という個人的要素に加えて,「公式的知識」という「裏づけ」が不可欠となる。それゆえ,行為－行動知－個人的知識－公式的知識－行為という「円環構造」を構成するのである。

　ここで,知識の動態的循環と組織的コンテクストの関係を整理しておこう。知識の動態的循環は,行為を通じた「個人的知識から公式的知識の変換過程」であり「公式的知識の個人への定着過程」と理解できる。身体的技能,知的技能（直感的習熟）,社会的技能（言語化能力）,判断などの個別技能が,この動態的循環を支えている。組織コンテクストは,どのように技能を動員するべきかという「地図」を提供する。この限りにおいて,組織的コンテクストは,諸技能を発揮（動員）させるための「駆動力」と言える。

地図としての組織コンテクストは，言葉を換えれば，「隠れたカリキュラム（hidden curriculum）」ないし「正統的周辺参加（Legitimate Peripheral Participation：LPP）」である。隠れたカリキュラムとは，学校教育における正課教育以外に子供達が暗黙のうちに学ぶ「習慣」ないし「躾」を指す。具体的には，給食のとりかた，掃除のやり方，教員への接し方などの「日常の過ごし方」を指摘できる。これらは，無意識のうちに体得される。

　隠れたカリキュラムが意識されるのは，他者の存在が不可欠である。たとえば，学校生活を終え，別の生活（進学や就職）が開始された場合を考えてみよう。カリキュラムは，「立ち居振る舞い方」に対する「違和感」という形で，意識される。それは，他者からの指摘であったり，自らが他者に感じる「気がかり」であったりする。行動パターンの中に染み込んできたカリキュラムは，自発的に意識することはなく，他者の存在によって初めて「気づく」ことになる。

　正統的周辺参加とは，極めて簡単に言えば，徒弟制度における学習過程を意味する。徒弟制度において，新人は，最初から技法を学んだり，作業に携わったりはしない。新参者として，協働体の「周辺」から，熟練者や同僚の立ち居振る舞いを観察し，それを体得し，次第に全人格的（十全的）に参加していく。つまり，新参者から一人前に成長していく「アイデンティティ確立（協働体の中心にのめり込んでいく）過程」を学習と位置づける考え方である。正統的周辺参加の議論に従えば，学習内容は，「師匠から弟子に伝達されるもの」でなく，「協働体の中に偏在する諸資源を使った器用仕事（ブリコラージュ）のやり方」である。手元にある利用可能な諸資源をいかに活用するのかという「基本方針」を学ぶことは，組織に染まる過程に他ならない。

　同様に，組織的コンテクストは，日常業務活動を通じて染み込んでいく「目のつけどころ」ないし「見立て方」である。組織活動への参画（つまり，個人が組織貢献者になること）は，組織固有の見立てを学ぶことに他ならない。世俗な言い方をすれば，「組織に染まること」である。協働体への参画（貢献）を通じて，個人は，組織固有の解釈枠組みを自然と体得していく。

つまり，仕事を通じた学習内容とは，直接的な「職務遂行に関わるノウハウ」だけでなく，考え方の傾向性，知識の背後に存在する「見立て」という「目に見えない習慣ないし躾」が含まれている。

以上の議論から，組織コンテクストは，知識の動態的循環サイクルの「方向性」や「傾向性」を決定する「駆動力」と言える。このことは，組織の知識は，たんに個人的技能や個人的知識の集合体でなく，むしろ，個人的技能や行為を拘束する「統制機構」ないし「文化装置」と理解することができる。

## 3　知識マネジメントの実際

これまでの議論により，模倣困難性に優れた（独自性の強い）知識とは，データから知識を抽出する知的（ないし学習）活動の背後に存在する「組織コンテクスト」であることが明らかになった。しかし，日常業務活動という「現場の理論」に注目しておきながら，議論そのものが抽象的になりすぎたきらいがある。そこで，組織コンテクストの具体例を紹介し，組織コンテクストの意義について，さらに考察を加えることにしたい。

知識マネジメントの先行事例としては，米国ゼロックスの事例が有名である。まず，米国ゼロックスの「ノウハウ管理」の仕組みを取り上げる[4]。同社は，主力製品の1つである複写機の修理技術者に対して，保守点検用の修理マニュアルを作成していた。優れた保守サービスの提供は，同社の価値提案の中核として位置づけられていたからである。そこで，研究開発部門の総力をあげてマニュアルが作成された。マニュアルは，高品質サービスの提供システムの「切り札」となるはずだった。

ところが，予想外の結果となった。現場でマニュアルを活用する技術者は，皆無であった。多くの技術者達は，マニュアルではなくノートを現場に持参していた。使い古されて手垢にまみれたノートには，「空気が乾燥しすぎてコピー機が紙詰まりを起こしたときは，手短なプラスチック板を細く切って，排出装置に張るとよい」，「コピー機の内部を点検する場合は，懐中電灯がよく反射するように，ボディーパネルに白い修正液を塗るとよい」な

ど多数のノウハウが記載されていた。現場の「裏マニュアル」である。

裏マニュアルのメモの出所は，食堂での井戸端会議で語られる先輩技術者の「武勇伝（war story）」であった。武勇伝が伝えるメッセージは，現場の詳細な状況と対処法について示唆的なエピソードに満ちていた。現場では，「機械を直すな，顧客を直せ」というスローガンが浸透していた。つまり，現場では，複写機の修理は，機械的側面だけでなく，ユーザーの性行を考慮すべきだと考えられていたのだ。先輩技術者の体験談は，複写機の置かれた利用環境と不具合状況の関係を示す物語の宝庫であった。他方，公式マニュアルは，機械的側面の解説にすぎず，「顧客の直し方」は記載されていなかった。それゆえ，公式マニュアルは「お蔵入り」することになったのである。

ところで，「顧客を直す」とは，改めて言うまでもなく，ユーザーの利用環境を詳細に観察し，不具合が生じるような利用パターンを識別し指摘することである。それゆえ，複写機の修理は，機械的診断というよりも，複写機の置かれた利用状況（文脈）の解釈に他ならない。このようなノウハウをマニュアル化することは難しい。それゆえ，マニュアルでなく，武勇伝が重宝されたのである。

以上の事例は，複写機の修理技術という「表層的情報」の背後に「ユーザーの利用環境の解釈方法」という組織コンテクストの存在を示唆している。

次に，経験から知識を生み出す学習過程において，組織コンテクストが重要な役割を担う点について，わが国の大手医薬品メーカーのエーザイ株式会社の事例を紹介しておこう[5]。

本邦初の知識創造専門部門「知創部」を設置するなどエーザイは，「知識創造」に全社を挙げて精力的に取り組んでいる。ここでは，中核社員を対象とする研修プログラムを紹介しておきたい。次世代の中核社員候補を対象に，次のような研修を行ってきた（参加者は，各部門と支店から社長の指名により選抜され，1グループ20名，総計5グループ103名が研修をうけた）。研修参加者は，変革の必要性を認識するために1週間，医療関係や大

学関係者の講義やディスカッションを行った。事例研究を通じて，新しい視点を学んだという。

次に，研修参加者は，2泊3日の病棟実習を受ける。老人医療と介護の領域で先進的取り組みを展開する青梅慶友病院（東京都青梅市）において，実際に，老人の入浴の手伝いや食事の介護，トイレ誘導や汚物交換などを体験する。医薬品を実際に利用する「患者の立場」について，理屈でなく体で理解することができたという。

研修は，医療現場の第一線の実情を踏まえた上で，改革案を社長にプレゼンテーションすることで締めくくられる。

上述の研修とりわけ病院実習は，「患者の息づかい」の実感という「かけがえのない体験」を得ることができた。その結果，次のような改善案が提案され，実現された。

— 分かり易いイラスト入り添付文書を作成
— 在住外国人用に英語の添付文書を作成
— 高齢者が飲みやすい薬剤の開発
— 問い合わせ相談窓口（フリーダイヤル）の設置

もちろん，これらの提案は，新薬開発と比べれば，些細な改良にすぎない（エーザイの開発したアルツハイマー薬と比べれば，収益面での影響は比較するまでもないだろう）。しかし，これらの発案は，患者という最終利用者の視点に立脚することにより，初めて提案された項目ばかりである。従来の働き方の延長線上からは，考えつかないようなアイデアと言えよう。われわれの提唱する「組織コンテクスト」とは，このような「患者の視点に立って考える」という「学習の基本姿勢」に他ならない。

以上の議論から，組織コンテクストとは，組織活動という状況下において意義のある「行動ルールを生み出す知識（編成原理）」，「目のつけどころ」である点が明らかになった。言葉を換えれば，組織コンテクストは，行動を生み出す「状況ないし文脈」であると同時に，時空間を限定された「現場情報 (on the spot information)」を見いだす「視角 (perspective)」である。したがって，組織コンテクストは，組織活動の中に「埋め込まれた (embedded)」存在，組織に遍在する知識であり，組織構成員によって共有された（common）知識と言える。それゆえ，組織コンテクストは，前述した知的財産や顧客資本を創造する基盤となる。

## 4　知識マネジメントと情報技術

　最後に，組織コンテクストのマネジメントにおける「情報技術の意義」について考察を加えることにしたい。

　繰り返し強調してきたように，組織コンテクストは，知識の動態的循環構造の駆動力である。言葉を換えれば，組織コンテクストは，より効果的な行動レパートリーを創造し，活動全体を再編成ないし再調整していく原動力である。そこで，競争優位を獲得し維持する方向で，業務活動の再編成がなされている状態を「組織コンテクストの活性化」と呼び，そのための組織的取り組みを「知識マネジメント」と捉えることにしたい。

　結論を急げば，知識マネジメントにおける情報技術の意義は，「組織コンテクストの意識化装置」と「業務の自由裁量拡大の道具」という2点を指摘できる。以下，組織コンテクスト活性化のメカニズムを通じて，その意義を考察していこう。

　新しい行動レパートリーが創造されるためには，日常業務活動の深層部に潜む組織コンテクストが意識され，そこから「現状の業務活動の不具合」が照らし出されること，さらに，新しい行動レパートリーを実現するための自由裁量の余地が確保されていることが不可欠である。つまり，「組織コンテクストの意識化」と「自由裁量の余地」である。

　まず，組織コンテクストの意識化について，情報技術は大きな貢献が期待できる。

　組織コンテクストは，組織行動の深層部に潜んでおり，行動によってのみ具象化される存在である。逆に言えば，より詳細な行動の記述こそが，組織コンテクストを彷彿させる種である。それゆえ，組織成員に組織コンテクストを「意識」させる鍵は，「濃密な記述」であり「もの語り（story telling）」

である（Denning, 2004）。イントラネットやグループウェアは，そのような「もの語り」の場として，有効なツールとして期待できる。

　しかし，意識化は，電子版「井戸端会議」に限定されるべきでない。むしろ，日常業務の情報化においても，意識化が生じる場合が少なくない。経営の情報化は，業務活動の遂行状況の計数化に他ならない。このとき，計数化された値（データ）の背後には，組織コンテクストが見え隠れしている。それゆえ，データを理解することは，組織コンテクストを内省する契機となり得る。特売商品の区別のために識別コードを附したファルマの事例は，情報活用に対する組織コンテクストを示唆する顕著な例であろう[6]。

　このように，情報技術は，もの語りの媒体として，あるいは業務活動遂行状況の計数化を通じて，組織コンテクストを意識化する「鏡」と言える。

　第2に，情報技術は，その「オープンエンド性」から，自由裁量拡大においても大きな影響をもたらす。オープンエンド性とは，「技術の利用方法や意義を一義的に規定できない性質」を意味する。オープンエンド性が強く作用する場合，技術活用の過程は統制不可能であり，計画段階で子細に予測することはできない。実際の利用を通じて，技術の意義が次第に明確になってくるため，情報化の過程自体が「即興劇」となる。即興性の高い道具の利用は，日常業務の再編成を促進する契機となる。

　以上のように，情報技術は，組織コンテクストの活性化を促進する触媒として理解することができる。しかし，情報技術は「魔法の杖」ではない。情報技術のオープンエンド性ゆえに，実際に使ってみるまで分からないという不安定さを内包しているからである。

　したがって，情報技術は，知識マネジメントの触媒に過ぎない。

　むしろ，組織コンテクストを活性化するためには，情報技術以外の「工夫」が不可欠となる。エーザイの事例が示唆するように，組織コンテクスト活性化の組織的努力の手がかりは，「組織の存在意義（目的）」と「あるべき姿」の再確認を通じた「組織成員のコミットメントの醸成」であろう。

　所与の業務活動を意味づけし展望を与える「組織的努力」は，極めて社会的な障壁である。繰り返し強調すれば，社会的障壁に依拠する模倣困難性

は，モノやカネといった資源上の制約やシステム複雑性よりも優れている。それゆえ，社会的障壁構築が，持続的競争優位の鍵となる。

　最後に，組織コンテクスト活性化の組織的努力は，バーナードの指摘する「共通目的」と「協働意欲」の提示に他ならない。結局，知識経済の到来は，バーナードの組織論的管理論の意義に再び光を与える時代に他ならないのである。

注
1) おそらく，その嚆矢は，科学的管理の父，フレデリック=テイラーであろう。
2) おそらく，経営組織論の領域において，ポランニーの「暗黙知」の概念に注目し，行動を射程に入れた知識論を提唱したのは，庭本が最初であると思われる。なお，知識の「円環構造」という概念は，庭本の指摘が先であるため，「もうひとつの円環構造」という表記は適切でない。論述上の結構の関係で，便宜上そう呼ぶだけである。ご寛恕願いたい。
3) わざについては，福島真人東京大学教授，杉野周明治大学教授との議論から示唆を得た。記して感謝の意を表したい。もちろん，起こり得る誤謬は筆者に帰せられるべきものである。
4) 米国ゼロックスの事例は，オラ（Orr, 1998）を参照されたい。
5) 1999年6月25日に行った筆者らのインタビューおよび公刊された雑誌記事などをもとに作成した。共同研究者の松嶋登との討論からも大きな示唆を得た。
6) ズボフは，工程管理担当者が，計数化されたデータの「読み方」を探るうちに，新しい作業方法を生み出す経緯を詳細に示し，このような情報技術の影響を「情報化（informate）」と呼び，「効率化」と異なる次元である点を強調している（Zuboff, 1988）。

【参考文献】
(1) C. I. バーナード／山本安次郎・田杉競・飯野春樹訳『経営者の役割』ダイヤモンド社，1968年。
(2) J. S. Brown and P. Dugid, "Organizational Leaning and Communities-of-Practice", *Organizational Science*, 2, pp.40-57, 1991.
(3) C. クリステンセン／伊豆原弓訳『イノベーションのジレンマ　増補改訂版』翔泳社，2001年。
(4) T. Davenport and Pursak, *Working Knowledge*, Harvard Business School Press, 1999.
(5) S. Denning, *The Springboard : How Storytelling Ignites Action in Knowledge Era Organization*, Butterworth-Heinemann, 2001.
(6) N. Dixson, *Common Knowledge*, Harvard Business Scholl Press, 2000.
(7) S. Fuller, *Knowledge Management Foundations*, Butterworth-Heinemann, 2001.
(8) A. ギデンス／松尾精文ほか訳『社会学の新しい方法基準』而立書房，2000年。
(9) A. M. McDonough, *Information Economics and Management System*, McGraw-Hill, 1963.
(10) R. L. Nolan and D. C. Croson, *Destructive Creation*, Harvard Business Scholl Press, 1991.
(11) J. E. Orr, *Talking About Machines*, ILR Press, 1996.
(12) P. セルズニック／北野信利訳『組織とリーダーシップ』ダイヤモンド社，1975年。
(13) E. Wenger, *Communities of Practice*, Cambridge University Press, 1998.
(14) S. Zuboff, *In the Age of the Smart Machine*, Basic Books, 1988.

⒂ 北野利信『経営学原論』東洋経済新報社，1991年。
⒃ 岸眞理子「資源ベースビューに基づく情報戦略」遠山曉編『ポストITストラテジー』日科技連，2003年。
⒄ 岸眞理子＝相原憲一編『情報技術を生かす組織能力』中央経済社，2004年。
⒅ 古賀広志「プロセス知とケイパビリティ」遠山曉編『ソーシングイノベーション』日科技連，2003年。
⒆ 恒吉僚子『人間形成の日米比較 かくれたカリキュラム』中公新書（No.165），中央公論社，1992年。
⒇ 遠山曉「情報技術による企業革新」池上一志編『現代の経営革新』中央大学出版部，2000年。
(21) 庭本佳和「協働と組織の理論」飯野春樹編『バーナード』有斐閣新書，1979年。
(22) 庭本佳和「組織革新と情報認知」涌田宏昭編『経営情報科学の展開』中央経済社，1989年。
(23) 庭本佳和「組織と知識」『大阪商業大学論集』90，1991年。
(24) 根来龍之「戦略思考と戦略革新」小野桂之介・根来龍之『経営戦略と企業革新』第3章，67-95頁，2000年。
(25) 日置弘一郎「組織におけるインテリジェンス」『経済論叢（京都大学）』152-3，108-125頁，1993年。
(26) ハイエク（Hayek, E, A.）（1945）「社会における知識の利用」（邦訳『ハイエク全集第3巻 個人主義と経済秩序』第2章に再掲）
(27) 松岡正剛『編集革命』カタツムリ社，1995年。
(28) 松田裕之『情報武装革命』オフィス2020，1986年。
(29) 『日経情報ストラテジー』1999年7月号。
(30) レイブ＝ウェンガー／佐伯胖訳『状況に埋め込まれた学習』産業図書，1993（原著1991）年。

# 第IV部

# 組織と社会

# 10章
# 組織と信頼

## 1 組織社会における信頼の意味と役割

　三菱自動車による一連の欠陥自動車の隠蔽問題やUFJホールディングスによる金融庁への組織的な検査妨害（資料隠蔽）事件などの組織不祥事は，"CSR (Corporate Social Responsibility：企業の社会的責任)" や "組織の信頼 (Organizational Trust)" と表裏一体の問題として語られる。このことは，組織の社会的影響力がいかに大きいかを示している（組織の社会的地位が上がったともいえる）が，それ以上に「社会の公器」である組織に対して，目的（利益）合理性の追求だけでなく，社会的責任の履行を厳しく求める現代の世相を映し出している。

　たしかに，現代は組織社会と呼ばれるように，組織の影響力は非常に大きい。しかし，現代社会で社会的影響力が大きくなったから，組織が社会的責任を求められるのは当然だと考えるとすれば，早計である。そもそも組織それ自体が社会的な構成物なのである。群れ暮らす（＝群居する）人間は，社会的・生物的・物理的な能力の制約を克服するために組織を形成せざるをえない。これは時代を超越した普遍的な原理である。人間が社会の一員，つまり社会的・集合的存在である以上，人間は社会を超えては生きられず，人間協働（組織）もまた社会という枠組みを超えた存在ではありえない。ここに組織は，社会と調和をはからねばならず，社会が組織に社会的責任を要請する最大の理由となっている。

　新聞と同様に，社会的公器である組織の行動にはその時代の世相や文化が色濃く反映される。たしかに，組織不祥事のほとんどは，目的合理性（自己

利益）追求一辺倒だった組織の末路を象徴している。従来，組織のそこに沈めて隠されていた不祥事が顕在化してきた背景には社会を変動させる大きなうねりがあるだろう。庭本（2000）によれば，この大きなうねりとは，情報化・グローバル化・エコロジカル化である。情報化した豊かな社会では，人々の倫理や道徳に対する要求水準は高くなる。また組織に参加する人々の意識も変わり，内部告発に対する抵抗も薄れてきた。情報ネットワークの進展も個人の情報発信を容易にした。いずれも組織不祥事を顕在化し表面化させる力として働こう。さらに，エコロジカル化（エコロジー意識の社会的浸透）は，近年，地球環境問題の深刻さとも相まって，社会的責任や環境経営の要請と容易に結びつくだろう。

しかし，組織の社会的責任や信頼が議論されるとき，そこには時代や文化を超えた本質的な問題が潜んでいる。これを見逃してはならない。組織の自律性の問題である。そもそも信頼は，人々が協働できるかどうかに関わる根元的な問題なのである。

信頼の源泉は人間の「社会的歴史的（集合的）な存在性」（庭本，1996）に求められる。社会的歴史的（集合的）な存在である人間は，信頼性向─信頼できるという意識─を長い歴史過程で社会価値に内在化させてきた。その社会価値を独特に内在化（自己化）した個人もまた個人価値の中に一般的信頼性向を潜ませている。これが，当初は用心深さを伴いながらも，他者との人間的な触れ合いや交流を可能にし，その交流が他者に対する信頼を顕在化し高めるのである。他者と協働する場合も同様で，潜在的な信頼性向が協働に導き，協働に不可欠なコミュニケーションを介して，これを顕在化させ増幅させ，協働をさらに促進する。「信頼が協働を生み，協働が信頼を育てる」のである。組織が自律的であるのは，この信頼が基底に存在し，組織価値として定着しているからである。このように，社会的意味（社会価値）は，個人的意味（個人価値）の相互作用を経由して，組織価値に組み込まれる。ここに，組織の目的は社会性を前提とせねばならないことが示されていよう。

ところで，責任的であるかどうかが信頼の評価尺度であるならば，社会的責任は協働の存続を左右する社会的な信認の評価尺度といえる。社会的に責

任的であることが，協働の存在，ひいてはその基底にある信頼を正当化するからである。両者の関係は，"責任に裏打ちされた信頼"（庭本，1992）と表現できる。ここでの信頼は，他者の将来の行動が責任的であるかどうかを，現在において主観的に規定することであり，リスクの存在（裏切られる可能性）を前提としている。あえてこれを定義するならば，信頼とは，「他者がリスクを賭して責任を果たすだろうという期待」ということができよう。

組織は，信頼を媒介に，社会的意味（社会価値）を内在化（組み込む）してはじめて自律性を獲得し，その存続を認められる。だが，時を経るとともに，組織は自然発生的に独自の意味（組織価値）を醸しだす傾向がある。それが社会的意味（社会価値）と著しく乖離するようになると，社会的信頼の低下ないし喪失を招いて，その自律性を失ってしまう。組織の自律性は，信頼によって一時的に担保（hostage）されているにすぎないのである。

両者の著しい乖離は"手段の目的化"現象—目的を達成するために形成されたはずの組織の目的がその組織の存続それ自体になる，という目的と手段の逆転現象—によって引き起こされる。組織の存続が目的化するとき，営利性（むしろ組織の論理の衣を被った私利性）が志向される。この営利性は本来ならば社会性に基礎づけられるべきものであるが，過度の営利性（私利性）の追求は組織不祥事の温床となる。そこでは，社会性は営利性の単なる手段にすぎない。それを普遍的に表現すると，社会的意味と組織的意味の乖離であり，"意味のずれ"（庭本，2000）である。特に社会的意味を多く内在している個人と組織の間の"意味のずれ"は，組織に深刻な打撃を与え，改めて"担保としての信頼"を通じて，組織の社会的責任が問われることになるのである。

もちろん，この"意味のずれ"は協働の存在そのものに対して根本的な問いを投げかけるが，これが信頼や責任と併せて議論されるのは，"責任に裏打ちされた信頼"が社会的意味（社会価値）や個人的意味（個人価値）を組織に反映させる役割を果たしているからである（庭本，2000）。

社会的意味（社会価値）や個人的意味（個人価値）を組織に反映させるには，内在的・自律的に行う方法と外在的・他律的に行う方法が考えられる。

後者のやり方としては，外部からの取締役や監査役の招聘，監督官庁への定期報告の義務化，ECS2000[1]の導入による企業倫理の制度化などが考えられる。しかし現状に照らし合わせてみてもわかるように，その効果は満足のいくものではない。上記の組織不祥事で採り上げたUFJホールディングスは，これらの取り組みを行っていたにもかかわらず，このたびの不祥事を起こしているからである[2]。さらに，このようないわば第三者の"監視"による強制的な社会的意味の組織的反映は，組織の自律性とは矛盾するものであり，結果として組織の自律性を損ないかねない。組織に自律性をもたらすものが信頼であるとするならば，これは信頼ではなくむしろその対極にある権威に依拠した方法であるといえる。

　したがって，内在的・自律的に社会的意味（社会価値）や個人的意味（個人価値）を組織に反映する方法を模索せざるをえない。そこで，本章でいう組織とは一体何を指しているかを，経営体としての企業と関連させながら，明確にしておこう。

## 2　経営体と組織[3]

　他の章でもすでに触れられているが，組織という概念を明確にするために，経営概念を明確にすることからはじめよう。

### 2-1　経営概念の3つの意味

　山本安次郎他（1982）によれば，経営には3つの意味がある。1つめは，行為・機能概念としての経営であり（狭義の経営），純粋に「経営する」という行為や機能を指している。経営機能（行為）を広く捉えれば，① 資本供給機能，それに基づく ② 支配機能（役員選任権）といった意思主体としての企業（株主集合）機能も含まれるが，一般的には ③ 戦略機能，④ 管理・調整機能，⑤ 実行（現場）機能からなる。戦略機能は，環境認識機能と戦略創造（事業構想）機能から構成されている。戦略（事業）実行は，管理・調整機能と実行（現場）機能が担っている。

2つめは，経営機能，経営行為を担う行為主体としての経営であり，一般に③と④の機能の担い手である経営者を指すことが多い。今日，多くの大企業では，意思主体の機能であった②支配機能も行為主体である専門経営者（サラリーマン経営者）によって担われており，事実上，意思主体化している（図10-1を参照のこと）。

3つめは，経営体を指している（広義の経営）。わかりやすくいえば，経営機能（1つめの意味）が主体としての経営（2つめの意味）によって遂行されている具体的な協働状況を表しており，企業，病院，大学を指している。いわば経営が具現化する場である。バーナードの用語では協働システムがこれに当たる。通常，組織体として認識されているものである。

ここで，図10-1で示されている「経営」と「企業」が従来とは異なる意味で用いられていることに注意しておきたい。以下では，これらが意味しているものを示しながら，これらと事業の関係を整理しておきたい（図10-1）。

山本他（1982）によれば，経営の対象は事業であり，企業とは「資本所有にもとづく意思主体たる組織体」，経営は「資本運営にもとづく行為主体」と定義される。わかりやすくいえば，企業は，資本結合の組織体，つまり資本を出資し，事業を経営した結果である損益が還元される株主の集合体（会計制度上の損益の帰属主体）のことである。

ただし，企業は①と②の経営機能の担い手であるから，所有権と支配権を行使して，事業を経営する行為主体（2つめの意味）を自らの意思に従わせることができる。経営は，この企業の意思を受けて，事業を運営する行為主体であり，代理人である。この意味で，2つめの意味で②の経営は，先に述べたように，意思主体である企業と行為主体である経営を指すことになる。

以上の議論を踏まえて，本章では，庭本（2000）に倣って，企業を経営体（3つめの意味），また経営を，機能（1つめの意味）を含めた行為主体（2つめの意味）として捉える。

## 2-2　企業目的と組織目的との乖離

もともと所有・経営・労働は三位一体の存在である。パパ・ママ・ストア

や個人商店を想起してもらいたい。ここでは，所有者＝経営者＝実行者であり，経営の目的と企業（狭義）の目的は一致している。

　しかし，事業が軌道に乗り拡大していくと，1人ではすべての経営機能を遂行できなくなり，従業員を雇わざるをえなくなる。従業員を雇用するにあたって，①〜⑤の経営機能のうちどの機能を被雇用者に担わせるかが問題となる。通常，経営の目的＝企業（広義）の目的を忠実に実行するだけの人を雇用するであろう。つまり，⑤の経営機能を分離して被雇用者に担わせるのである。事業の分離である。しかし，事業が分離したとはいえ，依然として意思主体である企業（狭義）＝行為主体としての経営であるので，企業目的と経営目的は一致している。

　さらに事業が大規模化・多角化するに至ると，基本的に経営に無知な意思主体である企業（狭義）は③と④の経営機能を遂行することができなくなり，その経営機能を担うべく職能分化した管理者や経営者を雇用せざるをえなくなる。この③・④の経営機能を担う経営者は事業経営に精通しており，専門経営者と呼ばれる。一般に，専門経営者の出現をもって「所有と経営」が分離する。いわゆる「所有と経営の分離」であり，裏を返すと「経営の自立化」ともいえる。とはいえ，意思主体である企業（狭義）は，②の経営機能—支配機能—により，依然として経営体としての企業（広義）の経営を支配している。したがって，ここでの企業（広義）は二重に主体的な存在である。

　しかし，株式の分散化が高度に進展し，意思主体である企業（株主）の多くが投資主体化し，株式の持ち合いが恒常的に行われる現在においては，もはや株主総会は形式化しており，実質的に経営が支配機能をも担っているといってもよい。つまり，経営は企業（狭義）（＝株主集合）による支配からも分離し，半ば意思主体化しているのである。経営の高度な自立化といってもよかろう。

　このように経営が高度に自立化し，その機能（②，③，④，⑤の機能）が組織的に（2人以上の協働によって）担われるとき，組織が経営体（広義の企業）の行為主体となる。現代が組織社会と称される理由は，一部の例外

（1人経営やワンマン経営）を除いて，企業（広義）の経営（1つめの意味）が組織的に行われているからにほかならない。

経営機能が組織的に担われるとき，言い換えると，組織が経営体（広義の企業）の行為主体となるとき，企業（広義）の目的と組織の目的とのあいだに"意味のずれ"が生じやすくなる。組織には独特の価値が生成するからである。"意味のずれ"がこの組織に生成する価値によって増幅されるとき，組織の目的は社会の価値から著しく逸脱し，結果として冒頭で挙げた組織不祥事を招いてしまうのである。このとき，信頼は社会的意味（社会価値）の個人的な発露として組織の自律性に作用して，これらの"意味のずれ"を修正し，ひいては企業（広義）の目的と組織の目的とを接合する接着剤としての役割を果たすのである。

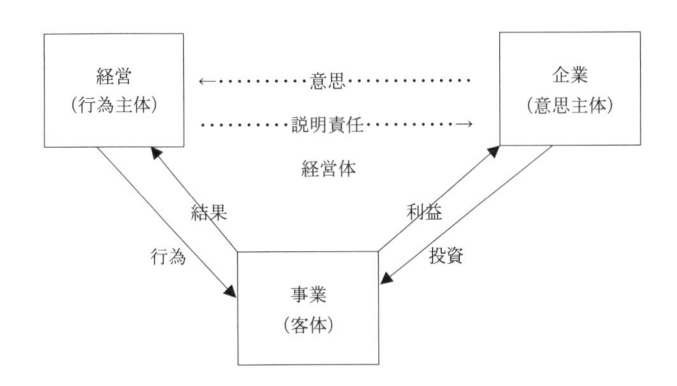

**図10-1 事業・企業・経営の統一的存在としての経営体**

(庭本佳和「組織変革とヒューマン・リソーシズ」山本・加藤編著『経営発展論』文眞堂，1997年，252頁，を一部加筆)

## 2-3 組織の意味

バーナード（1938）によれば，組織は「2人以上の人々の意識的に調整された活動ないし諸力のシステム」(p.75) と定義される。この定義から，周知の組織の三要素―① 共通目的，② コミュニケーション，③ 協働意欲―が導かれる。組織とは，この三要素が揃えば，いつでもどこにでも生成する

し，逆にこれら三要素のうちのどれか1つでも欠けるとたちどころに消滅してしまう存在である。

　ここでは，人ではなく，活動が調整されている状態が組織ということに注意してもらいたい。バーナードにとって，人間は，活動を提供するという意味で，組織の客観的な源泉であるが，「純粋に調整された活動」からのみ構成される組織からすれば，環境であり，働きかける対象にすぎない。組織と人間は，お互いにそれぞれの環境であり，活動を通じて相互浸透しているのである。

　このように考えると，組織とは，活動が調整されてゆく過程であり，それゆえ時間的・空間的に広がりをもつ，目にみえない存在である。したがって，組織の行為は外部からは把握しがたく，実際にそれらの行為を担っている個人の行動をみて事後的に推測するよりほかない。しかし，この推測が完了するとき，組織は次なる様相を呈している。このようにみると，変動こそが組織の本質なのである。

　バーナードにとって，組織は，行為する経営者として，自らも投げ込まれた協働情況を現出させる実在として把握したものだ。ただ，自らの協働体験を通じてのみ，それも感覚的にしか触知できない存在でもある。それゆえ，個人によって組織のイメージが異なれば，経験的実在として把握した組織理解も異なる。個人が体験する組織行為の解釈が異なるからである。さらに，一流のスポーツ選手が自らの行為を通じて感覚的に体得したコツ・秘訣を他人にうまく伝授できないように，われわれもまた組織行為を通じて感覚的にしか把握できない組織を言語化することは難しい（庭本，2003）。

　先のバーナードの組織定義は，自らの長年にわたる組織体験から把握した経験的実在としての組織を，バーナード自らが（観察者としての眼で）再構成して言語化したものにほかならず，「構成概念としての組織」といえる（庭本，2003）。さらに，バーナードはこの「構成概念としての組織」を抽出するだけでなく，これを道具として，具体的な協働状況を分析していく（庭本，1979）。

　経験によって把握した具体的な協働状況とは，企業，大学，病院といった

現実に協働が行われる「場」である。これらの状況に具体性を生じさせている要因の違いを無視してひと括りにすると，経営体（協働システム）と呼ぶことができる。その中核に位置するのが組織にほかならない。企業（広義）の経営機能もまた組織によって担われている。しかし，組織を把握する次元や視点を見誤ると，以下のような混乱が生じることになる。

前節の経営概念と企業概念の生成過程および両者の関係の説明からもわかるように，企業（狭義）とは事業を行う資本結合体である。企業と経営の原初的形態であり，そこでは，すべての経営機能を出資者である株主，つまり社員だけが担っていた。しかし，「所有と経営の分離」が進展しさらに「所有と支配が分離」する段階に至ると，すでにみてきたように，株主を離れて，経営機能は経営者を中心に，それを支える管理者，さらに執行機能の末端（現場）に位置する従業員を巻き込んで遂行されるようになる。

この結果として，企業（狭義）の境界は，観察者によって，便宜的に成員資格をもつものとそうでないものとのあいだ（経営機能に直接携わっているものと，そうでないものとのあいだ）で線引きされるようになる。なぜなら，外部からみると（観察者からすれば），具体的協働状況においては，経営者・管理者・従業員が実際に経営機能を担っているからである。企業（狭義）をもって，企業（広義）と理解され，観察者において，企業（狭義）と企業（広義）の置き違えが生じる。

さらに，観察者だけでなく，経営機能を担っている行為者においても，企業（広義）と組織が置き違えられがちである。なぜなら，具体的協働状況において経営機能を実際に担っているかれらの組織体験が組織のイメージを現出させるからである。ここでかれらが抱いている組織のイメージとは，自らも投入されている具体的な協働状況の場（広義の企業）にほかならない。しかし，企業（広義）の中核が組織とはいえても，組織が企業（広義）とはいえないのと同じで，具体的な協働状況の場である企業（広義）と「構成概念としての組織」とでは把握する次元が異なっている。さらに，企業（広義）と「構成概念としての組織」というレンズを透かして企業（広義）に投影された組織とでは，以下の理由から境界が一致しない。

観察者はともかく，把握する視点は違っても，行為者も自らが経営機能を実際に担っているため，経営機能の遂行に携わっているかどうかという成員資格によって境界を引きやすい。「わが社」という表現がこれを端的に示していよう。観察者が同質性によって境界を決定するのに対して，行為者は異質性によって境界を決定するのである。しかし，外部からみた同質性と内部からみた異質性とは表裏一体であり，両者の線引きは本質的に同じである。それは組織ではなく企業の境界である。

したがって，双方とも，具体的レベルにおける企業（広義）を組織と同義と捉え，またそれが経営の対象であるかのような錯覚に陥りやすい。事実，新制度派経済学（取引コスト論）が前提としている組織とは企業（広義）を意味している。ここでは，次元の差異は無視されて，市場と組織は連続的に把握され，組織は市場の代替物とみなされている。

これに対して，組織の境界は組織によってのみ規定される。「構成概念としての組織」というレンズを透かして企業（広義）に投影された組織には，活動の調整に関わる一切のもの——上述の株主・経営者層・従業員だけでなく，債権者，債務者，供給業者，取引業者そして顧客など——が含まれる。企業横断的に構築されるネットワーク組織や事業システムの例をみるまでもなく，現代社会においては，組織の活動は，企業（広義）という枠内におさまりきらず，むしろこれを超えてダイナミックに展開されている。変動こそが組織の本質であるならば，組織の境界は絶えず変動しており，流動的である。この意味で，組織は「調整された活動が流れゆくシステム」（庭本，1994）といえる。

## 3　組織の境界と信頼

### 3-1　市場と組織の境界—新制度派経済学の視角—

組織の境界は，これまで主として，新制度派経済学において議論されてきた。新制度派経済学とは，コース（1937）の啓発的な論文「企業の本質」に

触発されたウィリアムソン（1975）によって，新古典派経済学が想定している典型的な市場モデルを批判するかたちで展開された領域である。

従来までの支配的な市場モデルでは，価格は需要と供給がマッチするポイントで決定すると説明される。そこでは，価格が決定するまでに費やされる時間や取引コスト（取引にかかる品質調査コスト・交渉コスト・モニタリングコストの総和としてのコスト）という要素が無視されていた。なぜなら，そこで想定されている人間が全知全能の経済人だからである。したがって，人間はあらゆる事象を瞬時に予測・認識・処理できるものとされる。

しかし，現実の取引では，人間は"制約された合理性"ゆえに，将来の不確実性（複雑性）どころか，現在さえ完全には予測できない。それゆえ，売り手と買い手との間で情報の非対称性が生まれ，したがって機会主義的行動が生じる。またその必然的な結果として取引コストが生じることになる。このように，新制度派経済学は，理論と現実の乖離から出発し，人間の属性と取引コスト概念を中核にして議論が展開される。

ウィリアムソン（1975）によれば，取引コストは人間的要因と環境的要因から生じる。人間的要因とは「制約された合理性」と「機会主義」であり，環境的要因とは「不確実性（複雑性）」と「少数性」である。これらの要因

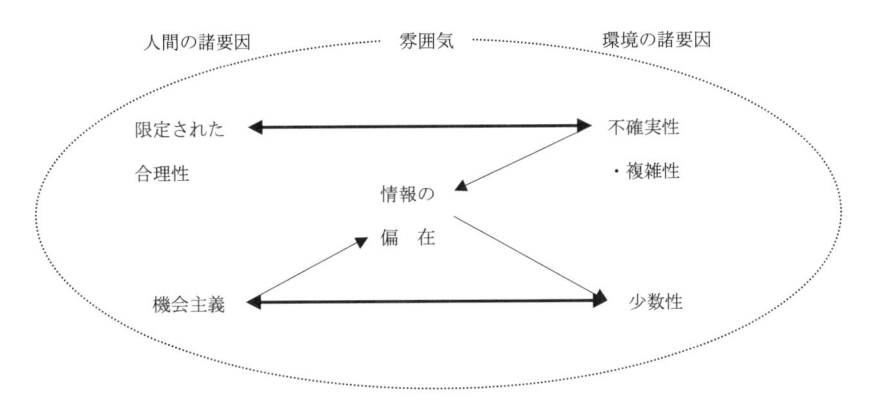

図 10-2　組織の失敗

(Williamson, O. E., *Markets and Hierarchies*, Free Press, 1975. 浅沼・岩崎訳『市場と企業組織』日本評論社，1980 年，65 頁。)

が多様に組み合わさることによって，取引コストが増大するために，組織の失敗が生じることになる。これをまとめると図10-2になる。

ただし，ウィリアムソン（1975）は，市場の存在を前提にして議論を展開しているが[4]，組織の失敗にばかり注目しているわけではない。むしろ，「組織の失敗とは，市場にも非市場的組織にも適用できるように意図して設けられた対称的な用語である。」（訳書，36頁）と述べており，この図は，市場にも組織にも適用可能な「システム（制度）の失敗」とでもいうべきものである。なお，雰囲気とは，取引をめぐる雰囲気のことを意味しており，取引コストに間接的に作用する。ウィリアムソンによれば，「打算的な精神的関与」と「準道徳的な精神的関与」に区別される。一般に，市場の雰囲気には前者が，組織の雰囲気には後者が該当する。

ウィリアムソン（1975）は，取引コストに視座を据えて，市場ならびに組織の失敗を定式化した上で，市場と組織を代替的でかつ補完的な存在と捉える。即ち，反復的な取引（継続的な取引）においては，組織は，市場で取引する場合よりもコストが低い場合には，その取引を内部化して個人の機会主義的行動を最小化するように自らの組織形態を再編成（垂直統合や水平的多角化）する。逆に，スポット取引（一度限りの取引）においては，組織に内部化すると管理調整コストが増し，結果として市場で取引したほうがコストを低く抑えることができるため，市場での取引を選好するのである。

新制度派経済学が確立されて以来，「市場」と「組織」に関する議論は，このウィリアムソン（1975）の議論の延長線上で展開され，そこでは系列や準企業（quasi-firm）などは「市場と組織の相互浸透」あるいは「中間組織」（今井・伊丹・小池，1982）と把握されてきた。しかしごく単純化していえば，この取引コスト論は（取引）コストという観点からみた「内部化するか，外部化（make or buy）するか」の二者択一的な選択であり，組織の境界は取引コストによって決定されると主張するものにほかならない。この方法は明らかに外部観察者の存在を前提にしており，対象論理による客観的記述にほかならない。

さらに，抽象レベルにおける「地理的・物理的空間を超えた構成概念上の

取引の場」としての市場と具体的レベルにおいて現実に存在している組織（企業）とを連続的な関係と捉えており，そこでは次元の差異が無視されている。つまり，理論と現実の乖離から出発した新制度派経済学であったが，皮肉なことに，「構成概念としての市場」と企業の関係を前提にして，制度としての市場と企業を議論している。少なくとも，そこでは議論されるべき次元が置き違えられている（庭本，2003）。

### 3-2　オートポイエーシス・システムとしての組織

「構成概念としての市場」に対置するのは，まぎれもなく「構成概念としての組織」である。それは「2人以上の意識的に調整された活動ないし諸力のシステム」であった。市場と組織を連続的に把握しようとすれば，この両者の関係を前提にして，制度としての市場と制度としての組織が議論されなければならない。

前節で説明したが，バーナードのこの組織定義は，彼自身の長年の組織・経営体験に根差した行為的直観によって把握した「経験的実在としての組織」を，観察者としての自らの眼―観察者としての組織イメージ―でもって再構成したものである（庭本，2003）。ここでは，自らの経営行為が観察対象である経営現象を生みだし，しかもその経営現象を行為が直観（見るに象徴された五感が捉えた感覚）であり，直観が行為である行為的直観で捉えるため，行為（対象）＝観察（行為）という図式が成立する。同様にバーナードの組織定義が，対象論理による客観的記述を超えて，「システム産出（組織）＝産出システム（組織）」という内部観察に特徴的であるオートポイエティックな記述になっていることを見逃してはならない。

オートポイエーシス（Autopoiesis）とは，理論生物学者であるマトゥラーナ＝ヴァレラ（1980）によって，生命システムを定義するために考案されたシステム論である[5]。このオートポイエーシスと従来のシステム論（動的平衡システムや自己組織システム）を画する根本的な差異は，① システムの構造（システムの各構成要素間の諸関係）の重視，② システムを記述する際の視点，に求められる。とりわけ，後者は「言語がなにを語りうるか

は，当の言語によってしか語ることができない」[6]という主著の緒論におけるマトゥラーナの言明に端的に表れていよう。つまり，組織について語りえるのは，当の組織をもってしかできない，という主張にほかならない。

この主張こそが，システムの構成素ないし（それらの諸関係である）構造が重視される所以であり，したがって，内的視点がオートポイエーシスの基本的かつ決定的な特徴となるのである。この点において，内的視点で把握したものを内的に記述しようと試みたバーナードの方法と根本的に通じるのである。

マトゥラーナ＝ヴァレラ（1980）によれば，オートポイエーシスとは，「構成素が構成素を産出するという産出（変形および破壊）過程のネットワークとして，有機的に構成（単位体として規定）されたシステムである」[7]。このとき構成素の特徴として，(i) 変換と相互作用をつうじて，自己を産出するプロセス（関係）のネットワークを，絶えず再生産し具現化する，(ii) ネットワーク（機構）を空間に具体的な単位体として構成し，またその空間内において構成素は，ネットワークが具現化する位相的（topological）領域を特定することによってみずからが存在する，ことを挙げ，この必然的結果として，以下の4つの特徴を導出している[8]。

つまり，① 自律性，② 個体性（自己同一性），③ 境界の自己決定性，そして ④ 入出力の不在性である。庭本（1994：1996：1999：2003）が指摘しているように，この入出力の不在性がほかの特徴を理解する上で決定的な役割を担っており，先述した内的視点という基本的かつ決定的な特徴を顕著に示している。したがって，自律性，個体性，そして境界の自己決定性は外部観察の結果として事後的に（遡及的に）把握される特徴ではなく，内的視点から規定される特徴であり，その意味するところは異なる。第1節で，組織の自律性について触れたが，これは内的視点から規定される自律性を意味している。つまり，組織の自律性は，当の組織の視点から規定されねばならないのである。

行為（対象）と観察（行為）が明確に分割された外部観察では，"今この瞬間"の出来事はどうしても事後的・遡及的に記述せざるをえない。しか

し，オートポイエーシスでは，行為（対象）＝観察（行為）となっており，まさに"今この瞬間"をシステムの観点から記述しようとする様式である。そこでは，システムは閉じており，円環的な構成素の産出ないし再産出プロセス・ネットワークによる自己の有機構成（組織化）に関わる限りにおいて，すべてがシステムに内部化されるのである（藤井，2001）。

### 3-3 オートポイエーシス・システムとしての組織の境界と信頼

「構成概念としての組織」がオートポイエーシス・システムであるならば，組織の境界は一体何によって決定されるのであろうか。第1節で，組織の自律性の基礎には信頼が存在すると述べた。この組織の自律性は，外部観察によって事後的・遡及的に措定される性質のものではなく，組織の観点からみた場合の自律性という意味である。組織の自律性は，みずからの絶えまのない円環的な有機構成（組織化）のプロセスそのものを指しているのである。同様に，そのほかの特徴である個体性や境界の自己決定性も組織との関連において定義されるべきものである。

とするならば，組織の連続的作動の契機となる信頼は，（外部観察からすれば明らかに境界の外に位置していようが），オートポイエーシスの論理からすれば，組織の有機構成に関わる限りにおいて，すべての「外部は内部化される」（境界は自己決定される）のであるから，信頼（組織を信頼するという行為）は組織に含まれよう。このとき，信頼は貢献者の活動（外部）と組織の活動（内部）を連結（整合）させる役割を果たしている。

近年，企業横断的に構築されるネットワーク組織や事業システムに不可欠な要素として組織信頼が議論されることが多い。これはネットワーク組織や事業システムそれ自体を1つの組織とみなす動きと明らかに連動しており，その背景には視点の転換が求められている。従来であれば，これらの組織形態は，（取引）コストという観点から，「中間組織」として説明されていたはずである。それが信頼という視角から説明される背景には，意識しようがしまいが，そこには必然的に外部観察から内部観察へと視点の転換が促されていよう。

バーナードの組織観からすれば，このような事業システムやネットワーク組織を持ち出すまでもなく，組織はすべて「2人以上の意識的に調整された活動が連結したシステム」として把握される。ここにおいて，信頼は活動（外部）と活動（内部）を連結（整合）させる機能を果たしている。これを内的視点（組織の観点）から内的に（当の組織に関わらして）記述すれば，組織には境界すら存在しないため，「組織の絶えまのない円環的な有機構成は信頼を契機とする」，あるいは「組織のオートポイエティックな作動は信頼を基礎にしている」となる。しかし，これを視点はそのままで外的に記述するならば（組織に視点を据えて，事後的・遡及的に記述するならば），"組織の境界は信頼によって規定される"と説明可能なのではなかろうか。

もしこのことが可能であれば，組織の観点から，組織の外部と内部を架橋する信頼は，組織に変動＝新たな統合をもたらす契機ともなりうる。第1節で述べたように，信頼とは社会的意味（社会価値）や個人的意味（個人価値）を組織に反映させることだからである。オートポイエーシス・システムとしての組織の境界は絶えず変動しており，流動的である。境界が絶えず変動しているということは，組織に社会的意味（社会価値）や個人的意味（個人価値）が絶えず反映されていることを意味している。組織は，信頼を媒介として，社会価値，組織価値，個人価値が多様に交織する中から，絶えず新たな秩序を形成しているのである。このように，信頼とは，組織の境界を規定する客観的な源泉であると同時に，組織に変動をもたらし，新たな秩序を生み出す主観的な源泉でもある。

注
1） Ethics Compliance Standard の頭文字からとった略称で倫理法令遵守マネジメント・システム規格のこと。なお，倫理法令順守マネジメント・システム規格については，高巌「企業倫理とECS2000―倫理法令遵守マネジメント・システムの構築―」『組織科学』第33巻，第3号，2000年，40-51頁を参考にした。
2） 高巌（2000）によれば，1997年7月に金融監督庁は『金融検査マニュアル』に関する通達を発出して以降，日本のすべての金融機関に対する金融検査を行っている。それにも関わらずUFJホールディングスは今回の隠蔽事件を組織的に起こしているのである。
3） 本節は，山本安次郎「経営存在論」山本・加藤編著『経営学原論』文眞堂，1982年，14-46頁，片岡信之「経営構造分析―事業・企業・経営―」同上書，48-64頁，加藤勝康「経営（体）構造とその発展」同上書，65-85頁，庭本佳和「組織変革とヒューマンリレーション

ズ」山本安次郎・加藤勝康編著『経営発展論』文眞堂，1997年，252-274頁に依拠している。
4） ただし，市場と企業組織を代替物と把握することも，一種の混乱である。新古典派経済学における理念型としての市場モデルと制度レベルでの企業組織とでは概念上の次元が異なるからである。
5） Maturana, H. R. & Varela, F. J., *Autopoiesis and Cognition : The Realization of Living*, D. Reidel Publishing Company, 1980.（河本英夫訳『オートポイエーシス』国文社，1991年。）なお，マトゥラーナ＝ヴァレラは同書に先駆けて1973年に「オートポイエーシス―生命の有機構成―」という論考を発表している。
6） Maturana, H. R. & Varela, F. J., *ibid.*, p.18.
7） Maturana, H. R. & Varela, F. J., *ibid.*, p.70.
8） Maturana, H. R. & Varela, F. J., *ibid.*, pp.70-71.

## 【参考文献】

(1) C. I. バーナード／山本安次郎・田杉競・飯野春樹訳『新訳 経営者の役割』ダイヤモンド社，1968年。
(2) 藤井一弘「バーナードのオートポイエティックな視点」河野大機・吉原正彦編著『経営学パラダイムの探求』文眞堂，2001年，242-253頁。
(3) 飯野春樹『バーナード研究』文眞堂，1978年。
(4) 今井賢一・伊丹敬之・小池和男著『内部組織の経済学』東洋経済新報社，1982年。
(5) 片岡信之「経営構造分析―事業・企業・経営―」山本安次郎・加藤勝康編著『経営学原論』文眞堂，1982年，48-64頁。
(6) 加護野忠男『〈競争優位〉のシステム―事業戦略の静かな革命―』PHP新書，1999年。
(7) 加藤勝康「経営（体）構造とその発展」山本安次郎・加藤勝康編著『経営学原論』文眞堂，1982年，65-85頁。
(8) 庭本佳和「組織と協働の理論」飯野春樹編著『経営者の役割』有斐閣，1979年，40-80頁。
(9) 庭本佳和「情報化社会と経営」飯野春樹・高柳暁編著『経営学(1)』有斐閣，1992年，213-231頁。
(10) 庭本佳和「社会システムの再構築とポリエージェント組織」『オフィス・オートメーション』第17巻，第2-1号，39-44頁。
(11) 庭本佳和「現代の組織理論と自己組織パラダイム」『組織科学』第28巻，第2号，1994年，37-48頁（庭本佳和『バーナード経営学の展開』文眞堂，2006年，第12章として所収）。
(12) 庭本佳和「組織変革とヒューマン・リソーシズ」山本安次郎・加藤勝康編著『経営発展論』文眞堂，1997年，252-274頁。
(13) 庭本佳和「組織と意味の展開―組織における美と倫理―」『組織科学』第33巻，第3号，2000年，52-61頁（庭本佳和，前掲書，終章）。
(14) 庭本佳和「組織把握の次元と視点―組織の境界再考―」『甲南経営研究』第43巻，第4号（通巻155号），2003年，29-64頁（庭本佳和，前掲書，第5章）。
(15) 高巖「企業倫理とECS2000―倫理法令遵守マネジメント・システムの構築―」『組織科学』第33巻，第3号，2000年，40-51頁。
(16) 高橋伸夫編著『超企業・組織論』有斐閣，2000年。
(17) O. E. ウィリアムソン／浅沼萬里・岩崎晃訳『市場と企業組織』日本評論社，1980年。
(18) 山岸俊男『信頼の構造―心と社会の共進化ゲーム―』東京大学出版会，1998年。
(19) 山本安次郎「経営存在論」山本安次郎・加藤勝康編著『経営学原論』文眞堂，1982年，14-46頁。
(20) 山本安次郎・加藤勝康編著『経営学原論』文眞堂，1982年。
(21) 山本安次郎・加藤勝康編著『経営発展論』文眞堂，1997年。

# 11章
# 社会的責任と組織の成熟度

## 1 社会的責任への関心

　90年代後半より,わが国において企業の社会的責任(Corporate social Responsibility : CSR)に対する関心が再び高まりを見せ,21世紀に入ってますますその傾向を強めている。その理由は大きく3つからなるであろう。

　第1にあげねばならないのは,エンロン事件(米国・2001年)に代表される不正経理に伴う企業破綻,食品表示偽装事件,欠陥・事故の隠蔽など,国内外における企業不祥事の頻発である。これによって,企業はコンプライアンス(compliance : 法令・規則の遵守)と企業倫理の徹底を強く求められるようになった。そして,これらの問題が単なる偶発的な事象ではなく,組織に内在する問題に起因しているとして,企業倫理の確立と徹底を実現する新たな組織のあり方が求められている。

　第2に地球規模での環境問題への認識が社会的に高まり,重要な社会的関心事である環境問題への対応が企業の社会的責任の一環として注目されるようになったことである。環境問題は,かつての公害問題のような,「企業の事業活動が地域に直接与えた影響」という局部的な問題に対応することだけではなく,より広い「地球規模での環境」を考慮に入れた対応が求められる問題である。そのため,ISO14000sの「環境マネジメント・システム」への対応のような事業活動に直接関連する領域での対応のみならず,事業に直接関連しない領域での教育,啓蒙,保全への支援や貢献などが新たな課題として含まれている。

　第3の要因は,企業をその経済的成果だけでなく,社会的成果で選別しよ

うという動きが見られることであり，エコ・ファンドやSRI（Socially Responsible Investment：社会的責任投資）といった，コンプライアンスや法令・規則の要求を超える高い倫理性の実現や社会貢献の実践を行っている企業を投資対象として選択するという，新たな市場評価の登場である。

　従来，社会貢献といったものは，企業の経済的成果とは直接相関しないと考えられ，そのため社会的責任否定論の根拠ともなっていた。しかし，SRIによって，倫理性や社会貢献度の高い企業が投資信託や株式市場における投資対象として積極的な評価を得られることが理解され，社会貢献のような事業と必ずしも直接関連しない領域に対する取り組みが，資金調達など経済的側面からも正当化される契機となっている。

　こうしたわが国の社会的責任に対する関心の高まりは，これらの問題領域における「企業に対する社会的関心と期待の高まり」でもある。また，これらの問題が示唆しているのは，CSRが組織のあり方を巡る問題であること，事業に直接関連しない領域における貢献が強く求められていること，そして，それらの取り組みが市場における経済的評価とも繋がるということである。その結果として，企業がCSR室の設置など社会的責任重視の経営を迫られているように，社会的責任は今日の経営のあり方にもかかわる問題ともなっている。

　本章では，企業の社会的責任をどうとらえるのか，社会的責任とはどのようなものであるべきかという点を，「自律的かつ主体的対応」という観点から考えてみたい。

## 2　利害関係者への対応と社会的責任

### 2-1　株主＝所有者への対応

　企業の責任を限定的にとらえる立場からは，企業が積極的に社会的責任や社会貢献を行うことに関して否定的見解が取られてきた。

　たとえば，新古典派経済学の重鎮，M. フリードマン（M. Friedman）

は，「企業の1つの，そして唯一の社会的責任とは，ゲームのルール，即ち詐欺や不正手段を用いずにオープンで自由な競争を行うという制限の範囲で，保有する資源を利用し，利益を増大するために計画された活動に従事することである」[1]と述べ，企業が直接社会的責任に従事することを否定している。こうした立場に代表されるように，企業の利害関係者を狭義に限定し，企業は所有者である株主のものであり，株主の利益を守り，それに奉仕することこそが企業本来の責任ととらえる立場（ストックホルダー・セオリー：stockholder theory）では，企業の利益が納税を通して社会に還元され，間接的に公共の利益に資することができれば，社会に対する責務を果たしていると考えられるのである。

　また，フリードマンが述べているような，公正なルールの下での事業活動の遂行では，法や規則を遵守するというレベルで企業の対外的な責任が考えられている。これは，すでに法律や規則として制定されている，市場メカニズムと法的規制への対応であり，先に述べたコンプライアンスの問題であるとも言える。つまり，法令や規則が要求していることに対する応答であり，企業が依拠する法令や規則によってその存在が正当化される段階である。たとえば，法制度上の存在である「会社（法人）」としての企業は，会社法などの法令に依拠して設立，運営されることによって法制度上，その存在と事業継続が認められ，逆にその義務を果たさないことによって解散などの法的制裁が加えられることになる。この意味では，法や規則を遵守するということは企業が成立・存続する上での前提であり，企業が「本来成すべきこと」を成すことにしか過ぎないと言うこともできる。

　ストックホルダー・セオリーは，上述のように「株主＝所有者」であるということを前提としている。しかし，現代の株主の中には，純粋に所有者として企業の利益に関心を持つ者ばかりでなく，投機株主として株価の変動にのみ関心を持つ者や，「一株株主運動」に代表される，企業の利益や株価そのものに関心を持つのではなく，企業の行動に対する圧力あるいは牽制として行動する者も存在する。後の二者は，所有者として内部の直接的利害関係者と言うよりは，外部利害関係者として企業と対峙している存在であり，ス

トックホルダー・セオリーが前提としている「所有者としての株主」とは，大きく性格が異なっている。この点において，現代社会における企業は，その株主の利益を守るために事業に従事するということだけでは，その存在が正当化されえなくなってきていると言えよう。

## 2-2 広義の利害関係者への対応

企業が単に利益を生み出すための道具に過ぎないのであれば，企業の責務は経済的責任を果たすことに限定され，基本的には出資者（所有者）である株主の利益と，内部の直接的利害関係者である経営者や従業員の利益を考えればよいということになる。しかし，現代社会における企業は，営利を追及するための手段としてだけではなく，広く社会に影響を与えるとともに，社会を構成する多様な関係者から貢献と影響を相互に受ける「社会的存在」でもある。

R. フリーマン（R. Freeman）[2]などに代表されるステークホルダー・セオリー（stakeholder theory）は，ストックホルダー・セオリーのように企業の責任を限定的にとらえるのではなく，より広く企業の維持，存続，成長・発展に影響を与える者に対する応答を視野に入れている。「企業の生存や成功に不可欠な集団」を企業に対して何らかの利害関係を持つ者，即ち「利害関係者（stakeholder）」ととらえ，彼ら全ての利益の実現を視野に入れた，バランスの取れた企業活動を行うことを求める立場である。この利害関係者の中には，株主，経営者，従業員といった内部の利害関係者ばかりでなく，顧客，取引先，地域社会などの外部の利害関係者も含まれている。制度上は内部の構成員として認められない顧客や地域社会なども含め，応答すべき対象の範囲が広がることによって，企業が外部の利害関係者の期待や要求にも応えるという「社会的責任」が求められることになるのである。

企業が自らの社会的責任を意識した行動をとるということは，まだ法律や規則のように明確には規定されていないけれど，支配的な社会の規範，価値，期待に適合する行動をとる段階であり，社会からの要求や期待に応え

ることである。一般的に社会的責任として認識されているものがこれにあたる。これは、企業が社会に対して与える影響力の増大に伴って、また、社会が成長、成熟することに伴ってその意識や認識が高まり、企業に対して抱く期待や要求が増大することによって、新たに求められる責任である。この場合、仮にそれを果たさなくても法・規則を遵守していれば「制度上」存続し、事業活動を継続することは可能である。しかし、「企業」は「会社（法人）」よりも広い概念であり、会社としての存続条件よりも広く、多様な条件がその存続のために必要となる。社会的存在としての企業が長期的に安定し、存続、成長・発展するためには、社会からの要求や期待に応えることを通して、社会によってその存在が正当化されることが必要となる。

## 3　「権力（パワー）—責任のバランス」

　社会的責任の議論において、「何故果たさなければならないのか」という理由や、「何をどれだけなすのか」という内容を問う時、多くの場合、経営学における伝統的な「権限—責任均等の原則」[3]に基づき、「社会的責任は社会的権力と同量でなければならない」という社会的責任における「権力（パワー）—責任のバランス」[4]の問題として説明される。つまり、企業は社会に対する自らの支配力、影響力に相応するだけの責任を果たさなければならないという考え方である。ここで責任と均衡すべき企業のパワーは以下の3つの観点から考えることができる。即ち、① 企業が持っている絶対的なパワー（たとえば、雇用者数（雇用力）、市場の大きさと自社のシェア、環境負荷など客観的数値データとして表すことができるもの）、② 社会が認知している企業のパワー、③ 企業自身が意識している自らのパワーである。
　② の大きさは社会自体による企業に対する期待の大きさに比例し、必ずしも ① の大きさと一致するとは限らないため、① の大きさ以上の責任が企業に対し求められることもありうる。また、企業が主観的に意識する ③ の大きさは、企業自身が過小評価しやすく、社会の期待と自己評価との間での

ギャップが生じる可能性がでてくる。その場合，結果として実際のパワーに相応するよりも小さな責任しか果たされないということが起こりうる。結局，企業の持つ社会的パワーをどのように定義し，どのように測定するかによって，パワーと責任が均衡するかどうかは変わってこざるをえない。これ以外の問題も，そこには内在している。

　まず，「権力―責任のバランス」という視点では，「何故企業が社会的責任を果たすべきなのか」という点に留まらず，「何故企業が社会貢献を積極的に行うのか」，あるいは「ある種の企業が何故，現時点で求められる以上のレベルや内容に積極的に対応しているのか」ということまで問われる時，十分な説明材料を提供しているということはできないことだ。また，社会的責任のあり方を考える時，何故それを行うのかという「動機」，他社に追随して行うのか，それとも他に先駆けて行うのかという「時期」，ブームに乗った一過性のものであるのか，それとも地道に継続しているのかという「継続性」などの問題は考慮すべき重要な要因となる。そのとき，高いレベルで積極的に対応している企業は，自らのパワーの大きさだけに基づいて自らの責任を決定しているのではなく，別の要因によって動かされていると考えられる。

　さらに社会的責任の高度化という問題も考えねばならない。社会的責任として対応すべき特定の内容そのものは社会自体の成長，成熟に応じて，「先取りした積極的な対応」から「当然の義務」のレベルへ，つまり，今まで企業が任意で主体的に対応していたものが「なすべきこと」という責任や義務へとシフトしてゆく。一方，高いレベルで積極的に対応する企業の行動が，社会の認識や意識を変え，社会的期待や要求のレベルを引き上げることによって新たな対応を企業に対して求めるようになる。このような，企業と社会との相互作用が全体としての社会的責任のレベルを引き上げる原動力となるのである。この点から，何が企業を高いレベルへ引き上げるのかということを考えることが必要となる。

## 4 社会的感応と組織成熟度

### 4-1 社会的感応

　英語における責任，responsibility の語源は response＋ability と言われ（『英語語源辞典』研究社），何ものかに「応答する能力（ability to response）」を意味している。責任と相応する概念は自由であるが，行為や意思の自由にはそれに相応するだけの責任が求められるのである。そして，責任が「何ものかに応答すること」であるということは，その何ものかに応答することによって行為やその存在の自由が正当化されることを意味するのであり，責任を果たすということは，応答すべき対象によって自らの存在が正当化されることであると言える。この考え方に従えば，社会的責任の問題も「何に対して応答するのか」ということによってそのあり方が変わってくることになる。

　すでに述べた通り，一般に社会的責任の問題は社会からの要求や期待にいかに応えるかという観点から捉えられている。前節までに説明した法・規則や社会からの要求に応えるという責任のレベルは，「制度」や「社会」といった企業を取り巻く外部から，現在要求されていることに対して応答するという他律的な対応であった。しかし，社会の要求や圧力に反応した行動ではなく，自ら高いハードルを設定して対応しようとする企業も存在する[5]。こうした段階をセシ（S. P. Sethi）は社会的感応（social responsiveness）と呼んでいる[6]。まだ制度や社会から要求されていない問題に対して，予防，先取り的観点を含め主体的に対応していく社会的感応の段階は，社会的責任においてなすべき事を決め，なすべき事を果たしていくということを企業自らが判断，決定し実行していくという自律的な対応である。その意味で，他者への応答や他者からの正当性の付与を期待した行動ではなく，自らの存在理由にかかわる「自己への応答」であり，そのことに対する高い評価によって社会が企業の存在を認めるだけでなく，企業自らの自律的な判断に

よって自らの存在を正当化するのである。

　ここで我々は「自律的であること」と「自発的であること」とを区別しておかなければならない。その行動が例え自発的に行われたものであっても，その対応すべき内容（あるいは，対象）が他者の期待や価値に基づくものであるとすれば，それはすでに他律的である。また，例え責任を「応答能力」として主体の性能ととらえたとしても，その応答の対象が他者に留まる限り他律的かつ受動的な対応に過ぎず，主体的な行動とはなりえないのである。

　企業の社会的感応のレベルでの対応は，自律的，能動的，かつ長期的視野に立つ先見性に基づく主体的な取り組みであり，そのような対応を可能とする組織のあり方が求められるが，そのキーとなるのが「成熟度（maturity）」である。

### 4-2　組織成熟度

　企業を法人（会社）という，制度によって規定され，制度上の枠組みの中での法や規則に制約された存在と見なす限り，企業は法的行為を除く全体としての行為の主体とは言えず，法的責任を超えた社会的責任の主体であることはできない。一方，企業は組織としての側面をも有している。組織の価値，理念あるいはそれらを中核とする組織文化によって，組織における個人のものの見方，考え方および行動様式は影響を受け，規定される。また，企業という組織の目的はそれを設立し運営する諸個人にとって個人目的を達成するための手段であったとしても，組織の目的それ自体は諸個人から離れた全体性を帯びた存在であるということなどを考えると，具体的なレベルでは組織的行動を諸個人が担っているとしても，組織が個人と同様，目的と意図を持つ行為の主体として，ひいては道徳や責任の主体であるととらえることは可能である。

　コールバーグ（L. Kohlberg）は「道徳性発達の段階」に関して，道徳性のレベルは，個人主義，利己主義，個人的利害そして具体的なものといったパースペクティブから，他者との関係性や社会全体からのパースペクティブへと変化し発達してゆく，あるいは，他律から自律，利己から利他，他人の

力，期待そして価値から自己に内面化された価値へと発達してゆくととらえている[7]。道徳性が発達していく中で，同じ内容への対応であったとしても，その動機や正しいことの判断基準は異なってくる。たとえば，法や規則に従うことにおいて，発達の初期の段階では他者の力や罰に対する恐れが大きな動機となるのに対し，より発達した段階では広く社会の安定のためという視点が存在する。他律的な対応から自律的な判断へと道徳的に発達し成熟しているのである。

　道徳的に発達した段階における，自己に内面化された価値に従うという「価値一貫性」は主体性の意味の１つであり[8]，行為主体が自らの中に内面化された価値に則して一貫的に行為する性能である。これは，「『望ましいもの』へ近づこうとする動機」[9]に基づく内面化された価値に対する一貫的行為である。価値という「望ましいものに」近づこうとする価値一貫的行為は，他律的な行為や主体的であるが功利主義的で機会主義的な行為よりもその行為の安定性や一貫性は高いと言える。

　ハーシー（P. Hersey）＆ブランチャード（K. H. Blanchard）は，個人および集団の特定の達成すべき課題と関連して考慮される概念として成熟度（maturity）を「高いけれど達成可能な目標を設定する能力（達成動機），責任を負う意思と能力，および個人あるいは集団の教育と経験のいずれか一方あるいは両方」と規定している[10]。つまり，特定の課題に関して高い目標設定と達成動機，そしてそれを遂行する能力と積極的に責任を果たそうとする意思を持っている状態が高い成熟度となる。

　ここではハーシー＆ブランチャードの見解を援用して，組織の成熟度とは，行為の安定性と一貫性に関わる概念であり，「課題に関して高い目標と達成動機を持ち，自らの価値，理念に則して積極的に責任を引き受けようとする意思を持つ組織の状態」を意味するものであるととらえる。そして，成熟度を構成する要素は，高い目標設定，高い達成動機，制度化された価値，理念に対する応答である。目標設定は，何を対応の基準と内容にするのか（what）に関わる要素であるが，高い目標設定を行う組織は，現在の視点ではなく将来という長期的な視点で対応する。それは先取り，予防的対応とい

う社会的感応のレベルでもある。また、達成動機は何故対応するのか（why）に関連する要素であり、高い達成動機を持つ組織は、「対応すべきである」という信念に基づく、自らの中に制度化された価値を反映した理念に応答する。これら2つの要素は相関するものであり、特に高い目標設定は高い達成動機に裏打ちされるものである。

　ここでの成熟（度）は心理学的な意味での「成熟（maturation）」やライフサイクル論における、高い成長期の後に訪れる種々の不調和要因が現出する段階としての「成熟期」ではないから、規模や創立時期（組織的年齢）とは関係しない。規模が小さく、創立間もない場合であっても、成熟度の高い企業は存在しうるし、逆に長期にわたって業界の中心として活動している、いわゆる"老舗"の場合でも成熟度が低いこともありうる。成熟度の高い企業は、「望ましいものに近づこうとする動機」に導かれながら、価値一貫的な行為を行う傾向が強いため、その行動は一貫性と安定性を持つと言える。そして、行動の一貫性と安定性は長期的、継続的、安定的な対応を裏打ちするものであり、対内的にも対外的にもその信頼性を高める要因となる訳である。

　また、同じ領域、内容への対応であっても、より高い基準や規制を先取りしたものとそうでないものとでは、また長期的に継続されたものと単発的な対応とではそれぞれ持つ意味は異なる。将来という長期的観点、あるいは継続性という意味での「時間軸」は、企業が行う社会的責任への対応を評価する1つの基準となりうる。そして、成熟度はその時間軸に影響を与える重要な要因であると言える。

## 5　まとめ

　企業の目的は言うまでもなく、事業を営み利益を上げること、つまり「営利の追求」にある。利益の追求という目的合理性の達成を目指し、功利主義的観点から行動することは、企業にとってある意味当然のことと言え、そのために、機会主義的行動を取り易いということは事実である。企業が社会的

責任を果たすことの基本的な動機を功利主義,経済合理性の面から見れば,社会貢献や奉仕によって生じる負担やコストは,長期的視野に立てば結果として企業の利益になるという「啓発された利己心：enlightened self-interest」で説明することは極めてわかり易い議論である。しかし,社会的責任は必ずしも事業に直接関連する領域だけであるとは限らないため,利己的で,機会主義的対応だけではうまく対応しきれる訳ではない。

また,社会的責任として社会の自社に対する要求や期待に応えることが社会的存在としての企業に求められている中で,何が果たすべき社会的責任であるかは自社の社会に対するパワーの大きさからだけでは十分に把握しきれない。そのため,「権力―責任の均等」を超えた主体的かつ自律的に高い目標設定と先取り的対応をしなければならない。こうした組織のあり方を説明する概念として本章では「組織成熟度」を使用した。

社会的責任として求められる内容は時代,状況によって変化してゆく。以前求められなかったものが当たり前のものとして要求されたり,以前の最先端の基準が現在では単なる「前提」にしか過ぎなくなることもある。

社会システムを構成するサブシステムとして,自己と他者,自己と社会全体との関係を明確に認識しつつ,自己の果たすべき役割と責任を自覚することが社会的責任の中核であり,現在および未来にわたって,長期的に企業が自らの存在を正当化するために不可欠な要素である。

注
1) M. Friedman, "The Social Responsibility of Business Is to Increase Its Profits", *N. Y. Times Magazine,* September 13, pp.32-33.
2) R. E. Freeman, *Strategic Management: A Stakeholder Approach,* Pitman, Boston, 1984, p.71.
3) たとえば,代表的な論者として,以下のものがあげられる。R. C. Davis, *The Fundamentals of Top Management,* Harper & Brothers, New York, 1951. H. Koontz and C. O'Donnel, *Principles of Management: An Analysis of Managerial Functions,* McGraw-Hill, New York, 1955.
4) Davis, Keith Frederic, William C. and R. L. Blomstrom, *Business and Society: Concepts and Policy Issues (4th.),* McGraw-Hill, 1980, p.50.
5) たとえば,1970年に成立した米国の排気ガス規制法「マスキー法」に対してBig3など世界を代表する企業の多くが,「技術的にクリアすることは困難である」として反対や批判のキャンペーンを行い,あるいは,旧来のエンジンから出てきた排気ガスを触媒によって科学的に

処理する対症療法で対応しようとしたが，ホンダは規制に適合するエンジンそのものの設計から取り組み，世界で初めて同法の規制をクリアする「CVCC」エンジンを開発することによってその後の成長の足がかりとしている。
6) S. P. Sethi, "Dimensions of Corporate Social Performance: An Analytical Framework," *California Management Review,* 1975.
7) L. Kohlberg, *Essays on Moral Development Vol. II The Psychology Moral Development,* Harper & Row, San Francisco, 1984.
8) この見解については，作田啓一「共同態と主体性」『近代日本社会思想史，第二巻』有斐閣，1971年を参照のこと。
9) 作田啓一『価値の社会学』岩波書店，1972年，28頁。
10) P. Hersey and K. H. Blanchard, *Management of Organizational Behavior (3rd.),* Prentice-Hall, 1977, p.161.（山本・水野・成田訳『行動科学の展開』日本生産性本部，1978年。）

## 【参考文献】
(1) 飯野春樹『バーナード研究』文眞堂，1978年。
(2) 飯野春樹『バーナード組織論研究』文眞堂，1992年。
(3) C. I. バーナード／山本安次郎・田杉競・飯野春樹訳『新訳　経営者の役割』ダイヤモンド社，1968年。
(4) 松尾陽好「企業の社会的責任と組織成熟度」『佐賀大学経済論集』第31巻第3・4合併号，1998年，157-173頁。

# 12章
# 経営倫理の展開

　経営倫理は，前章で考察した経営の社会的責任の議論を受けて——ある意味，それを補完する形で——1980年代に入って本格的に研究され始めた。本章では，その実践的展開に向けて若干の考察を試みることにしたい。

　さて，社会の経済的・物質的繁栄に大きく貢献してきた経済合理主義的な経営行動が，1960年頃に勃発した公害問題によって痛烈な批判にさらされ，いわゆる経営の社会的責任が注目されるようになったことは周知の事実である。これを機に，経営は，直面する社会的問題に対する具体的な対応策を強く迫られるようになったと同時に，道徳的・社会的制度としてその経営理念なり価値規範が社会的に受け入れられない限り存続するのが困難であることを思い知らされるようにもなった。しかも，その後の経営を取り巻く環境のラディカルな変化は，経営に対して後者の認識をさらに増幅させることになった。経営倫理への関心は，こうした環境変化の中から高まってきたものと考えられる。そこでまず，そのあたりの背景を探ることから始めることにしよう。

## 1　今，なぜ経営倫理が問われるのか

### 1-1　経営とそのステイクホルダー

　社会的責任の議論が高まるにつれて，経営が配慮すべき利害関係者をこれまでよりも広義にとらえ直そうという傾向が生まれてきた。いわゆる「ステイクホルダー（stakeholder）」概念の台頭である。経営倫理問題の背景を

探る前に，まずは，この概念を簡単に整理しておこう。

　一般に，ステイクホルダーとは，経営の行動，決定，政策，または目標に影響を与えたり，あるいはそれから影響を受けたりしうるような諸個人ないしは集団のことを意味する。A. T. ローレンス達は，これを以下のように「市場（market）」と「非市場（nonmarket）」に二分してとらえている[1]。まず，市場ステイクホルダーとは，経営が財・サービスを社会に提供するというその主要な目的を実行する際に，経営との経済的取引に直接関与するものを意味する。そこには，「株主」，「従業員」，「消費者・顧客」，「仕入先」，「納入先」，「債権者」などが含まれる。次に，非市場ステイクホルダーとは，経営との直接的な経済的取引には関与しないにもかかわらず，その経済活動に影響を与えたり，影響を受けたりしうる人々や集団を意味する。そこには，「地域住民」，「社会活動団体」，「メディア」，「経営支援団体」，「政府」などが含まれる。

　このように，現代の経営は，多数のステイクホルダーと対置している。もちろん，経営が長期的に存続するには，これら各ステイクホルダーの利害を充足していかなければならないが，それぞれが独自の異なる利害を有するがゆえに，その調整（ステイクホルダー・マネジメント）は一筋縄にはいかない。しかも，次に見るようなラディカルな環境変化が，その困難さに拍車をかけることになるのである。

## 1-2　経営を取り巻く流動的な環境

　言うまでもなく，経営は，機会と同時に脅威を生み出す複合的な環境変化の中で操業するわけであるが，近年顕著になってきた種々の変化は，経営が経済的問題のみならず社会的・倫理的問題をも直視せざるをえない契機を与え，ステイクホルダー間の利害の調整をますます難しくすることになった。以下，これらの変化を4点にまとめて概観していくことにしよう。

　まず第1に，国際化の進展，わけても地球的規模で移動するヒト・モノ・カネに伴う市場社会システムのボーダレスな拡大をあげることができる。実際，現代の多くの先進国企業は，国際的な経済的競争力をつけるために，海

外へと積極的に事業拡大を推し進めてきた。しかしながら，こうした経営の国際化は，時には経済的事象以外の種々の問題——たとえば，進出先国での文化的・宗教的な齟齬から生まれる雇用上のトラブル，政治的色彩を帯びた労働争議，内戦・内乱・テロといったカントリー・リスクなど——に経営を直面させることにもなった。

第2に指摘できるのは，環境問題の深刻化である。周知のように，公害問題に端を発した環境汚染が今や地球規模的に蔓延していることが明白になり，環境問題は人類の生存に関わる最重要課題になってきた。こうした中，生態系に対する社会的意識は，いやがうえにも高まってきた。たとえば，グリーンピースをはじめとする環境保護団体の活動が一段と活発化してきたし，また，環境に優しい商品の購買行動が消費者の間にかなり浸透するようにもなってきた（いわゆるグリーン・コンシューマーの台頭）。このようなエコロジカル化の傾向は，当然のことながら，経営の戦略策定においても経済的・社会的視点のみならず自然環境的視点をも取り込むよう迫ることになる。ケース①は，この動向を端的に示す1つの事例である[2]。

### ケース①　シェル石油「ブレント・スパー」の処分計画

　1995年6月，北海油田で使用され耐用年数を迎えた掘削・貯蔵用のブイ「ブレント・スパー」の処分をめぐって，シェルは国際的な抗議に直面していた。当初，シェルは，外部の科学者にいくつかの処分案を検討してもらい，その助言に従って，ブレント・スパーを大西洋へ牽引して深さ6000メートルの深海に沈める計画をしていた。というのも，それが最も安全かつ環境に優しい方法だと思われたからである。イギリス政府を含め他のヨーロッパ諸国の政府もこの計画を承認していた。

　ところが，その計画が発表されて間もなく，国際的環境保護団体グリーンピースがこの問題を取り上げ，海洋汚染の危険性の観点からシェルの計画を厳しく非難した。この抗議活動は，メディアを通じて瞬く間にヨーロッパ中に伝えられた。ガソリンを購入する一般市民，特に北ヨーロッパの人々は，これに敏感に反応した。ドイツではシェル石油のボイコット運動が起こり，シェルのスタンドの売り上げは大幅に落ち込んだ。

　シェルの経営陣は，ブレント・スパーの深海投棄がプロの経営者として最善かつ合法的な処分だと自負していただけに，こうした市民の猛反対にはショックを隠し切れず，呆然となった。結局，シェルは，当初の廃棄計画を断念し，

代わりにノルウェー政府の承認を得てブレント・スパーを同国のフィヨルドまで牽引して，そこのシェルターに格納することにした。

　第3に，科学技術のめざましい進歩も看過することはできない。たとえば，情報技術の高度な発展は，ハイテク産業を創出するとともに，従来のビジネス・スタイルやライフ・スタイルに劇的な変革をもたらした。また，バイオテクノロジーの飛躍的な発展は，新たな医療・医薬への道を開拓するにとどまらず，遺伝子組み換え食品を生み出すことにもなった。こうした科学技術の発展は，社会の物質的・経済的繁栄に一見寄与するように映る反面，テクノストレス，知的所有権・個人情報の保護，遺伝子情報の取扱い，医と食の安全性（人体への副作用），といった新たな社会的・法的・倫理的な問題を数多く提起することにもなった。

　そして第4に，上述した環境変化と連動した社会の価値観の変化と多様化をあげることができる。たとえば，高学歴化と情報化・生態化の進展に伴う社会的意識の高まりを背景に，消費者は財・サービスの価格とともにその「安全性」や「品質性」への関心を抱くようになった。また，労働者は賃金や雇用の安定のみならず「職場の安全性」や「雇用の機会均等」などを要求するようになった。さらに，地域住民は地元の経済的振興よりも「自分達の生活環境の保全」に一層敏感になってきた。また，投資行動においても，近時「社会的責任投資[3]」を選好する者が多数出現するようになってきた。このような価値観の変化は，時に消費者運動や住民運動をはじめとする種々の社会運動として顕在化する一方，経営に対して高倫理で責任的な行動を期待し要請する大きな動因にもなった。

　このように，近年の環境変化は，各種ステイクホルダーの利害関心の多様化・複雑化を促進することになった。それとともに，かつて市場ステイクホルダーに属すると見られていたものでさえ社会性・倫理性志向を強めるようになり，もはやステイクホルダーを市場／非市場に二分してとらえること自体が意味を成さないようになってきた。このような情勢の下，経営が経済合理的な活動をひたすら追求する限り，必然的に種々のステイクホルダーとの

間にモラル上の対立・トラブルを抱え込む事態が増えてこよう。ここに至り，「ビジネスとモラルとは無関係である」という経営の論理は通用しなくなった。経営倫理への関心は，こうした背景から湧き上がってきたのである。

では，社会倫理に抵触しない経営意思決定を下すための拠り所となる基準を何に求めればよいのであろうか。実は，これは初期の経営倫理学の主題でもあるのだ。節を改めて，考察しよう。

## 2　経営倫理と道徳基準

### 2-1　3種の基準

経営実践の中で，どのような基準に立てば道徳的に望ましい行動や政策が取れるのか。欧米の経営倫理学の標準的なテキストでは必ずといってよいほど，こうした道徳的決定の拠り所になる基準に関する考察に焦点が当てられてきた。その中で，たびたび取り上げられるのが，規範倫理学の伝統から導出された3種の基準，即ち「功利主義」，「権利」，「正義」である。以下，各々の道徳基準（moral standard）についてごく簡単に言及していこう。

まず，功利主義的基準とは，快楽と苦痛が人間行為を動機づける唯一の源泉であるとの心理法則の上に「功利性の原理」，いわゆる「最大多数の最大幸福」を打ち立てることによって成り立つ道徳基準である。そこでの行為の評価判断は，その行為の結果に注目することにより，そしてその行為によって影響を受ける人々に対する良き効果と悪しき効果を比較考量することにより獲得される。一般に，経営倫理学においては，このような功利主義による判断基準は，「費用－便益分析」の形で利用されることが多く，経営意思決定の倫理的適正を評価する最も優れた手段としてポピュラーに受け入れられている。しかしながら，功利主義だけに判断基準を求めていては，少数者の利害が多数者によって無視されかねないし，また社会的効用の合理的な分配の仕方も定まらない。ケース②は，経営陣の偏った功利主義的判断が陥る

危険性を如実に物語っている4)。それゆえ，こうした限界を超克するためにも，権利と正義が考慮されねばならないのである。まずは権利から見ていくことにしよう。

> **ケース② フォード社の「ピント」の事故**
>
> 　1970年，国内外の小型車の攻勢に押され市場占有率を大幅に落としたフォード社は，起死回生の戦略的小型車として「ピント」を発売した。同社は，開発期間中の走行テストで，ピントが後方から時速20マイルで追突された場合，燃料タンクが破損する危険性が高いことを認識していた。にもかかわらず，同社は当初の設計通りピントを製造することを決めた。その理由は，ピントが当時の安全基準を充しており，他の同車種と同レベルの安全性を備えていると考えられたことに加え，事前の費用分析の結果，タンクの修理に要する総費用（1億3700万ドル）よりも予測事故件数に支払う賠償金総額（4953万ドル）の方が遥かにコストを抑えられると試算されたからである。
>
> 　実際には，ピントの炎上事故で少なくとも53人が死亡し，数百人が大火傷・大ケガを負った。これら一連の事故でフォード社には多くの訴訟が起こされ，中には原告に1億2500万ドル超の賠償金の支払いが命じられることもあった（この訴訟は上告審で350万ドルに軽減）。結局，同社は，政府監督機関がピントの燃料系統の欠陥を公表したのを受けて，1978年に約150万台をリコールした（修理費用の総額は約2000万ドル）。その後，悪評が広まり，ピントの売り上げは大きく下落した。ピント問題が最終的にフォード社に負わせた総費用は定かではないが，おそらく事前に予測したタンク修理に要する総費用を大きく上回っていたであろう。

　ここで扱われる権利は道徳的権利，即ち人権である。この道徳的権利に基づく判断は，先の功利主義的判断とは実質的に異なり，「個人」の保護や支援の観点でなされる。即ち，功利性の原理では無視されがちな少数者の権利を擁護するところに，その本質があるのである。この原理によれば，人間は皆，価値のある目的として，元来自由にして平等に扱われるべき権利をもち，またこのように他者を扱う相関的義務を負うということになる。これは無条件的で絶対的な命令である。ところで，道徳的権利には一般に，消極的権利と積極的権利が存在するといわれる。前者は，他者から干渉されない権利であり，財産権や表現の自由の権利，さらにはプライバシーの権利などが含まれる。後者は，他者に要求できる権利であり，生存権や交渉権，財・

サービスを得る権利などが含まれる。このように広範多岐にわたる権利が存在するがゆえに、これに関わるさまざまな経営問題が生起してこよう（ケース③は、特に雇用問題にまつわる事例である[5]）。したがって、道徳的権利、即ち人間尊重の原理は、経営の政策策定のあらゆる局面で、重要な倫理的水準点として考慮されなければならないのである。

---

**ケース③　反ナイキ・キャンペーン**

　1990年代を通して、ナイキ社は、その部品調達方法をめぐり激しい批判の渦中にあった。主に労働団体によって扇動された反ナイキ・キャンペーンは、納入業者の雇用慣行への批判を中心に展開された。ナイキの使う納入業者はすべて貧困な国々の独立請負業者であり、そこで横行してきた未成年労働者の採用、法定最低賃金を下回ることさえある不十分な給与、安全とはいえない職場環境、肉体的虐待やセクハラを含む監督者による酷使などが問題視されたわけだ。

　当初、抗議運動に対するナイキの反応は（「それはわが社の関知するところではない」との弁明に見られるように）応戦的であった。というのも、60年代に他社に先駆けて導入した、製造を海外の低コストの工場に外部委託する手法は、ナイキの成功の原動力であり、世界企業に躍進するための不可欠な要素として外部からも絶賛されていたからである。ところが、これまで右肩上がりで成長してきた同社の市場占有率が1998年に32.9％（前年は47％）に落ち込む事態が生じた。これを機に、同社はこれまでの姿勢を抜本的に改め、納入業者の労働条件の改善、環境・健康・安全に関する新たなプログラムの開始などからなる改善策を実施する、と宣言した。その中で、同社のCEOは「よい企業市民としての責任感から、わが社の製品を製造する50万人の労働条件を改善するために全力を尽くす」、と公約したのである。

---

　最後に、正義の基準に目を移そう。この基準によると、行為の軽重に関わらず、人間を公正に扱う行為や政策は倫理的に正しいとされる。それはまた、先の道徳的権利に基礎を置く。というのも、人間を自由にして平等に扱うべきだという道徳的権利を前提にして初めて正義の観念が成立しうるからである。したがって、通常、権利は正義に優先するのである。さて、一般に正義は、「応報正義」、「補償正義」、「分配正義」の3つに類型化されるが、そのうち経営倫理との関連で最も基本的とされるのが分配正義、即ち便益と負担の公正な分配に関わる正義である。この基本原理は、「当該の処遇の種

類に関してすべての点で同じである諸個人は，同じ便益と負担を与えられるべきであり，またそれに関して同じでない諸個人は，その差に応じて異なる扱いを受けるべきである[6]）」と表現される。わけても，その処遇の平等と差異を決める議論の拠り所として最も頻繁に引用されるのが，J. ロールズの「正義の二原理[7]）」である。この分配正義の基準は，ステイクホルダーの公正な処遇に関わる原理であるだけに，経営の倫理的判断への適用範囲は大きいものと考えられる。ケース④にその1例を示しておこう[8]）。

---
**ケース④　IBM社による部品配給センター閉鎖の決定**

　1986年の後半，IBMは，インディアナ州グリーン・キャッスルの部品配給センターの閉鎖を決定した。この決定により，住民8400人のこの町で約1000人の従業員が直接的な影響を受けただけでなく，同社が年間80万ドル超の地方資産税を納入していたがゆえに，さらに多数の人々が深刻なダメージを受けることになった。

　さて，IBMの経営陣は，この閉鎖決定を下すにあたり，「最も恵まれない」2つの集団として従業員と当該地方の取引関係企業を選定した。そして，従業員に対しては，早期退職賞与，転職機会，再職業訓練，退職選択者に対する補助金交付などの補償条件を提示した。また地域の商業利権に応えるべく，同社は，自社設備の町への寄贈，地域事業振興のための100万ドル超の助成金交付，経済発展の一助になる正規従業員の雇用などを用意した。このように，IBMは，不利な立場にある人々の利益をできるだけ配慮することで，センターの閉鎖を穏便に進めようとしたのである。

---

## 2-2　経営倫理と道徳基準

　以上，倫理的な決定を下す際に拠り所となる3種の道徳基準の内容を簡単に見てきた。では，これらの道徳基準を具体的な経営の倫理的問題状況に適用するには，どのような点に留意すべきなのであろうか。これに関して，M. G. ヴェラスケスは，次のように端的に述べている。「各々の道徳基準は，われわれの行動の道徳的なある一定の側面を強調するのであるが，しかしそのうちのどれ1つとして道徳的判断において考慮されなければならない諸要因をすべて把握しているというわけではない。功利主義の基準は，社会的福祉の総計をもっぱら考慮するが，個人や個人の福祉がいかに分配されるかと

いったことを等閑視する。道徳的権利は、個人を考慮するが、福祉の総計や分配に関わる考察を軽視する。正義の基準は、分配の問題を考慮するが、福祉の総計や個人それ自体を等閑視する[9]」、と。このように、これら3種の基準のいずれか1つだけに判断基準を限定することは危険であり、回避すべきなのである。それゆえ、ある経営行為や政策の倫理的適正を把握するには、これら3つの道徳基準をすべて組み込み、総合的に判断すること、即ち道徳基準を同時併用することが肝要なのである。

それでは、道徳基準に準拠さえすれば自ずと正しい決定に導かれ、経営が直面する倫理的ジレンマを十全にクリアすることができるのであろうか。また、経営倫理学は、こうした道徳基準論として展開されることで十分なのであろうか。確かに、ビジネスパーソン、特に責任あるポジションに就く管理者・経営者層が上述した基準を倫理的決定の羅針盤として利用することには、それなりの意義があろう。だが、現実には、種々の経済的ノルマや競争の圧力などが行為者の健全な判断基準の行使を麻痺させてしまうことも多々ありうる。こうした事態を回避するには、個々のメンバーが躊躇なく道徳基準を援用できるような組織レベルでの道徳的価値（経営倫理的価値）の存在が是非とも必要になろう。次節では、リーダーシップとの関連で、この点について考察することにする。

## 3　経営倫理の創造とリーダーシップ

### 3-1　経営倫理問題の本質

一口に経営倫理に関する問題といっても、個別具体的に見れば、そこには多種多様な問題（たとえば、環境問題、欠陥商品、不正広告、価格操作、インサイダー取引、雇用問題、公害輸出、贈収賄、等）が含まれている。もちろん、これらの問題を本章ですべて詳細に扱うことなど到底できない。ただ、こうした問題がクローズアップされる背景を考えたとき、経営の組織的価値観と社会の常識的価値観との対立・乖離といった現象がそこに共通して

見えてこよう。そこで、ここでは、この価値の対立の問題を経営倫理にまつわる本質的な問題としてとらえ、これをトップ・マネジメントのリーダーシップの観点から考えていくことにしたい。

### 3-2　経営倫理と道徳的リーダーシップの諸側面

かつて C. ウォルトンは、「トップ・マネジメントによる経営哲学の形成とその明白な表明が、経営の道徳的性格を高めるうえで本質的である[10]」と述べたが、このトップによる道徳的コミットメントの重要性を逸早く指摘したのは、C. I. バーナードであろう[11]。ここでは、彼の所論を基調に、価値の対立を解決するために不可欠な道徳的リーダーシップ職能の輪郭を素描することにしよう。

すでに本章の１節で見たように、今日の経営を取り巻く環境は、株主や従業員の利害はもとより、消費者や地域住民に代表される一般大衆の利害、さらには国際的な価値規範といった多数の価値なり規範が複雑に絡んで流動する動態的な様相を呈している。そこでは当然、価値をめぐる対立・矛盾が不可避的に生起してこよう。このような価値多元的な状況を考慮した場合、道徳準則間の対立をより高い次元で統合しうる組織道徳の創造職能にリーダーシップの本質と最高の意味での管理責任を求めた、バーナードの洞察は意義深い。彼は、道徳の創造的側面を明確に理解したうえで、独自のリーダーシップ論を組み立てている。この彼の主張をここでの文脈に即して言い換えれば、経営を取り巻く複雑な道徳的状況の全体を考慮して、できるだけあらゆる価値に抵触しない経営倫理を創造することが、経営者に求められるリーダーシップ職能の最も重要な側面であると考えられる。というのも、より広く社会から容認されるような倫理的価値を創造することなしに、価値多元的な現代社会の中で経営が永続的に存続・発展していくことはできないからである。道徳的失敗・挫折のほとんどが、社会的・全体的配慮を欠いた組織エゴ的な低水準の倫理的価値に導かれた行為の帰結であることを思えば、その重要性は容易に理解できよう。このように、経営の存続は、経営者による高水準の倫理――社会性、長期的展望、高遠な理想を反映させた倫理――の創

造に大いに依存するのである。

　もっとも，たとえ経営者が広いパースペクティヴから高邁な倫理を創造したとしても，そのままでは未だ不十分である。なぜなら，創造された倫理は，他の管理者や従業員によって受け入れられ，経営組織内に普く浸透することによってこそ意味をもつからである。ここに，経営者の道徳的リーダーシップ職能のもう1つの側面が存在する。ところで，バーナードも言うように，経営者は全体状況の中から主として感覚的に倫理をとらえる傾向にあるので，それを言葉で表現し直し他者に伝えるには相当の困難が伴う。そのうえ，他者の抵抗感・懐疑心から，経営者によってとらえられた倫理が十全な理解を得られぬ場合もないとは限らない。こうした難点を克服し，倫理を浸透させるには，それが経営にとって不可欠であるという経営者自身の強い「確信」とともに，コミュニケーションによる説得を通じて他者に，その倫理が経営を成功に導くであろうとの信念を根気よく吹き込んでいくことが必要とされよう。善価値の共有化・共通理解なくして経営倫理の完成はありえないがゆえに，この善の普遍化努力に関わる道徳的リーダーシップは，非常に重要な局面なのである。

　さて，このようにして共有された倫理的価値を経営組織内に安定して定着させるには，それを日常の業務にうまく反映させなければならない。そのためには，「倫理綱領」の策定，「倫理担当役員」の指名，「倫理訓練・教化プログラム」の実施，「倫理監査」の導入などの諸施策を通して，経営倫理を具体的行動の中に安定して根づかせる必要がある[12]。また，「ヘルプライン」を設置してモラル上の危機管理を強化することも，経営倫理の健全性を維持するうえで有益であろう[13]。このような経営倫理の制度化努力も，道徳的リーダーシップには欠かせない1つの側面である。

　もちろん，ビジネスパーソンは，経営に定着した倫理を遵守した責任ある行動をとらなければならない。というのも，社会は結局のところ，日常的な経営行動の善し悪し（たとえば，良質・安全な商品やサービスを提供しているか否か，公正な取引をしているか否か，等）でその倫理水準の高さを評価するからである。わけても，経営陣の無責任な発言や行動は，経営の社会的

信頼を失墜するばかりか，他の管理者・従業員の道徳的規律を低下させ，ついには経営の存続すら危うくしかねない。それゆえ，経営陣は殊のほか経営倫理に責任的でなければならず，それを意識した決定なり行動を常に心がけなければならない。ケース⑤は，ジョンソン＆ジョンソン社の倫理的価値（「我が社の信条[14]」と呼ばれる倫理綱領）にCEOの道徳的信念を重ねて慎重かつ迅速に下した決断（「全国的なリコールこそが会社の責任である」との結論）が，社会的信頼を得て，同社を最大の窮地から救った1つの事例である[15]。それは，トップ・マネジメントが高い道徳水準と責任能力を有することの重要性を鮮明に物語っていよう。

---

**ケース⑤　ジョンソン＆ジョンソン社「タイレノール」の回収**

1982年9月，シカゴ市内で，ジョンソン＆ジョンソン（J&J）社が製造販売している鎮痛剤「タイレノール」を服用した7名が相次いで死亡する事件が起きた。J.バークを筆頭とする当時の経営陣は，この一連の不可思議な死亡の原因がつかめない段階にもかかわらず，大胆な措置を講じた（後日，誰かがカプセルの中身に毒物を混入したために生じた事件と判明した）。即ち，タイレノール約3100万個をアメリカ全土の店頭と家庭から一斉に回収したのである。当時，タイレノールはJ&Jの主力製品であり（年間売り上げの約8％，純益の16〜18％を占めていた），鎮痛剤の市場をリードする商品でもあったことを思えば，この措置は経営陣にとって非常に勇気のいる決断であった。

この全国的なリコール措置が原因で1億ドル以上の損失を出したJ&Jは，直ちに業界を動かして，監督機関とともに新たな製品包装の条件作りに取り組んだ。6週間後，第三者による異物の混入を阻止しうる厳重な新包装のもと，タイレノールは再び市場に出された。その後，J&Jは，製品に毒物を混入されたせいで喪失した市場シェアを取り戻すとともに，「タイレノールという商品名は市場から消え失せるであろう」との大方の経営コンサルタントの予想に反して，事件発生前よりもその売り上げを伸ばすことができたのである。

---

以上述べたような意味での道徳的リーダーシップは，価値多元的な現況の中から派生する経営倫理の本質的な課題を解決するための不可欠な作法である。経営とその全体状況との価値をより広範な観点から統合しうる倫理的価値を創造し，それを組織構造の中にうまく組み込み，日常的業務に反映させ，それに基づいた責任ある行動をとることは，現代の経営者に要請ないし

期待される重要な役割である。こうしたリーダーシップを積極的に発揮することによって醸成された道徳的な組織風土・経営倫理的価値が，前節で取り上げた道徳基準，即ち道徳的推論の効果的な行使を可能にし，ひいては社会的に責任ある経営行動へと結実していくのである。

とはいえ，ひとたび構造化された経営倫理といえども，それは永久不変的なものではない。というのも，社会的価値観の流動化に加え，あるステイクホルダーへの配慮は往々にして他のステイクホルダーを多少なりともなおざりにすることを思えば，あらゆるステイクホルダーの利害を充足する価値を反映した経営倫理を創造することなど本来不可能であるからである。そこには常に，価値の対立・乖離が生まれる可能性があるわけだ。したがって，経営者は，こうした価値の対立をそのつど調停していきながら，より良い経営倫理の構築を目指して，その絶えざる修正・見直しを図っていかなければならない。そうすることで，存続するうちに知らぬ間に陥りがちな経営倫理の形骸化・硬直化を避けることもできよう。その意味で，この道徳的創造職能としてのリーダーシップは，終わりなき未完の営為なのである。

## 4　結びに代えて

本章では，社会全般にモラルを問い直す機運が高まる中，ひときわ関心を集めるようになってきた経営倫理の問題を2つの論点——倫理的な決定へと導くための道徳基準と，倫理的価値の創造に関わる道徳的リーダーシップ——に絞って考察することで，トップ主導によるその実践的な展開に向けての1つの道筋を示してきた。併せて，経営倫理に関する代表的な諸ケースを適宜挿入することにより，読者にその重要性と必要性をよりよく理解してもらえるよう便宜を図ってきた。

もっとも，経営倫理が単に画餅に帰すことなく，より実効的なものになるためには，それが経営の経済的・営利的活動とどのように結びつくのかをもう少し明確に示さなければなるまい。そこで最後に，倫理的な経営政策なり経営活動が果たして経済的恩恵をもたらすのか，約言すれば「倫理はペイす

るのか」といった問題について若干付言して，本章を結ぶことにしたい。

確かに，短期的に見れば，安全性や環境保全など倫理的な事案に費やされるコストは，経済的収益性をある程度圧迫することは否めない。だがしかし，長期的に見れば，それによって，製品・サービスの質は向上し，苦情処理コストは削減し，社会的信頼度は増加し，ブランド価値は高まり，資金調達はしやすくなり，優秀な人材確保も容易になる，等といった多数の連鎖的な効果が期待され，これら一連の効果が経営の競争的優位性を高めることで，経済的恩恵を大いにもたらすものと考えられる。このように，倫理的コストは社会的信用形成への先行投資であり，長期的スパンで見れば，倫理性と営利性は両立しうるのである。ただし，このことから，倫理性は営利性の手段であると誤解してはならない。重要なことは，すでにケース①や③で示されたように，実際には広く社会からの承認を得なければ満足のいく経営活動ができない以上，経営は倫理的・社会的正当性を確保することによってのみ利潤の獲得が許されるという認識をもつことである。要するに，経済的存在であると同時に社会的存在でもある経営にとって，健全な経営倫理を確立することは第一義的使命であり，価値多元的な現代社会の中で経営が生き抜くうえの要諦なのである。

注
1） Cf. Lawrence, A. T., Weber, J. and J. E. Post, *Business and Society: Stakeholders, Ethics, Public Policy,* 11th ed., McGraw-Hill, 2005, pp.7-10.
2） Paine, L. S., *Value Shift,* McGraw-Hill, 2003, pp.20-21. 鈴木主税・塩原通緒訳『バリューシフト』毎日新聞社，2004年，48-49頁。
3） 社会的責任投資（SRI : Socially Responsible Investment）とは，元来キリスト教信仰に基づいた投資（アルコール，タバコ，ギャンブル関連の事業に携わる企業を投資対象から外した宗教組織の資産運用）から進化し，初期の環境問題やベトナム戦争，公民権闘争の影響を受けた後，南アフリカのアパルトヘイト問題が加熱する中，1980年代半ば頃に確立した投資スタイルである。その特徴は，財務内容や事業の収益性を基に企業を選択する一般的な株式投資とは異なり，環境問題や社会貢献活動への取り組み，コンプライアンスや経営倫理の高さなど，財務諸表に現われない価値基準に基づいて投資対象の企業を選択するところにある。詳細は，エイミー・ドミニ著，山本利明訳『社会的責任投資』木鐸社，2002年，を参照されたい。
4） Cf. Buchholz, R. A. and S. B. Rosenthal, *Business Ethics: The Pragmatic Path Beyond Principle to Process,* Prentice-Hall, 1998, pp.47-49. Paine, *op. cit.*, pp.220-222.『前掲訳書』344-347頁。

5) Cf. Paine, *op. cit.*, pp.121-122.『前掲訳書』195-198 頁。
6) Velasquez, M. G., *Business Ethics: Concepts and Cases* (2nd ed.), Prentice-Hall, 1988, p.102.
7) Rawls, J., *A Theory of Justice*, Harvard University Press, 1971. この経営倫理への適用については,梅津光弘『ビジネスの倫理学』丸善,2002 年,第 6 章,を参照されたい。
8) Cf. Freeman, R. E. and D. R. Gilbert, Jr., *Corporate Strategy and the Search for Ethics*, Prentice-Hall, 1988, p.81.
9) Velasquez, *op. cit.*, p.116. 彼は,このような異なる道徳基準を適用するからには,混乱を避ける意味でも,ある程度の優先順位を事前に決めておくことが必要であるとの認識から,一般論として次のような見解を示している。「概して,道徳的権利に関わる基準は,功利主義的基準や正義の基準よりも高い価値をもち,また正義の基準は通常,功利主義的基準よりも高く評価される」(*Ibid.*, p.117.),と。
10) Walton, C., "Developing the Corporate Ethics (1977)", in Donaldson, T. and P. H. Werhane (eds.), *Ethical Issues in Business: A Philosophical Approach* (2nd ed.), Prentice-Hall, 1983, p.166.
11) Cf. Barnard, C. I., *The Functions of the Executive*, Harvard University Press, 1938, Chap.17.(山本安次郎・田杉競・飯野春樹訳『新訳 経営者の役割』ダイヤモンド社,1968 年,第 17 章。)
12) 「倫理綱領(ethics code)」とは,管理者や従業員が倫理的ジレンマに直面したとき指針として役立つ文書化された一連の規則を意味する。「倫理担当役員(ethics officers)」とは,倫理的行動の不履行を調査したり,倫理的声明を発表したり,また一般的には職場の倫理的行動を強化するために,指名された上級管理者のことを意味する。「倫理訓練プログラム」とは,文字通り従業員の倫理教育のためのプログラムを意味する。「倫理監査(ethics audits)」とは,会社の倫理的予防策の効果を見定めたり,従業員の倫理的行動が向上したことの証拠を証明したりするために利用される査定を意味する(Cf. Lawrence, et al., *op. cit.*, pp.117-121.)。
13) 「ヘルプライン」とは,別名「ホットライン」とか「クライシス・ライン」とも呼ばれ,従業員が何らかの倫理的問題に悩みつつも,直接上司に上申するには躊躇するような場合に利用されうる部署のことを意味する(Cf. *Ibid.*, p.119.)。この設置により,不祥事の芽を早期に摘み取り,内部告発を未然に回避する効果が期待される。
14) それは,次の 4 つの柱からなる「会社の責任」で構成される。①すべての消費者に対する責任,②全社員に対する責任,③地域社会さらには全世界の共同社会に対する責任,④株主に対する責任(全文は,Bruner, R. F., Eaker, M. R. Freeman, R. E. and E. O. Spekman, *The Portable MBA*, 4th ed., John Wiley & Sons, 2003, p.57.(嶋口充輝・吉川明希訳『MBA 講座 経営』日本経済新聞社,1998 年,62 頁)を参照されたい)。
15) Cf. Paine, *op. cit.*, pp.30-31.『前掲訳書』62 頁。このリコールの決断は,「善良な CEO の天才的直感で自然発生的に生まれたものだ」と一般には考えられているが,現実はそれほど明快なものではなかった。関係者の後日談によると,この決断は,数日間の苦闘の末にできたものであった。J&J は,できるだけ情報を集め,最善の対応策を熟考すべく 2 つの独立したチームを立ち上げた。そこで,150 以上のシナリオが考えられた結果,最終的に上層部がリコールの決断を下したのである。もちろん,この決定過程に,同社の信条(それは単にさまざまなステイクホルダーに対する会社の責任を概略したものである)が明確な指針として重要な役割を果たしたものと考えられる(Cf. *Ibid.*, p.225.『同上訳書』352-353 頁)。

**【参考文献】**（脚注に掲載していないものをあげておく）
(1) D. スチュアート／企業倫理研究グループ訳『企業倫理』白桃書房, 2001 年。
(2) 高巌・T. ドナルドソン『ビジネス・エシックス〔新版〕』文眞堂, 2003 年。
(3) 田中朋弘・柘植尚則編『ビジネス倫理学―哲学的アプローチ』ナカニシヤ出版, 2004 年。
(4) 広島大学大学院マネジメント専攻編『企業経営とビジネスエシックス』法律文化社, 2004 年。
(5) 宮坂純一『企業は倫理的になれるのか』晃洋書房, 2003 年。

## 執筆者紹介 （執筆者名50音順）

岩田　　浩（いわた　ひろし）
　　　　追手門学院大学経営学部教授　　　　第12章担当

古賀　広志（こが　ひろし）
　　　　関西大学総合情報学部准教授　　　　第9章担当

坪田　芳範（つぼた　よしのり）
　　　　大阪産業大学経営学部専任講師　　　第7章担当

庭本　佳和（にわもと　よしかず）
　　　　甲南大学会計大学院教授　　　　　　序章，第3・4・5・6章担当

原　　敏晴（はら　としはる）
　　　　大阪商業大学総合経営学部専任講師　第10章担当

藤井　一弘（ふじい　かずひろ）
　　　　摂南大学経営情報学部准教授　　　　第1・2・8章担当

松尾　陽好（まつお　はるよし）
　　　　佐賀大学経済学部准教授　　　　　　第11章担当

### 編著者紹介

庭本　佳和（にわもと　よしかず）
　1946 年旧関東州（現中国東北部）大連市生まれ（1947 年引き揚げ）。関西大学商学部卒業，関西大学大学院商学研究科博士課程単位取得。大阪商業大学，流通科学大学，甲南大学経営学部教授を経て，甲南大学会計大学院教授。
　主要著作　『バーナード経営学の展開』文眞堂，2006 年
　　　　　　『バーナード　経営者の役割』（共著）有斐閣新書，1979 年
　　　　　　『現代グローバル経営の新機軸』（共著）創成社，1994 年

藤井　一弘（ふじい　かずひろ）
　1958 年兵庫県生まれ。関西大学商学部卒業，関西大学大学院商学研究科博士課程単位取得。星稜女子短期大学，七尾短期大学，甲子園大学を経て，摂南大学経営情報学部准教授。
　主要著作　『現代経営組織論』（共著）中央経済社，1997 年
　　　　　　『経営倫理学の新構想』（共訳）文眞堂，2001 年
　　　　　　『経営学パラダイムの探求』（共著）文眞堂，2002 年

---

## 経営を動かす
―その組織と管理の理論―

2008 年 6 月 30 日　第 1 版第 1 刷発行　　　　　　　　　　検印省略

|  |  |
|---|---|
| 編著者 | 庭　本　佳　和 |
|  | 藤　井　一　弘 |
| 発行者 | 前　野　　　弘 |
| 発行所 | 東京都新宿区早稲田鶴巻町 533<br>株式会社 文　眞　堂<br>電話 03（3202）8480<br>FAX 03（3203）2638<br>http://www.bunshin-do.co.jp<br>郵便番号 (162-0041) 振替00120-2-96437 |

印刷・モリモト印刷　製本・広瀬製本所
Ⓒ 2008
定価はカバー裏に表示してあります
ISBN978-4-8309-4624-0　C3034